中国软科学研究丛书

丛书主编：张来武

"十一五"国家重点
国家软科学研究计划资助出版项目

资源型城市经济转型政策研究

马 克 李军国 著

科学出版社
北 京

内 容 简 介

实现资源型城市的经济转型和可持续发展，深入研究和探讨资源型城市经济转型的具体扶持政策，对东北老工业基地区域内资源枯竭城市顺利转型具有现实意义，也对国内其他的资源型城市避免陷入"矿竭城衰"的怪圈具有借鉴意义。

本书在总结资源型城市概念界定及其转型相关理论的基础上，全面阐述我国资源型城市的形成、发展及突出问题，从制度层面分析其由盛到衰的过程及其致因，在介绍世界主要国家和地区资源枯竭型城市经济转型和我国资源枯竭型城市转型试点代表性城市的成功经验的基础上，从七个方面阐述如何构建东北资源型城市经济转型政策扶持体系。

本书可供城市管理者及政策制定者，转型经济学及发展经济学领域的专家学者借鉴和参考。

图书在版编目（CIP）数据

资源型城市经济转型政策研究 / 马克，李军国著. —北京：科学出版社，2015.6

（中国软科学研究丛书）

ISBN 978-7-03-044765-4

Ⅰ. ①资…　Ⅱ. ①马…　②李…　Ⅲ. ①城市经济–转型经济–经济政策–研究–中国　Ⅳ. ①F299.2

中国版本图书馆 CIP 数据核字（2015）第 123201 号

丛书策划：林　鹏　胡升华　侯俊琳
责任编辑：杨婵娟　刘海涛/责任校对：胡小洁
责任印制：徐晓晨 /封面设计：黄华斌　陈　敬
编辑部电话：010-64035853
E-mail：houjunlin@mail.sciencep.com

科 学 出 版 社 出版
北京东黄城根北街 16 号
邮政编码：100717
http://www.sciencep.com
北京厚诚则铭印刷科技有限公司 印刷
科学出版社发行　各地新华书店经销

*

2015 年 5 月第 一 版　开本：720 × 1000　1/16
2019 年 1 月第五次印刷　印张：17 1/4
字数：328 000
定价：98.00 元
（如有印装质量问题，我社负责调换）

总总 序

CONTENTS

　　软科学是综合运用现代各学科理论、方法,研究政治、经济、科技及社会发展中的各种复杂问题,为决策科学化、民主化服务的科学。软科学研究是以实现决策科学化和管理现代化为宗旨,以推动经济、科技、社会的持续协调发展为目标,针对决策和管理实践中提出的复杂性、系统性课题,综合运用自然科学、社会科学和工程技术的多门类多学科知识,运用定性和定量相结合的系统分析和论证手段,进行的一种跨学科、多层次的科研活动。

　　1986 年 7 月,全国软科学研究工作座谈会首次在北京召开,开启了我国软科学勃兴的动力阀门。从此,中国软科学积极参与到改革开放和现代化建设的大潮之中。为加强对软科学研究的指导,国家于 1988 年和 1994 年分别成立国家软科学指导委员会和中国软科学研究会。随后,国家软科学研究计划正式启动,对软科学事业的稳定发展发挥了重要的作用。

　　20 多年来,我国软科学事业发展紧紧围绕重大决策问题,开展了多学科、多领域、多层次的研究工作,取得了一大批优秀成果。京九铁路、三峡工程、南水北调、青藏铁路乃至国家中长期科学和技术发展规划战略研究,软科学都功不可没。从总体上看,我国软科学研究已经进入各级政府的决策中,成为决策和政策制定的重要依据,发挥了战略性、前瞻性的作用,为解决经济社会发展的重大决策问题作出了重要贡献,为科学把握宏观形势、明确发展战略方向发挥了重要作用。

20 多年来,我国软科学事业凝聚优秀人才,形成了一支具有一定实力、知识结构较为合理、学科体系比较完整的优秀研究队伍。据不完全统计,目前我国已有软科学研究机构 2000 多家,研究人员近 4 万人,每年开展软科学研究项目 1 万多项。

为了进一步发挥国家软科学研究计划在我国软科学事业发展中的导向作用,促进软科学研究成果的推广应用,科学技术部决定从 2007 年起,在国家软科学研究计划框架下启动软科学优秀研究成果出版资助工作,形成"中国软科学研究丛书"。

"中国软科学研究丛书"因其良好的学术价值和社会价值,已被列入国家新闻出版总署"'十一五'国家重点图书出版规划项目"。我希望并相信,丛书出版对于软科学研究优秀成果的推广应用将起到很大的推动作用,对于提升软科学研究的社会影响力、促进软科学事业的蓬勃发展意义重大。

科技部副部长

2008 年 12 月

前 前 言 ....▶

本书是在国家社会科学基金项目《东北老工业基地资源型城市经济转型扶持政策研究》（项目编号 07BJY069）结项成果基础上修改而成的，并获得 2013 年度国家软科学研究计划出版项目资助（项目编号 2013GXS3K054-3）。

实现资源型城市的经济转型和可持续发展，不仅是一个世界性的课题，也是当前我国社会各界普遍关注的重大理论和实践问题。2002 年党的十六大报告提出"支持东北地区老工业基地加快振兴和改造，支持以资源开采为主的城市和地区发展接续产业"的"两个支持"政策，标志着资源型城市经济转型工作的正式开启。2003 年《中共中央、国务院关于实施东北地区等老工业基地振兴战略的若干意见》指出，"资源型城市实现经济转型是老工业基地调整改造的一个重点和难点"，并提出了政策措施和工作部署。2007 年《东北地区振兴规划》指出，要"以增加就业、消除贫困、改善人居条件、健全社会保障体系、维护社会稳定为基本目标，以深化改革、扩大开放和自主创新为根本动力，制定强有力的政策措施，不断完善体制机制，大力推进产业结构优化升级和经济增长方式转变，培育壮大接续替代产业，改善生态环境，促进资源型城市经济社会全面协调可持续发展"，并提出"抓紧建立资源型城市可持续发展的长效机制"。但是从当时的实际情况看，我国的资源型城市经济转型，无论在理论研究方面，还是在实践操作层面都处于刚刚起步阶段，尤其在政策扶持方面，既缺乏现成理论来指导，也没有成熟经验可借鉴。唯一可借鉴的是欧美等的一些经验。但由于国情不同，这些经验又很难照搬照抄，直接拿来为我所用。因而，在我国的资源型城市转型过程中，政府应发挥什么作用，扮演什么角色，承担什么职责等问题一直都在摸索之中。探索解决当前存在的若干问题，制定符合中国国情的资源型城市扶持政策，是开展本项研究的背景，也是开展本项研究的初衷。

本书以问题为导向，从我国资源型城市所面临的现实问题出发，从理论到实践，系统地阐述了我国资源型城市的形成和发展脉络，以及它对区域内经济社会发展所带来的影响，从制度角度深刻分析了我国资源型城市产生的根源，在总结借鉴国内外资源型城市转型经验的基础上，提出了我国资源型城市转型政策扶持体系。总揽全书，具有如下特点。

一是具有学科交叉性、综合性的特点。资源型城市经济转型涉及的经济性、社会性、生态性和政策性问题错综复杂、相互交织，增加了经济转型的复杂性、系统性。基于此，整个研究过程采用理论与实践、规范与实证、定性与定量相结合的方法，运用经济学（包括城市经济学、产业经济学、区域经济学、制度经济学、经济地理学、可持续发展经济学）、生态学、政治学、社会学、公共管理学等相关学科知识及理论，开展了多学科的交叉性、综合性的系统研究。

二是具有客观务实的研究态度。本书不仅把我国资源枯竭型城市的形成发展放在整个国家发展历史的宏观背景下来观察与认识，而且还放在了区域经济社会发展的环境中进行分析，既考虑到城市的资源禀赋程度、区位和地理条件，人文与历史文化、思维方式与观念、制度的演进与变化等，又特别关注整个经济社会转型过程中面临着体制交替时期新、旧矛盾和问题相叠加、相交织的突出难题，并在研究中着力兼顾区域内普遍存在的体制性、结构性的共性问题与自然资源耗竭导致的城市生存发展的特殊性问题。

三是具有前瞻性、创新性并重的特点。本书在对资源枯竭型城市分类的基础上，提出了根据不同的资源开发活动在不同时期所形成的城市特点和发展趋势，因地制宜，制定不同的经济转型政策，采取有针对性的分类政策措施。强调从制度建设入手，建立健全有利于东北资源型城市转型的体制机制、财税支持体系、金融支持体系、政策支持体系、人才支撑体系、生态环境治理与恢复的长效机制、东北林区资源型城市转型政策扶持体系等一整套具有保障资源型城市转型与发展的长效机制和政策扶持体系，明确我国中央和地方政府在资源枯竭型城市所应承担的责任和义务，明确资源开发补偿和产业援助范围，厘清中央和地方政府各自承担的责任，合理界定政府介入市场、干预经济活动的程度与范围等。

四是具有资料翔实的特点。本书从研究伊始就十分注重前沿文献资料的整理与实地调研工作。不仅进行了历时4年的文献检索、查阅和资料梳

理，还对国内典型资源型城市进行了实地调研和实证研究，并分析总结了
辽宁省阜新市（煤炭）、吉林省辽源市（煤炭）、黑龙江省伊春市（森林）、
辽宁省盘锦市（石油）、甘肃省白银市（有色金属）、湖北省大冶市（黑色
金属）和白山市（混合型）7个具有代表性的城市经济转型试点以来所取
得的成效和成功经验。在掌握大量实用数据、文献资料与充分的实地调研
基础上，围绕东北资源型城市形成发展历史和现阶段面临的突出问题，提
出东北老工业基地资源型城市经济转型的政策扶持体系和具体内容。

　　总之，本书对我国资源型城市转型的经验、政策等方面作出了较为系
统的研究和探索，希望能够为相关学术研究和政策制定提供一定参考，能
够为中国的可持续发展和"APEC蓝"的早日实现尽到作者的一份心智。
最后，由于作者与其团队研究水平有限，经济形势快速变化，恳请读者对
本书中存在的不足之处批评指正并提出宝贵意见。

目 录 · · · · · · · · · · · · · · · ► CONTENTS

导　论

━━ 一　问题提出的背景与现实性

实现资源型城市的经济转型和可持续发展，不仅是一个世界性的课题，也是当前我国各界普遍关注的重大理论和实践问题。由于我国市县两级资源型城市数量巨大，约占全国城市总数的 1/5，这些城市生存与发展的好坏直接影响着国家的经济社会发展。因为资源是资源型城市赖以生存和发展最重要的物质基础和条件，资源型城市经济对资源的过度依赖性和资源的不可再生性及资源逐渐枯竭的不可逆转性，决定了资源型城市的生存与发展。

随着我国经济社会的快速发展，国内许多开发较早的资源型城市出现了"矿竭城衰"的现象，特别是东北地区的资源型城市该现象尤为突出，这里既包含长期历史累积形成的问题，又有新旧体制交替过程中产生的新问题。从历史发展进程看，东北地区在我国工业化进程中起步较早。由于东北资源比较丰富，在清末民初，日、俄等列强通过殖民地或强行霸占等形式，对东北资源进行了大规模的掠夺式开采，由此也拉开了东北资源开发开采的历史，许多资源型城市也都是在这个时期开始形成的。新中国成立后，作为国家最早的工业基地，在加快实现工业化国家的宏观背景下，在计划经济体制和重化工业优先发展战略指导下，伴随工业化发展对资源需求的急剧增加，东北资源型城市经历了高强度、高速度的发展时期，从而使许多东北地区城市形成了"资源高度依赖型"的经济结构和社会结构。从经济体制转型和社会转轨进程看，东北资源型城市既是国家老工业基地的重要组成部分，又是国有经济最集中的地区。相对沿海开放地区而言，东北地区的计划经济体制退出较晚，市场化程度低，旧体制对其经济转型束缚极为严重。资源枯竭和体制约束等诸多因素相互叠加，使相当一部分资源型城市产业转型步履艰难，经济社会发展与资源枯竭的矛盾日趋尖锐，并由此引发和积累了一系列经济、环境和社会问题，城市经济发展滞缓、居民生活水平下降、失业人口大幅增加、生态环境日趋恶化等问题集中出现，严重影响了当地经济的发展和社会稳定，使东北资源型城市可持续发展面临前所未有的挑战。

由于东北地区集中了全国 1/4 的资源型城市，资源型城市的问题不解决，中央提出的老工业基地振兴战略也就难以实现。因此，21 世纪伊始，国家有关部门就开始研究推动资源型城市可持续发展工作。早在制定国民经济社会发展第十个五年规划中，中央就明确提出要"积极稳妥地关闭资源枯竭的矿山，因地制宜地促进以资源开采为主的城市和大矿区发展接续产业和替代产业，研究探索矿山开发的新模式"。

2001 年，国务院召开常务会议，专门研究辽宁阜新资源枯竭型城市的经济转型问题，并将阜新市确定为全国第一个资源枯竭城市经济转型试点市。2002 年，在党的十六大报告中明确提出了两个支持，即"支持东北地区老工业基地加快振兴和改造，支持以资源开采为主的城市和地区发展接续产业"。2003 年，《中共中央国务院关于实施东北地区等老工业基地振兴战略的若干意见》进一步指出："资源型城市实现经济转型是老工业基地调整改造的重点和难点。"要求有关部门研究制定支持资源型城市经济转型的政策措施。2004 年，国务院成立振兴东北办公室，并把促进资源型城市可持续发展作为老工业基地振兴的重要工作加以推进。继阜新资源枯竭型城市经济转型试点后，经国务院同意，东北各省先后选择大庆、伊春、辽源、白山和盘锦等不同资源类型、不同开采阶段的城市开展经济转型试点，并对矿山破产引发的群体上访、棚户区改造等问题会同有关部门多次进行调研，向党中央、国务院提出政策措施建议，率先启动了中央下放地方煤矿棚户区改造工作。2005 年 8 月，时任国务院总理温家宝在国家人口和计划生育委员会（现为国家卫生和计划生育委员会）向国务院报送的《用科学发展观统筹解决资源枯竭型城市人口与发展问题》报告上批示：解决资源枯竭城市存在的贫困、失业和环境问题，是落实科学发展观、构建和谐社会、实现小康目标的一项重要而不可忽视的任务。他要求国家发展和改革委员会会同有关部门研究并提出意见。同年，《中共中央关于制定"十一五"规划的建议》再一次明确提出了"促进资源枯竭型城市经济转型，在改革开放中实现振兴"的战略方针；2006 年通过的"十一五"规划明确提出"抓好资源枯竭型城市经济转型试点"，"建立资源开发补偿机制和衰退产业援助机制"；同年，《中共中央关于构建社会主义和谐社会若干重大问题的决定》中，把"建立健全资源开发有偿使用制度和补偿机制，对资源衰退和枯竭的困难地区经济转型实行扶持措施"作为促进区域协调发展、构建社会主义和谐社会的重要内容之一。

2007 年党的十七大报告又再一次强调，要帮助资源枯竭地区实现经济转型。国家发展和改革委员会会同有关部门在总结试点经验和进行大量实地调研的基础上，代拟了《关于促进资源型城市可持续发展的若干意见》。同年 12 月 18 日国务院下发了《国务院关于促进资源型城市可持续发展的若干意见》（国发〔2007〕38 号），（以下简称《若干意见》），由此诞生了新中国成立以来的首个资源型城市可持续发展问题的综合性政策文件。同时，资源枯竭型城市转型试点也进入全面铺开阶段，正式拉开了我国资源型城市经济转型的序幕。此后，在每年政府工作报告，以及 2009 年《国务院关于进一步实施东北地区等老工业基地振兴战略的若干意见》（国发〔2009〕33 号）和 2010 年通过的"十二五"规划，都把"帮助资源枯竭地区实现经济转型、促进资源枯竭型地区转型发展"作为政府的重要工作。这些政策的陆续出台，不仅为资源型城市经济转型提供了政策支持，也为资源型城市经济转型创造了条件。目前，全国已有 69 个城市被列为资源枯竭型转型城市。

从全球工业化国家资源开发的规律看，主要发达国家的许多资源枯竭型城市基本是在工业化完成以后出现的。由于这些国家财力较为雄厚，且有较为完善的法律和法规体系，特别是在资源开采和环境保护方面，出台了大量涉及财税、金融、生产力布局、劳动保障、环境治理、人才培养等各个方面的政策法规，因而资源衰竭所引发的资源型城市的经济、社会和生态环境等问题相对较小。而我国幅员辽阔，资源型城市众多，又处在工业化进程中后期阶段，工业化的历史任务尚未完成，且缺乏雄厚财力，很难做到像发达国家一样，对资源枯竭型城市进行大规模的财政补贴或投入。加之，在经济和社会体制处于转型的情况下过早出现这类问题，增加了我国加快发展、实现现代化强国的难度。特别是在我国正处于工业和城镇化加速发展的关键时期，国内重化工业的发展地位不断上升，重工业化发展速度和水平又在不断提高，对国内外市场资源的需求在不断扩大，而国际市场资源价格不断上涨，需求的扩大带来国内资源开采规模不断扩大，这必然对资源型城市的发展带来影响。尤其是科学技术的进步使我国具备了强大的开采能力和更快的开采速度，未来对资源的进一步开采将面临更多问题。在这个前提背景下，研究资源型城市经济转型和可持续发展问题更具有现实性和长远性。因此，探索具有中国特色的资源型城市经济转型和可持续发展道路是当前最紧迫的任务。

必须看到，我国资源型城市可持续发展问题比较复杂，涉及社会各个领域，包括经济结构调整、国有企业改革、区域经济发展、劳动就业与收入分配、社会保障、生态环境治理、资源勘查开发、资源税费改革等多个方面。因此，我国资源型城市经济转型是一项复杂的系统工程。然而，资源型城市可持续发展问题研究还不够，无论是理论研究层面，还是实践操作层面，都才刚刚起步，既没有既成理论指导，也没有现成的经验可借鉴，更缺乏有利于资源开发、减少生态环境破坏的政策法律和制度作为保障。如何破解资源型城市经济转型这一难题，顺利实现资源型城市的可持续发展，已成为当前各资源型城市政府需要研究解决的现实问题。因此，深入研究和探讨东北资源型城市经济转型的具体扶持政策，不仅对东北老工业基地区域内资源枯竭城市顺利转型具有现实意义，也对国内其他的资源型城市避免陷入"矿竭城衰"的怪圈具有借鉴意义。

二 目前国内外资源型城市经济转型的研究现状

资源型城市经济转型是迄今为止尚未破解的世界性难题。尽管较早实现工业化的国家，包括欧盟各国、美国和日本等发达国家在这方面进行了多年的实践与探索，国内外学者对此也进行了一些总结和介绍，但对正处于经济体制和社会转型的中国来说，资源型城市经济转型也只是刚刚起步，相应研究成果较少。尤其是东北老工业基地的资源型城市经济转型正处于起步探索阶段，无论是国内外学术界的研究人员，还是国家政府职能部门及具体推进资源型城市经济转型的各级政府，关于政府扶持政策方面的研究成果寥寥无几。从对中国期刊和图书检索所查阅的资料情况看，尚未查到有关方面的研究报告、图书及相关文章，具体到操作层面的政策扶持也仅限于目前国家有关部门一些相关文件、领导讲话、会议纪要和管理办法，以及国家发展和改革委员会及财政部每年安排的中央财力性转移支付资金支持等方面。

三 本书研究的基本思路和方法

由于资源型城市经济转型是一个复杂、系统的经济社会发展问题，因而需要多学科交叉研究。本书采用理论与实践、规范与实证、定性与定量相结合的方法，运用经济学（包括城市经济学、产业经济学、区域经济学、制度经济学、经济地理学、资源经济学、生态经济学）、政治学、社会学、公共管理学及相关学科的理论进行系统分析和研究。研究基本思路是：首先，进行历时 4 年的文献和历史资料的检索与查阅，对以往的研究成果进行梳理分析。同时，对国内典型资源型城市进行实地调研。在此基础上，进一步深入研究资源型城市演化规律和转型的内在机理，为资源型城市经济转型提供理论基础。其次，对我国资源型城市的形成与发展历程进行实证研究，特别是对东北资源型城市的形成与发展中存在的问题进行梳理和归纳，并对国内资源型转型试点城市经验进行总结，在借鉴国外经验的基础上，从实现资源型城市可持续发展出发，以确立市场经济条件下政府职能为目标，围绕东北资源型城市形成发展历史和现阶段发展中所遇到的突出问题，提出东北老工业基地资源型城市经济转型的政策扶持体系及其具体内容[1]。

---

[1] 需要说明的是，本书中的东北地区是指广义的东北地区，即黑龙江省、吉林省、辽宁省、旧为东三省管辖的今内蒙古自治区东五盟市（呼伦贝尔市、兴安盟、通辽市、赤峰市、锡林郭勒盟）。但考虑相对数据分析的科学性，在涉及占比数据等具体问题时，本书则主要以东北三省为例展开分析。

四　本书的框架和主要内容

本书共有九章内容。

第一章主要介绍资源型城市的概念界定及其经济转型的相关理论,具体包括资源型城市概念的界定、资源型城市类型的划分和资源型城市经济转型的含义,以及影响资源型城市发展的内外因素。运用产业生命周期理论、可持续发展理论、产业结构演变规律理论,深入阐述资源型城市经济转型的内在逻辑关系。

第二章主要介绍我国资源型城市的形成与发展,全面阐述新中国成立 60 多年以来我国资源型城市在国家经济建设中的地位及所发挥的巨大作用。根据我国国情和经济发展所处的不同时期及资源型城市形成的历史,归纳总结我国资源型城市与国外资源型城市的不同之处。

第三章主要介绍东北地区资源型城市的基本概况,包括东北地区资源分布情况、东北资源型城市的数量与分布及区域内 14 个地级资源型城市经济发展现状,通过对东北地区资源型城市发展历史的回顾,全面客观阐述了东北地区资源型城市的发展现状及经济社会发展所面临的突出问题。

第四章针对我国的国情和特点,从制度层面分析东北资源型城市由兴盛到衰退的全过程,以及由于制度作用所造成的区域内资源的掠夺式开采,导致城市快速步入资源枯竭阶段。同时,阐述在制度变迁过程中,我国经济体制改革不到位、体制机制尚未建立健全等对东北资源型城市带来的影响。这一章的重点是运用制度经济学等相关理论,即正式制度安排和非正式制度安排对东北资源枯竭型城市陷入困境的原因进行分析,对由计划经济向市场经济转型以及制度变迁过程给东北资源型城市的经济、社会和生态带来的一系列问题进行深入剖析,具体包括国家与地方、企业之间的关系,财税体制,劳动用工制度,收入分配体制,社会保障等方面。寻找东北资源型城市陷入发展困境的真正原因,为国家制定扶持资源枯竭型城市相关政策法规提供决策依据,为资源枯竭型城市的可持续发展提供路径参考。

第五章主要介绍世界主要国家和地区,包括德国鲁尔地区、法国洛林地区和美国休斯敦、日本北九州地区和委内瑞拉等国家和地区的资源型城市转型情况。分别从重视立法、制定优惠财税政策、设立专项转型基金和融资平台、扶持中小企业发展、利用高新技术改造传统产业、强化人力资源开发和利用、加强生态环境治理等方面,介绍它们的经验与做法。在此基础上,提出国外资源枯竭型城市经济转型对我国的启示与可资借鉴之处。

第六章以大量翔实、鲜活的各地转型事实,反映首批国内资源枯竭型城市转型试点进展情况,包括辽宁省阜新市(煤炭)、吉林省辽源市(煤炭)和白山市

（煤炭、铁矿、森林）、黑龙江省伊春市（森林）、辽宁省盘锦市（石油）、甘肃省白银市（有色金属）、湖北省大冶市（黑色金属）7 个代表性城市。同时，介绍了新兴煤炭资源型城市———内蒙古自治区霍林郭勒市的资源型城市可持续发展的做法和经验。通过探究近年来上述这些城市在可持续发展方面取得的一些成功经验与做法，为国内其他资源型城市经济转型和可持续发展提供有益借鉴。

第七章全面回顾近十年来我国资源型城市经济转型的实践与探索的艰辛路程，包括近十年来我国资源枯竭型城市转型由试点到全面铺开所取得的成效，全面介绍了国务院《若干意见》的主要内容，归纳总结了我国第一批资源枯竭型城市转型试点所取得的基本经验与启示，深刻阐述了未来我国资源型城市经济转型与可持续发展所面临的挑战。

第八章全面阐述建立东北资源型城市经济转型政策扶持体系的理论依据：一是从理论层面全面阐述资源型城市在资源枯竭后出现一系列问题的内在机理，即市场失灵，通过阐述市场失灵与政府干预之间的关系，全面分析市场失灵产生的原因，提出政府对市场失灵合理干预范围的界定，以及解决市场失灵的必要性和现实性，为建立资源型城市经济转型政策扶持体系提供理论支持。二是从现实和国情出发，从体制和机制出发，全方位、多角度、多层次地阐述东北资源型城市经济转型所面临突出问题的根源以及经济转型所面临的外部约束条件。在总结国外政府对资源型城市转型进行干预经验的基础上，结合东北实际，提出我国政府对资源型城市转型的干预范围和目标，为构建东北资源型城市经济转型政策扶持体系提供了现实依据。

第九章是本书的核心内容，从七个方面阐述如何构建东北资源型城市经济转型政策扶持体系。一是以全面推进东北资源型城市改革为突破口，论述如何构建有利于东北资源型城市转型的体制机制。二是从深化财税体制改革、加快资源税费的市场化改革步伐、理顺中央与地方利益分配关系入手，论述如何构建有利于东北资源型城市转型的财税支持体系。三是从深化金融体制改革、成立东北资源型城市转型金融支持协调组织机构，建立东北资源型城市与国家各类金融机构的合作机制入手，论述如何构建有利于东北资源型城市转型的金融支持体系。四是从发展接续替代产业角度出发，围绕东北资源型城市产业转型的目标，制定有利于东北资源型城市经济转型的产业政策，由此建立促进东北资源型城市产业转型的政策支持体系。五是从加大政府对东北资源型城市人力资本的投入视角出发，论述如何构建有利于东北资源型城市转型的人才支撑体系。六是从东北资源型城市生态环境问题形成原因的制度分析入手，探索如何建立完善东北资源型城市生态环境治理与恢复的政策体系和长效机制。七是从制度层面分析东北国有林区林业资源枯竭的原因，从加快推进东北国有林区的林权制度改革、深化林区行政管理体制改革、完善天然林保护工程等方面，提出建立完善东北林区资源型城市转型政策扶持体系。

第一章

资源型城市的概念界定及其经济转型的相关理论

第一节 资源型城市的概念及特征

一 资源的概念与特征

（一）资源概念的界定

界定资源型城市的概念，首先要弄清什么是资源。资源是一个具有丰富内涵的概念，自然科学和社会科学领域的许多学科都在使用这一概念。一般来说，资源是指一定社会历史条件下存在的、能够为人类开发利用或在社会经济活动中经由人类劳动创造出来的财富或资产的各种要素的总称。联合国环境规划署（United Nations Environment Programme，UNEP）对资源的定义是："在一定的时间和技术条件下，能够产生经济价值，提高人类当前和未来福利的自然环境因素的总称。"

资源有狭义与广义之分。狭义资源是指自然资源，包括最早被人类利用并为人类带来财富的土地、森林、矿产等自然资源。但环绕人类的自然界并非都是自然资源，只有在一定的科学技术水平下，有可能被利用来增进人类福利的自然物才能构成自然资源，如阳光、空气、水、土地、森林、草原、动物、矿藏等。然而，随着社会的发展和技术的进步，人类的作用范围越来越广，资源的外延也在不断拓展。广义上的资源不仅包括各种自然资源，还包括经济资源、人力资源、智力资源、信息资源、文化资源、旅游资源等社会人文资源。可见，资源是一个内涵丰富且不断发展变化的概念。

本书所研究的资源主要指狭义范围的自然资源。

（二）资源的基本特性

相对于人类欲望的无限性来说，任何资源都可能是稀缺的。所以，资源并不是取之不尽、用之不竭的。就地球而言，地球的资源总量是恒定的，且随着人类的消费，资源在不断地减少。相对于人类无限膨胀的欲望及人口的飞速增长，地球资源具有稀缺性，并且在这一过程中，资源的稀缺性与人类需求之间的矛盾越发凸显。虽然地球上有一部分资源属可再生资源，但其恢复速度远远落后于人类欲望的膨胀速度及人口的增长速度，三者始终处于非均衡协调状态。甚至由于人们对可再生资源的过度开发与利用，许多可再生资源变为不可再生资源。可见，无论是可再生资源还是不可再生资源，在人类各种活动中，其稀缺性都在不断加强。

资源的有限性是资源最基本的特性。这一特性表现在：一是资源在时空分布与数量上的有限性。例如，某个国家或地区在一定时间内的耕地面积、矿产储量都是有限的。二是资源存在的绝对数量或可利用的途径或部分具有有限性。例如，太阳能、水能、风能，虽然总量巨大，但人类可以利用的部分却十分有限。三是在一定的经济社会发展阶段，人类利用自然资源的能力、范围和种类也是有限的。例如，作为国土的沙漠戈壁、埋藏很深的矿产资源等，由于受到现有科学技术水平和经济条件的限制，尚不能利用它们为人类创造财富。但如果用动态发展的观点看，资源也具有无限的潜力。一方面，有些资源本身是可以更新和循环的可再生资源；另一方面，随着科学技术的进步、经济社会的发展，人类认识、开发、利用自然资源的范围、种类和途径是无限的。资源潜力的无限性还体现在对废弃物、污染物的回收、净化、重复利用方面。

自然资源除了具有资源的共性外，还具有以下特征。

一是生态性。自然资源构成了一个复杂的生态系统。自然资源的生态性是地球上一切有机生命物种得以生存的先决条件。自然资源的生态性表现为大自然不是静态循环而是动态发展的，地球上的各种植物与微生物不断进行光合作用等，吸收和转化太阳的能量，将其积累在地球上，使地球日趋丰饶，使其他生命形式得以繁衍。自然资源的组成部分，如水资源、土地资源、生物资源、气候资源之间既相互联系，又相互制约，构成了一个有机整体。自然资源生态系统内部有着自我平衡、自我调整、自我恢复、自我生长的机制，这种生态性是建立在一定的生态环境条件之下的。如果自然资源的生态系统遭到破坏，有机的生态圈就会逐渐失去自我调整功能，甚至会造成生态灭绝。这种情况一旦发生，必然会威胁到人类社会自身的生存和发展。

二是被动性。自然资源是相对于人类社会的客体，是被动性资源。虽然自然资源系统是有机的，但在财富创造过程中，自然资源是人类社会通过各种手段开发利用、加工制作的对象，人类社会在资源开发利用过程中具有主动性，而自然资源基本上居于被动地位。由于人类本身就是一种高级动物，是自然中的一个部分，所以，自然资源系统也会反作用于人类社会。如果肆意破坏自然资源，自然资源系统就会用各种方式惩罚人类，但这种惩罚也是被动性的。

三是收益递减性。自然资源在财富创造过程中遵循"收益递减"的规律。也就是说，假如其他因素不变，随着自然资源投入数量的增加，其所能带来的财富增量在一定阶段后将逐渐减少。这是因为，在技术不变的条件下，自然资源投入比例是相对固定的，整个自然资源的投入量也存在一个生产可能性边界。受此条件约束，继续增加自然资源投入量将无法继续推动财富增长。

（三）树立科学资源观的现实意义

人们对待发展的认识和态度决定了对待资源的认识和态度。没有对发展科学的认识，就没有对资源的科学态度和行为倾向，就不可能科学地开发和利用资源。因此，科学发展观的提出对于我们树立正确的资源观、寻找科学开发利用资源的有效途径具有重要的现实意义。

必须看到，资源问题是国际社会面临的共同问题之一，它关系到整个世界长远的、根本的利益。由于地球上的资源是有限的，而随着经济社会的发展和世界人口的增加，资源短缺问题日益凸现，已经成为制约各国经济社会进一步发展的重要因素。所以，世界各国都在实施可持续发展战略，其目的是要实现经济社会和人口资源环境的协调发展。从具体实践情况看，许多国家一般采取以下几方面措施来解决资源短缺与人类需求之间的矛盾：一是运用市场与政府干预相结合的方式合理配置资源，以发挥资源的最大效益。二是采用先进技术，提高资源利用率。三是有计划地使用资源和节约资源，并通过扩大对外交流，利用国际资源。四是采取有效措施，注意保护环境，限制人口及其消费的过快增长。五是改革和完善生产、分配制度以及政治、文化制度，以提高经济效益和求得社会公平，在发展经济的同时，缓和、减少人们之间的利益矛盾和斗争，保持和维护社会的稳定。

同样，我国当今经济社会的快速发展也受到了自然资源状况、能源供给和环境承载能力的严重约束。就我国资源占有情况来看，我国人口众多，人均资源占有量较低。例如，水资源的人均占有量仅为世界平均水平的25%，石油为12%，天然气仅为4%，煤炭为55%。不仅如此，我国的资源利用率也很低，浪费比较严重，多种资源不得不依赖进口，导致经济发展面临国际市场的压力。粗放型增长方式与人们对资源不断增长的需要，加剧了资源的供需矛盾，资源短缺已经成为制约我国经济社会发展的主要瓶颈。因此，充分认识资源的稀缺性，树立科学的资源观，对于指导我国的经济建设具有极其重要的现实意义。特别是对我国这样一个资源缺乏的国家，只有正视资源的稀缺性，才能更加尊重资源、珍惜资源、合理开发利用资源，使有限的资源发挥出更高的效益，通过经济发展方式转变及经济、社会、技术等多种手段的综合运用，统筹协调我国人口、资源、环境与发展的关系，推进科学发展，实现我国经济社会的可持续发展。

二 资源型城市概念的界定

（一）资源型城市中资源的含义

按资源存在的形态、特点和属性，资源可分为自然资源和社会资源两大类。自然资源即狭义的资源，根据其发生、形成的起源和固有特征，可划分为耗竭性资源（如矿藏资源）和非耗竭性资源（如太阳能）。耗竭性资源按照它是否可再生可划分为再生性资源和不可再生性资源。社会资源是人类在生产和流通过程中创造的物质财富和精神财富的总和。一般分为四大类：人力资源、科技资源、经济资源和文化资源。资源作为生产要素不能独立发挥作用，自然资源只有同社会资源相结合，才能转化为具有使用价值和价值的劳动产品。

基于上述对资源的认识和理解，资源型城市中的资源，属于狭义的资源范畴。资源是资源型城市赖以生存和发展的最重要的物质基础和条件，资源型城市经济对资源的过度依赖性和资源的不可再生性及资源逐渐枯竭的不可逆转性，决定了资源型城市的生存与发展。不同的社会发展阶段，人类的资源开发重点不同。农业社会以土地资源的开发为主导，而工业社会以森林、矿产资源的开发为中心。资源型城市是工业化的产物，资源型城市中的资源因而是指工业化时期对城市和区域发展起主导作用的森林和矿产资源。由此可知，资源型城市所依托的自然资源是可耗竭或近似可耗竭的矿产资源和森林资源。

（二）资源型城市的界定

资源型城市也称"资源性城市"、"资源城市"、"资源指向型城市"。对资源型城市的界定，不同学者有不同的认识，但国内外多数学者认为，资源型城市是因自然资源的开发而兴起或发展壮大，并且资源型产业在工业中占有份额较大或以自然资源开采和加工为支柱产业的工业城市。目前，资源型城市基本上是采取定性与定量分析相结合的形式进行界定的。

采用定量分析是近年来国内外学者研究界定资源型城市普遍使用的一个方法。但由于许多专家和学者从不同学科、不同角度、选用不同的指标对资源型城市进行定量和定性分析，目前尚未形成一致意见，主要在界定资源型城市的指标体系设计中指标范围的确定、数据选取及界定方法等方面存在着较大的分歧，也导致资源型城市数量的确定不一致。王青云（2003）依据下面 4 个指标界定的我国资源型城市，本书也采用同样的指标来界定我国的资源型城市。一是采掘业产值占工业总产值的比重在 10% 以上。取 10% 这一临界值是因为全国采掘业产值占工业总产值的比重一般为 6%～7%，而我国城市的这一比重平均为 4%～5%；而在研究地区支柱产业时，最低要求是其产值比重大于 5%。二是采掘业产值规模对县级市而言应超过 1 亿元，对地级市而言应超过 2 亿元。三是采掘业从业人员占全部从业人员的比重在 5% 以上。确定这一标准主要是考虑我国城市中采掘业从业人员占全体从业人员的比重平均为 2%～3%，如果这一数值大于 5%，则该产业对城市的就业稳定将产生较为重要的影响。四是采掘业从业人员规模对县级市而言应超过 1 万人，对地级市而言应超过 2 万人。原则上，上述 4 个指标应同时满足。依据上述指标，对一些特例城市作了特殊处理，确定我国资源型城市共计 118 个，其中典型资源型城市有 60 个。但在实际工作中，则是由国家发展和改革委员会牵头会同国务院办公厅、财政部、国土资源部，在对一些资源型城市进行调研、召开座谈会听取意见和建议的基础上，与有关部门反复沟通、研究确定哪些是资源枯竭城市。界定原则和标准主要考虑历史贡献、现存问题的严重程度、资源型城市类型等因素，兼顾定量为主的界定原则，并选取资源储量、采掘业发展、民生和财力指标作为界定硬性指标，指标数据的采集全部来源于国家统计部门或有关权威部门，以保证指标数据来源的客观公正性，通过多指标综合评价，最后确定我国资源枯竭型城市名单。

但无论选取什么方式，资源型城市作为"城市"而言，首先必须具有城市所共有的属性，即拥有一定数量人群聚居并从事生产、经营（交换）和生活的地域，具有尽可能满足人们各项社会活动需求的基本职能，具有对一定区域的经济社会发展起带动、辐射和中心作用的一般城市特征。资源型城市之所以称为"资源型"，是因资源开采和加工业在该城市产业构成中处于支柱性或主导性地位，资源型城市的主要功能就是向社会提供资源性产品和初加工产品，资源型产业的发展状况对城市的兴衰有着决定性影响。由于资源型城市是在资源开发的基础上形成并发展起来的一种特殊城市类型，因而资源型城市对资源有着强烈的依赖性，资源指向性明显，且产业结构也比较单一，城市经济容易因资源枯竭而发生逆转。

因此，对资源型城市的界定必须涵盖两点：一是该城市必须涉及当地资源的开采行业。二是资源型产业发展状况对所在城市的发展具有决定性意义。否则，资源加工规模再大、比重再高，也不能称为资源型城市。

🔴三　资源型城市类型的划分

资源型城市的类型可从不同角度进行划分。不同的资源开发活动在不同时期所形成的城市特点和发展趋势也不相同。

（一）按城市兴起和发展所依托的主导资源，可分为煤炭型、石油型、金属型（非金属）和森林型城市

按这一分类标准，我国煤炭型城市最多，占资源型城市总数的60%，主要集中在以黑、辽、晋、豫为代表的东北和华北地区，这些城市是所在区域城镇体系的重要组成部分。石油资源的开发利用要比其他矿产资源晚，因而石油型城市形成大都在新中国成立后。由于石油资源开发的技术要求较高，且投资巨大，通常都是由大型和特大型国有企业来承担。金属型城市则包括黑色金属型（铁矿型）和有色金属型两类。由于金属矿产绝大部分都埋藏于山区，所以金属型城市一般都在山区。由于矿山开采的机械化程度高，需要的资金、技术投入较大，因此，相关企业通常也是大型国有企业。非金属资源开采比较简单、分散，因而单纯依靠非金属资源而兴起的城市较少。森林资源属于面状开采，一般来说，难以形成正常的城市规模。我国的林业城市实际上是由一个较大居民点和若干小型林区居民点共同组成的群体城市，其内部的每个居民点规模都很小，只是因各居民点都归属同一林业局管理，相互之间社会经济联系密切，所以合并组成一个城市，属于一种特殊类型的资源型城市。

（二）按人口规模，可分为大型资源型城市、中型资源型城市、小型资源型城市和资源型城镇

这种划分主要是按我国目前城市划分标准进行的，即100万人口以上为特大城市；50万～100万人口为大城市；20万～50万人口为中等城市；10万～20万人口为小城市；5万～10万人口为建制镇（含县城镇）；2万人口以上为集镇（乡政府所在地或经济比较发达的集镇）。通常大城市以上的城市在行政建制上为地级市，中等城市多为县级市。本书主要研究对象是地级城市这一层面。

（三）按不同发展阶段，可分新建资源型城市、兴盛资源型城市和衰退资源型城市

由于受不可再生资源可采储量的制约，资源型产业必然要经历"开发—建设—兴盛—萎缩—衰退"的发展过程。处于资源开发不同阶段的资源型城市也可相应分为不同类型：一是新建资源型城市，处于成长期或青年期，其特点是城市产业一般仅为资源开采及初级加工业，且城市资源储量大，可供开采时间长，城市人口规模不大，但城市发展潜力较大。二是兴盛资源型城市，处于鼎盛期或壮大期，其特点是资源产业占据主导产业地位，并带动其他产业发展，尤其运输业

发展迅速，贸易、服务业不断扩张，城市人口增长较快。三是衰退资源型城市，处于衰退期或暮年期，其特点是由于耗竭性资源随着采掘业的发展而不断减少甚至枯竭，或采选条件恶化、成本攀升、效益低下，或主要产品市场萎缩等原因，作为主导产业的资源型产业陷入衰退阶段，由此导致城市经济增长乏力，失业率升高，社会不稳定。处于不同发展阶段的资源型城市，存在的矛盾和问题不同，面临的发展空间和机遇也不同。

此外，资源型城市还可按资源开发种类的多少进行划分，即可分为单一资源型城市和综合资源型城市。前者是以一种资源的开采和加工为主的城市；后者是多种资源的开采和加工并重的城市。按产业结构中资源采掘业和加工业的产值比重分类，可分为采掘型城市、采掘-加工型城市和加工-采掘型城市。我国大多数资源型城市在早期阶段以采掘型为主，经过采掘-加工型阶段之后，逐步过渡为加工-采掘型城市。这些结构性的差别，都会对资源型城市经济转型的方向和轨迹产生影响。

四 制约资源型城市发展的主要因素

资源型城市的兴衰与发展主要受制于以下几方面因素。

（一）资源条件

资源条件是资源型城市发展的主要内在驱动力。对于资源型城市来说，资源产业是其主要输出产业，因此，资源产业的发展是城市经济增长的原动力，资源条件在很大程度上决定了资源产业的发展状况。包括资源型城市所拥有的主导资源的种类、品质、储量、开采条件以及相关技术和人力资源、资源品的需求程度等因素都影响着城市经济和主导产业的发展水平。这些因素不仅决定着城市对资源的可依赖时间，也直接影响城市发展的规模、质量和效益。具体来说，主要有三方面因素：一是资源储量和资源丰裕程度。在竞争性市场条件下，资源储量往往构成资源型城市发展的"比较优势"，进而影响其未来的发展方向和发展能力。二是资源开采的技术水平。技术水平提升就可提高资源的回采率和可采储量，降低资源开采成本，一定程度上延长资源开采的时间。三是人力资源状况。一般来说，人力资源禀赋越高，越有利于避免资源型城市走向衰退，越有利于城市多元化产业的形成和向综合性城市过渡。如果资源型城市拥有一定数量和相对稳定的高素质人力资源，那么，这些人力资源在城市替代产业的兴起以及对综合性城市转换方向、速度和规模上都将发挥重要作用。国外实践证明，许多城市正是靠这些受过高等教育和有技术专长的人才，才摆脱了传统产业衰退带来的一系列问题，使资源型城市由传统产业为主转向发展其他高新技术产业。

（二）宏观政策

资源型城市的转型主要受国家政策的调整与资源型城市经济发展战略选择的影响。国家政策的调整主要体现在经济政策的调整，它具有强制性和诱导性，既可以鼓励和诱导某些产业的发展，也可以限制或禁止某些产业的发展。经济政策除了直接作用于各个产业外，还可以通过波及效应间接强化其对产业的影响。例如，对国有煤炭企业进行重组，天然气的广泛使用，鼓励并大力发展新材料和新能源产业，太阳能、核能、风能等替代产品的推广与应用，都将对资源型产业发展产生重大影响。资源型城市发展战略的选择对城市的兴衰至关重要。大量国内外实践证明，所有走向可持续发展道路的资源型城市都得益于发展战略的正确选择。相反，所有走向停滞和衰落的资源型城市也都源于战略选择的失误。因此，在资源型城市发展的不同阶段，科学地选择发展战略，对于资源型城市的未来具有重要意义。

（三）科技进步

科技进步对资源型城市发展影响较大。这种影响主要体现在：一是通过科技进步可以发现更多的资源替代品，如用塑料代替木材等，以减少对不可再生资源的耗费。二是通过科技进步发现现有资源的新的利用方式和利用途径，提高资源的利用效率。三是通过科技进步创造新的更为先进的勘探方法，从而探寻到更多的资源，这就等于增加了资源的供应量。四是通过科技进步可以发现更多的新资源。能源的发展史就证明了这一点。在农业社会中，人类生产所使用的动力主要是畜力和水力。在工业社会的初期，人们发现煤炭并使煤炭成为工业文明的核心能源。19世纪末期，煤炭代替木材为蒸汽机提供动力，并在能源结构中占主导地位。20世纪初，大工业生产导致石油需求量急剧增加。到20世纪中期，石油开始在能源结构中占主导地位。但由于煤炭、石油、天然气等不可再生资源的储存量有限，人类对资源的开发开始向太阳能、原子能、地热能、海洋能等新的资源领域进军。正确认识科技进步在资源战略中的作用，有助于我们更全面地理解资源有限论和资源的无限论，能更清晰地认识人类所面临的资源形势。

（四）区位条件

区位条件对于城市的发展极其重要。有区位优势的地区在吸引人才、资本、技术等生产要素方面更具优势，因而更具竞争力和可持续发展能力。这个规律在资源型城市发展中得到了充分的体现。资源条件相差不大的两个资源型城市，区位条件可能导致其日后发展的分化。在市场经济中，投资决策必须从成本最小化和利润最大化出发。资源型城市提供的原材料如果选择输出，则交通便利的地区经济中心或交通枢纽城市更具运输成本优势；如果就地加工，区位优势地区则应有更丰富的劳动力、人才、资金和技术资源，且生产成本更低。城市的发展与所在区域的经济发展水平、城市化水平、产业集聚度密切相关。一个处在城市密集区或产业带的资源型城市，更容易依托区域产业集群优势，找准自身定位。而处于交通和经济欠发达地区的资源型城市则很难获得有利的生产要素，发展必然缓慢。国外许多资源型城市的消失与其所处区位条件太差有直接关系。

第二节　资源型城市经济转型的定义及相关理论

一　资源型城市经济转型含义的确定

在社会科学研究中，对转型的概念并没有一个明确的界定，人们只是习惯于描述性地运用它。通常情况下，转型是指事物从一种运动形式向另一种运动形式转变过渡的过程。同样，人们对资源型城市经济转型的理解也不一致。我们认为，资源型城市的经济转型主要是指其经济形态的结构性转换，即从主要依赖耗竭性资源的经济社会结构转向依赖非耗竭性资源的经济社会结构。具体来说，通过资源型城市经济转型的实施，使资源型城市主导产业由现在的不可再生性自然资源的开采和加工业转向其他产业，通过其他产业的发展，使城市的发展逐渐摆脱对资源型产业的过度依赖，规避资源型城市因资源枯竭可能导致的衰退，以实现资源型城市可持续发展的目的。

对资源型城市经济转型的定义有广义和狭义之分。广义的资源型城市经济转型不仅指新的产业替代原有衰退的资源型产业、实现工业结构升级的过程，而且包括产业转换和替代过程中所发生的体制转轨、劳动力转移、技术创新、环境改善等。狭义的资源型城市经济转型是指产业转型，就是淘汰落后衰退的、没有竞争力和发展前景的产业，转而培育发展新的产业的过程。无论从广义理解，还是从狭义上看，产业转型都属于经济转型范畴，且都是资源型城市经济转型的核心。

从实践层面看，资源型城市的产业转型与其生存和发展所依托的主导资源的转换或替代是同一个问题的两个方面。产业转型从表面上看是产业类型或产业结构的转变。但从深层次分析，旧产业的衰退与退出和新产业的产生与发展，实质都是生产要素的重新配置与使用过程，因此，产业转型的本质就是原有要素在变化的环境下进行的重新组合和优化配置，这种生产要素的重新组合将会带来城市经济和社会结构转型以及环境的变化。从理论层面看，产业生命周期理论、可持续发展理论和产业结构演进理论为资源型城市经济转型提供了理论支持。

二 资源型城市经济转型的相关理论

（一）产业生命周期理论

1. 产业生命周期的概念

生命周期作为生物学中的一个概念，是指具有生命现象的有机体从出生、成长、成熟到衰老死亡的整个生命历程。这一概念在引入经济学和管理学理论后首先应用于产品研究，之后扩展到企业和产业研究当中。我们知道，任何一种产品，从研制开发、投入生产、市场饱和再到淘汰更新，有着一定的生命周期；而对于任何一种产业而言，由于其存在的基础是产品，受产品生命周期的影响，其发展过程也有类似的生命周期。

产业生命周期是指产业从形成、成长、成熟到衰亡的具有阶段性和共同规律性的厂商行为的变动过程。产业生命周期理论是在实证基础上对产业生命周期进行研究的现代产业组织学的重要分支之一。该理论是在弗农（Vernon）于 1996 年提出的产品生命周期理论基础之上逐步发展、演化而成。产业生命周期理论经过 20 世纪 70 年代 William J. Abema 和 James M. Utterback 共同提出的 A-U 模型，到 80 年代由 Gort 和 Klepper 提出的 G-K 产业生命周期理论，再到 90 年代 Klepper 和 Graddy 的 K-G 产业生命周期理论以及 Agarwal 和 Rajshree 等的产业生命周期理论，在各个分支的纷争和融合中逐步走向成熟（张会恒，2006）。

2. 产业生命周期的四个时期

产业生命周期包括形成、成长、成熟和衰退四个时期，且每个时期都有一定的特征（傅伟明，2007）。

在产业的形成期，某类新产品，由于各种原因，其使用价值逐渐被市场所认可，并转化为现实的需求。但此转化过程一般来说并非总是顺利的，有的转化得比较快，有的比较慢，因此，在此阶段的产业生命周期曲线会呈现不同的形状。当产业在整个产业系统中的比重迅速增加，并且该产业在产业结构中的作用也日益扩大时，就可以认为该产业已经度过了形成期而进入了成长期。

成长期产业的一个主要特征是产业的发展速度大大超过了整个产业系统的平均发展速度。此时产业的技术进步迅猛，并且日趋成熟，其市场需求和市场份额也明显扩大。此阶段产业生命周期曲线一般来说比较陡峭。当某产业经历了迅速成长阶段后，由于市场空间逐渐趋小，且该产业在整个产业系统结构中的潜在作用也基本上得到了发挥，其发展速度将会逐渐放慢，此时就标志着该产业已经进入了成熟期。

成熟期产业的生命周期曲线逐渐变得平缓。但随着技术工艺的进步而面向市场推出全新的可以替代老产业的新产业时，老产业失去竞争优势而逐渐萎缩，并逐步退出市场。这标志着该产业已经步入了衰退期。

衰退期产业的生命周期曲线不断下降，其斜率一般为负。

由于任何一种产品都有生命周期，而由众多生产同类产品的企业集群构成了产业。因此，产业的发展过程也有类似的生命周期演化规律。但一个产业是由许多同类型的多种产品所组成，由于同一产业内的产品一般处于生命周期不同的发展阶段，这就导致产业生命周期与产品生命周期的差异。在一个产业的整个大的生命周期演进过程中，不同的发展阶段会有许多产品的不同生命周期阶段的出现。产业的生命周期是产业内众多企业产品生命周期的集中体现。因此，产业内代表性的产品越是集中，产业的生命周期同产品的生命周期越是接近。

3. 资源型城市的生命周期及发展变化规律

作为以矿产类资源为主导产业的资源型城市，之所以在资源尚未进入枯竭衰退期就研究城市经济转型问题，其原因就是它的形成和发展轨迹完全符合产业生命周期理论。由于资源的有限性和不可再生性，资源型城市的资源开发都会经历一个由盛到衰的阶段性和周期性过程，正是这种资源开采的周期性规律，决定着资源型城市的发展轨迹与其他城市不同，有其自己的变化规律和特点。

随着资源开采量的不断增加和不可再生资源的逐年减少，所有资源型产业或企业都要经历兴起—繁荣—鼎盛—衰落的发展过程。一般来说，资源产业的发展和资源的耗竭程度密切相关，具有产业生命周期的特点，其由盛到衰的过程可分为四个阶段，即开发期、增产期、稳产期、衰退期（图1-1）。

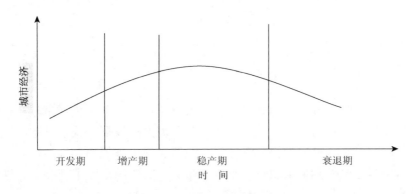

图 1-1　资源产业生命周期图

开发期（形成期）是指资源开发前的准备时期，主要工作包括资源储量、品位、地层条件的详细勘探及开采方案的制订与选择。

增产期（扩张期）是指从全面投产到生产达到设计规划水平的阶段。这一阶段资源型产业迅速发展，大规模工业化开采逐步兴起，生产逐渐形成规模，产量呈上升趋势。

稳产期（繁荣期）是资源型城市最为兴盛和壮大的时期，资源型产业从规模到产量等各方面都达到发展的顶点。进入稳产期的标志是该资源型产业的骨干企业建成、全部主要资源产品和产品的主要附属品能够实现独立生产，且资源开采能力和配套生产能力基本一致。

衰退期（枯竭期）。由于资源存量的减少或枯竭，开采难度大、成本高，导致相关生产或加工逐渐萎缩，主导产业开始衰退，出现大量富余人员，社会问题突出，而且这种趋势会日益明显。

由于资源的有限性和资源开发成本递增规律的作用，资源开发的过程具有明显的周期性特点。在这种规律作用下，每个资源型城市的资源型主导产业都会经历一个由兴起、兴盛直到衰退的周期性发展过程。受制于这种变化，资源型城市的发展变化也表现出明显的阶段性特点（图1-2）。

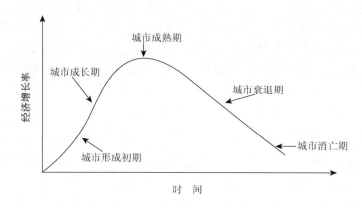

图 1-2　资源型城市成长路径一

资源型城市的兴衰与当地资源型产业发展之间存在较强的关联度。资源型城市是以资源型产业作为主导或支柱产业，资源型产业发展越快，对城市经济的贡献就越大，城市发展也就越快。资源型产业所表现出来的周期性特征，使得资源型城市的发展也沿着相似的轨迹。但是并非所有的资源型城市都要沿着这一发展轨迹最终陷入衰退。

如果在资源产业兴起或鼎盛期，能不失时机地调整产业结构，发展非矿替代产业，就能使资源型城市在资源枯竭前走出困境，随着新生产业的不断发展壮大而不断发展，就能跳出传统资源型城市发展生命周期，使其在一个新的起点甚至更高的起点上获得持续发展，由原来的资源型城市转变为其他类型的城市（图1-3）。例如，美国的休斯敦市在石油开发使城市发展兴盛的同时，其电子、食品、宇航、机械制造等工业也相继得到迅速发展。如今，休斯敦不仅以油城闻名于世，而且成为美国赫赫有名的宇航中心。可见，矿竭不一定城衰，关键在于能否及时作出调整，在资源枯竭前实现从单一产业向多元化产业的转变，使资源型城市实现转型。

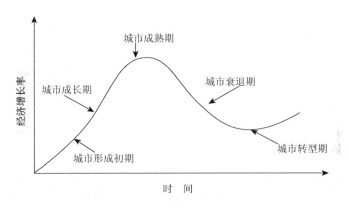

图 1-3　资源型城市成长路径二

（二）可持续发展理论

1. 可持续发展概念的提出

人类关于可持续发展问题的研究始于 20 世纪 70 年代。早期研究源于人们发现经济增长对自然生态系统产生了威胁，需要解决经济与生态均衡发展的问题。20 世纪 70 年代，人们提出了资源、环境与经济综合发展的问题。1972 年，在瑞典斯德哥尔摩召开了联合国人类环境大会，这次会议首次提出要把生态保护同经济发展联系在一起，并主要研究了关于土壤退化与水土流失、荒漠化、热带生态系统管理、水资源与人类聚集地等涉及人类可持续发展的重大问题，指出如果不能切实关注环境的约束，经济发展是不可持续的；会议还通过了《人类环境宣言》。1981 年，联合国环境规划署正式提出："保存可再生资源，以减缓或调整对不可再生资源的开采速度，并控制残余物的排放。"1987 年，以挪威前首相布仑特兰夫人为首的由 21 个国家的专家组成的世界环境与发展委员会（World Commission on Environment and Development，WCED）出版了《我们共同的未来》一书，首次明确提出了可持续发展的概念和定义。

20 世纪 90 年代，各国将"可持续发展理论"用于指导国家发展战略的制定。1992 年，里约热内卢世界环境发展大会制定了全球《21 世纪议程》，提出了环境与发展的 27 条原则并达成一项原则性协定，即各国应当在 21 世纪共同努力推进可持续发展。此后，可持续发展理念在世界各国迅速传播并得到普遍认可。1994 年，在英国曼彻斯特举行了"94 环球论坛"，其主题是"城市与可持续发展"。我国从编制"十五"计划开始，也将可持续发展作为国家发展战略之一。

目前，尽管可持续发展概念的表述还不完全统一，许多专家学者分别从自然、社会、经济等不同角度进行阐述，但世界环境与发展委员会在《我们共同的未来》一书中给"可持续发展"所下的定义，仍为各方面所普遍接受："可持续发展是指既满足当代人的需要，又不对后代人满足其需要的能力构成危害的发展。"可持续发展涉及人口、资源、环境、经济、社会五大要素，其核心问题是发展问题。这种发展既强调量的增长，也强调质的提高，既使整个社会的经济总量增加，也使社会、经济、环境结构得到进化，是效率与公平的统一体。

2. 可持续发展与自然资源开发利用

自然资源从开采、生产、消费直到返回自然界，需要经历一个多阶段的过程。在这个过程中，当代人和后代人都要使用自然资源，所以资源不仅属于当代人，也属于后代人。当我们把自然资源看成是人类的公共资源时，人类不能因为当代人的发展而无节制地消耗资源，剥夺后代人使用资源的权利，并使他们的发展受到资源枯竭的制约。然而，现实中当代人先于后代人使用自然资源，并出于自身发展的需要，当代人往往过度使用资源，对后代人的利益造成损害。为此，可持续发展理论提出当代人的发展不能损害后代人的利益，当代人的利益不能建立在后代人的成本之上[①]。

由于自然资源的开发利用与可持续发展密切相关，特别是在自然资源开发利用中广泛存在着外部性的问题，因而，人类在自然资源开发利用中如何使外部性负效应降到最低，是人类当前需要解决的问题。对自然资源开发利用产生的外部性主要表现在以下几点（宋冬林，2009）。

（1）资源开发利用产生的外部性。当代人追求其效用的最大化，试图利用更多的资源，努力降低开发资源的成本。其结果势必是先开发那些容易开发、优质高效的资源，提高资本收益率，而给后代人留下的则是难以开发、资源质量低的资源，结果增加了后代人开发资源的单位成本。从开发资源的结构分析，当代人会先开发那些能产生高附加值的资源，留给后代人是一个不容易产生高附加值的资源结构。同时，当代人在开发资源的同时也在努力勘探新的资源，以增加可利用资源总量，而从资源的寻找成本看，也会使后代人的成本增加。由于当代人在计算资源的当代社会成本时，没能考虑对后代人带来的负影响，从而使资源的价格低估，导致资源的过度开发。

（2）资源加工和产品消费产生的外部性。消费是社会生产的目的，当代人的消费模式决定了资源的需求和利用规模及结构。受信息不完全的影响，市场中的

---

① 从时间的延续上对外部性理论进行拓展，可以把外部性分为代内外部性和代际外部性。代内外部性主要是从即期考虑资源是否合理配置，而代际外部性主要是解决人类代际行为的相互影响，尤其是要消除前代对后代、当代对后代的不利影响，因此，代际外部性也可看成当前向未来延伸的外部性。

商品结构与消费结构会不相适应，形成商品的积压和报废。在产品设计和加工过程中，也存在不科学、不合理的因素，加上加工过程中出现的次品和废品等，造成资源的浪费，使后代人失去了资源利用的机会收益。资源作为生产要素，其本身是一种投入品，在资源加工过程中，有投入必有产出，包括可供消费的商品和废弃物的排出。由于技术水平的限制，有的排出物会对环境造成污染，如果当代人对污染治理的力度不够，或者有的排出物危害还未被当代人所认识，这就增加了后代人的污染治理费用。当消费者购买资源产品进行消费，无论是直接消费的商品，还是需经消费者再加工后进行消费的商品，最终也都会有废物排出，这也形成了对环境污染的外部性影响。

（3）技术进步在资源开发利用中产生的外部性。技术进步是实现向集约化转变及经济增长和经济发展的重要力量。在资源利用过程中，主要技术有资源开发技术、探测技术、加工技术、加工过程的管理技术、清洁技术、污染治理技术、综合利用技术等。一方面，当代人的技术进步加大了资源利用量，提高了单位资源的利用效率，减少了环境的污染；提高了可再生资源的再生能力，减少了不可再生资源的使用量；通过发现资源的新存量及新的替代资源，提高了当代人的生活质量。另一方面，技术进步将知识资源留给了后代，使他们可以从较高的起点上进行新的探索，提高了后代的可持续发展的能力。从这个角度看，技术在资源利用过程中主要形成正的外部影响。但由于技术创新受当代环境、知识水平等多方面的限制，而且人们对自然规律的认识有一定局限性，在科技发展方向上可能会有失误，甚至将错误的结论作为科学的成就，加之技术进步下易开采资源量的降低，这就会使后代人付出不应有的代价。这种科学技术负外部性的例子在历史上也是屡见不鲜。由于技术能为人类改造自然、利用自然提供强大的武器，因此，备受人们的重视，但并不是所有的技术都会受到同等的重视，人们更加关注能提高劳动生产率和经济效益的技术的开发，而对保护环境的技术开发重视不够。这种科学技术发展的非对称性和不平衡性导致清洁技术发展缓慢，造成了环境的污染积累，使地球生态系统受到破坏，甚至受到不可逆转的破坏。

（4）资源开发利用所产生的外部性。可持续发展强调了人类与自然的协调，其协调性表现为：自然在满足人类生存和发展需求的同时，也满足其他生命生存和发展的需要，维持地球内在生态系统按其规律健康发展。生态系统由生物体与自然环境共同组成。生物体与自然环境之间彼此制约、相互作用、互为依存。生态系统内部一种因素的变动，可能会引发其他因素甚至整个生态系统的变动。对于其中的许多规律，当代人尚不了解，还在探索之中。当代人在开发利用资源中，出于自身的需要，也强调保护生态平衡，但往往仅注意维持资源最安全的最小保有量及最小可再生率，而对如何保护整个生态系统缺乏整体上的把握。由于认识上的局限性，往往产生对其他生态系统负面影响估计不足的情况，因此，当代人在开发利用资源时，由于对某种资源的过度利用或者在资源利用过程中造成的环境污染，会通过生态链产生一系列的负面影响。而对生态系统产生的负面影响可能存在估计不足，从而导致生态失衡，使后代人处于比当代人更为严峻的生态系统之中。

总之，自然资源开发利用中的外部性问题较为复杂。首先，代内外部性与代际外部性交织在一起。虽然从时间的维度可将人类分为当代人和后代人，但资源利用中外部性的接受者未必仅仅是后代人。与"公地悲剧"类似，资源使用中存在当代人对后代人的代际外部性问题，后代人是外部性的承受者。如果分析资源开采阶段的浪费和资源使用效率低下问题时，这种外部性便体现在生产外部性中，当代人和后代人都成为了外部性的承受者。其次，不确定性对代际外部性的影响。资源的利用是在有限代际中进行的，但具体在多少代际中展开，建立在当代人关于后代人对资源依赖程度的判断基础之上。较为乐观的判断会认为技术进步使后代人减轻了对现有资源的依赖程度，这样的判断可能导致当代人轻视外部性的影响，或对更远后代权利的漠视；较为悲观的判断认为在相当长的一段时期内，当代人和后代人均依赖现有的资源，这会过度抑制当代资源的使用，进而影响当代人的发展。最后，代际外部性承受者的缺失，导致消除外部性的传统方法受到限制。代际外部性问题中的后代人并未出现，信息缺失使当代人无法判断代际外部性对后代人的影响，从而影响了外部性传统解决方法的效果。

要看到，大多数的外部性问题是在时间和空间两个维度上同时展开的，有的在空间性上更显著一些，有的在时间性上更突出一些。一些经济活动所产生的外部性不仅对当代人发挥作用，同时也对后代人产生影响；一些不能及时在当代人时限内消除的外部性，也将会随时间的推移，对后代人产生影响。当前，经济社会发展中的代际外部性问题广泛存在，尤其以土地荒漠化、资源枯竭、环境污染和物种减少等资源、环境问题最为突出，这些问题已经危及当代人的发展和子孙后代的生存，尤其在资源枯竭型城市表现得最为突出。

3. 可持续发展理论与资源型城市转型

可持续发展理念的提出，是对人类发展经验教训的反思，特别是对工业社会发展道路反思的结果。工业革命以来，人类在创造巨大社会财富的同时，也给赖以生存的自然环境造成了极大破坏。传统发展模式引发的资源和环境等诸多方面的危机，使人类社会发展陷入不可持续的境地。而对自然资源危机的反思正是可持续发展理念产生的原因之一。如何利用有限的自然资源来保护脆弱的生态环境，并使发展成为既满足当代人的需求，又不对后代人满足其自身需求的能力构成危害，是可持续发展理念探寻的核心问题。应当说，可持续发展理论为人类处理好人口、资源、环境、经济、社会的关系提供了全新的思想和理念，是人类在处理人与自然之间相互关系方面进一步趋于理性、走向文明的重要标志。

自 20 世纪 80 年代联合国首次提出可持续发展概念并把可持续发展由理论推向行动以来，城市可持续发展问题日益受到国内外社会的关注，尤其是在 21 世纪全球性资源短缺的严峻形势下，资源型城市发展面临的不可持续问题将更加突出。资源型城市是工业社会经济发展引发的大规模自然资源开发利用的产物。由于资源型城市所依赖的资源型产业的衰亡具有不可逆转性，随着不可再生资源的不间断开采，矿产资源开发必然进入衰退阶段。一旦资源型城市发展成资源枯竭型城市，将不仅面临资源枯竭问题，也要面对该地区经济结构失衡、接续产业发展乏力、环境负荷超重、就业压力增大等问题。因此，可持续发展是每个资源型城市必须面对的一项重要课题。如果一直沿袭传统的非持续发展模式，资源型城市发展必将难以为继，最终会不可避免地出现"矿竭城衰"的后果，直接影响资源型城市的可持续发展。

与国外先期工业化国家一样，作为一个发展中大国，工业化对自然资源的需求促成了我国众多资源型城市的产生。伴随着城市发展所依赖的主体资源枯竭的逐步显现，资源型城市也相继陷入资源枯竭陷阱，由此带来资源型城市经济社会发展、生态环境保护等方面的诸多问题。因此，我国资源型城市经济转型已成为当务之急。然而，由于资源型城市的主导产业与资源环境密切相关，而滥用资源、破坏环境的产业发展特征使其背离了可持续发展的要求。特殊的产业特征和重要的产业地位，决定了资源型城市经济转型必须以可持续发展理论为指导。实现资源型城市可持续发展的唯一途径就是实现资源型城市的经济转型，转型是资源型城市可持续发展的核心内容。转型的目的是摆脱目前资源型城市对自然资源和资源型产业的依赖，通过扩张、收缩、改组、创新等方式，不断优化产业结构，对各产业进行动态资源配置，促使产业结构趋向合理化，采用以人力资源替代自然资源的发展模式，使社会资源逐渐向资源节约型、高效型产业特别是污染小、经济效益好的高新技术产业转移，最终实现资源型城市可持续发展。

（三）产业结构演变规律理论

产业结构演变规律是产业结构理论体系中的主要内容之一。随着经济的发展，产业结构会发生相应的转换和演变，这种结构变化不是随意的，往往表现出一定的规律性。国外一些学者，如配第、克拉克、库兹涅茨、霍夫曼、罗斯托等，都对产业结构演变规律进行过研究，并作出了较大贡献。

1. 配第-克拉克定理

早在 17 世纪，英国经济学家威廉·配第在他的名著《政治算术》中就指出：

制造业比农业，进而商业比制造业能够得到更多的收入。在经济发展中，这种不同产业之间相对收入上的差异，会促使劳动力向能够获得更高收入的部门移动。克拉克在配第研究成果的基础上，在分析研究了就业人口在三次产业中分布结构的变动趋势后得出：随着经济的发展和人均国民收入水平的提高，劳动力首先由第一产业向第二产业移动；当人均国民收入水平进一步提高后，劳动力便向第三产业移动。劳动力在产业间的分布状况为：第一产业将减少，第二、第三产业将增加。克拉克对产业结构演变规律的研究是以若干国家在时间推移中相关数据发生的变化为依据的，这种时间序列是与不断提高的人均国民收入水平相对应的。克拉克认为，劳动力从第一产业转向第二、第三产业的原因，是随着经济发展，各产业间出现的收入相对差异，即人们总是从低收入的产业向高收入的产业移动。这不仅可以从一个国家经济发展的时间序列分析中得到印证，而且可以从处于不同发展水平上的国家在同一时点的横断面比较中得到类似的结论。人均国民收入水平高的国家，农业劳动力在全部劳动力中所占比重相对较小，而第二、第三产业劳动力所占比重相对较大；反之，人均国民收入水平越低的国家，农业劳动力的所占比重相对较大，而第二、第三产业劳动力所占的比重相对较小。

2. 库兹涅茨的产业结构演变规律

库兹涅茨在继承克拉克研究成果的基础上，从国民收入和劳动力在产业间的分布两个方面，对经济发展中的产业结构变化作了进一步的分析。他把三次产业分别称为农业部门、工业部门和服务部门，收集和分析了 20 多个国家的大量数据，得出以下结论：其一，农业部门实现的国民收入在整个国民收入中的比重，以及农业劳动力在全部劳动力中的比重，随着时间的推移处于不断下降之中。其二，工业部门国民收入的相对比重大体是上升的，工业部门劳动力的相对比重大体不变或略有上升。其三，服务部门劳动力的相对比重几乎在所有国家都呈上升趋势，但国民收入的相对比重却未必和劳动力的相对比重同步上升。库兹涅茨探讨的主要是 20 世纪 60 年代以前，前资本主义国家经济发展过程中三次产业变动的趋势。60 年代以来，发达资本主义国家产业结构发生了新的趋势性变动，即第二产业无论从劳动力还是从国内生产总值的相对比重来看都呈下降趋势。产业结构变动的新格局是：第一产业、第二产业就业人口的比重和国内生产总值的相对比重不断下降，而第三产业则保持上升势头。这表明产业结构演变进入了一个新的阶段。

3. 霍夫曼定理

配第、克拉克、库兹涅茨等对产业结构演变规律的探讨，实际上勾画的是整个国民经济的产业结构朝着经济规模的扩大而演变的大轮廓。在这个大轮廓中，工业是对科学技术进步最敏感的经济部门，是一个国家经济发展的主导部门，以至于人们往往把近代经济发展过程同工业的发展紧密联系起来，把经济发展过程称为"工业化"过程。大量研究表明，工业化过程表现为工业结构的重工业化、高加工度化和技术集约化的总体趋向。德国经济学家霍夫曼对工业化过程中的工业结构演变规律作出了开拓性研究。他根据近 20 个国家的时间序列数据，分析了制造业中消费资料工业与资本资料工业的比例关系。这一比例关系是指消费资料工业的净产值与资本资料工业的净产值之比，其比值就是霍夫曼比例。霍夫曼定理则指在工业化进程中霍夫曼比例不断下降的规律。霍夫曼认为，在工业化的第一阶段，消费资料工业的生产在制造业中占据统治地位，资本资料工业的生产并不发达；在第二阶段，与消费资料工业相比，资本资料工业获得了较快发展，但消费资料工业的规模仍然比资本资料工业的规模大得多；在第三阶段，消费资料工业和资本资料工业的规模到了大致相当的水平；在第四阶段，资本资料工业的规模将大于消费资料工业的规模。但是后来有些学者（如日本的盐野谷）研究发现，霍夫曼比例数值的下降幅度也是递减的，并逐渐趋于稳定。这说明工业化过程并不是无限的，在达到一定程度后，便会出现一个饱和点，表现为各工业国家霍夫曼比例大小与它们之间人均国民收入差异的非相关性。现在，无论各发达国家之间人均国民收入的差异多大，其重工业化率均在 60%～65%。这意味着重工业化的停滞。

4. 罗斯托的主导产业扩散效应理论

罗斯托经过长期研究，首先提出了主导产业及其扩散理论和经济成长阶段理论。罗斯托将经济发展看作不同阶段的更替过程，认为现代经济成长过程实质上是部门的成长过程，经济成长阶段的更替表现主导部门的序列变化。在任何时期，甚至在一个已经成熟并继续成长的经济体系中，经济增长之所以能够得以保持，是为数不多的主导部门迅速扩大的结果，而且这种扩大又产生了具有重要意义的对其他产业部门的带动作用。罗斯托在赫希曼部门前后关联效应的基础上，提出了旁侧关联效应，即主导部门对所在区域的影响，这对探讨主导产业变迁而引发的产业结构升级及其对区域空间结构的影响具有重要意义。

总之，产业结构演进的基本趋向是：产业结构的发展沿着第一、第二、第三产业分别占优势地位的方向演进；产业结构的发展沿着劳动密集型产业、资本密集型产业、技术（知识）密集型产业分别占优势地位的方向演进；产业结构的发展沿着低附加值产业向高附加值产业的方向演进；产业结构的发展沿着低加工度产业向高加工度产业的方向演进。

尽管上述产业结构演进规律的研究范围是针对较大的经济区域，是从一个比较宽泛的空间来分析产业结构的一般属性，但具体到资源型城市这种经济区域时，就应结合具体的情况来进行分析。特别是对资源型城市来说，资源型产业结构具有明显的重型化特征，采掘业既是一个低附加值和低加工度产业，又是一个资本密集型产业，有自身独特的发展规律。所以，资源型城市产业结构调整也必须顺应产业结构演变的基本规律，向第三产业、技术密集型产业、高附加值和高加工度产业占据优势的方向发展。产业结构演变规律理论为资源型城市经济转型和产业结构调整提供了理论支持，指明了发展方向。

（四）循环经济及相关理论

1. 循环经济的概念

循环经济理念是在全球人口剧增、资源短缺、环境污染和生态蜕变的严峻形势下，人类重新认识自然、尊重客观规律、探索新经济规律的产物。面对经济发展中如影随形的高消耗、高污染和资源环境约束问题，人类社会开始寻求经济增长模式全面转变的节约型发展道路。循环经济是一种符合可持续发展理念的经济增长模式。它以资源的高效利用和循环利用为核心，以"减量化、再利用、资源化"为原则，以低消耗、低排放、高效率为基本特征。因此，循环经济是对"大量生产、大量消费、大量废弃"的传统增长模式的根本变革。

2. 循环经济的基本特征

一是生态环境的弱胁迫性。传统的经济发展方式对于环境生态的依赖性强，尽管一定程度上导致产业的快速发展，但也加剧了资源的消耗、生态的破坏和环境的污染。而循环经济发展方式将会占用更少的资源及生态、环境要素，从而降低经济发展对于资源、生态、环境要素的压力。

二是资源利用的高效率性。随着经济发展规模的不断扩大，资源消耗不断加剧，在一定程度上促进了全球经济发展，但处于快速工业化阶段的国家或地区经济发展开始从资金制约型转为资源制约型。而循环经济的建设与发展，实现了资源的减量化投入、重复性使用，从而大大提高了有限资源的利用效率，缓解了经济发展的资源约束。

三是市场主体行为的高标准性。循环经济要求原料供应、生产流程、企业行为、消费行为等都要符合生态友好、环境友好的要求，从而有利于市场主体行为从原来的单纯依据经济标准，转变为经济标准、生态标准、环境标准并重，并通过有效的制度约束，确保市场主体行为高标准的实现。

四是产业发展的强持续性。在资源环境生态要素占用成本不断提升的情况下，循环经济的发展将更具竞争优势。同时，由于循环经济企业或行业存在技术进步的内在动力，这就会更有效地推进循环型产业的可持续发展。

五是经济发展的强带动性。循环型产业的发展对于经济可持续发展具有较强的带动作用，而且产业之间及内部的关联性也将增强，从而推进了产业之间的协作与和谐发展。例如，循环型第三产业的发展，对于循环型农业、循环型工业乃至循环型社会的建设与发展将产生有效的带动作用，从而提升区域经济竞争力，并有效推进区域经济可持续发展战略的全面实现。

六是产业增长的强集聚性。循环经济的发展，在一定程度上会带来区域产业结构的重组与优化，从而实现资源利用效率高、生态环境胁迫性弱的产业部门的强集聚。这将更加有效地推进循环经济以及循环型企业的快速、健康发展。

3. 循环经济是实现资源节约利用的有效机制

循环经济的本质特征是最大限度地保护资源和节约资源，促进资源的循环利用。可持续发展理论是循环经济的指导思想。可持续发展是循环经济的终极目的，而循环经济则是可持续发展的重要实现途径。循环经济是以资源的主动回收再利用为核心，依托于科技进步，能够促进经济、环境与人类社会协调发展的运行状态；是立足于可持续发展理论，从全局上追求经济、社会、资源与环境的协调发展而提出的新概念、新理论。简言之，循环经济是以资源循环利用为本质特征的经济形态。

循环经济的建立依赖于一组以"减量化（reducing）、再使用（reusing）、再循环（recycling）"为内容的行为原则（称为"3R"原则），每一个原则对循环经济的成功实施都是必不可少的。其中，减量化或减物质化原则所针对的是输入端，旨在减少进入生产和消费流程的物质和能量流量。再利用或反复利用原则属于过程性方法，目的是延长产品和服务的时间强度，尽可能多次或多种方式地使用物品，避免物品过早成为垃圾。再循环、资源化或再生利用原则这对输出端，是通过把废弃物再次变成资源以减少最终处理量。废弃物资源化有两种途径：一是原级资源化，即将消费者遗弃的废弃物资源化后形成与原来相同的新产品，如用废纸生产出再生纸、废玻璃生产玻璃、废钢生产钢铁等。二是次级资源化，即将废弃物生产成与原来不同类型的产品。一般原级资源化利用再生资源比例高，而次级资源化利用再生资源比例低。

无论是在传统经济还是在循环经济模式下，人类从事生产和活动都是为了使人类的生活更美好，追求更多的福利。人类的经济活动系统其实处于更大的生态环境系统中，人们从生态环境系统中吸取能量（严格来说都来自于太阳能）、获取物质，将废弃物排入环境。但在传统经济模式下，人们忽略了生态环境系统中能量和物质的平衡，过分强调扩大生产来创造更多的福利。而循环经济强调经济系统与生态环境系统之间的和谐，着眼于如何通过对有限资源和能量的高效利用，以及如何通过减少废弃物来获得更多的人类福利。

随着环境问题在全球范围内的日益突出，人类赖以生存的一些资源从稀缺走向枯竭，以资源稀缺为前提所构建的天人冲突范式（以末端治理为最高形态）将逐渐为天人循环范式（以循环经济为基础）所替代。其主要体现在：生态伦理观由"人类中心主义"转向"生命中心伦理"和"生态中心伦理"；生态阈值问题受到广泛关注；自然资本的作用被重新认识；从浅生态论向深生态论转变。因此，循环经济是实现资源节约利用的有效机制。

综上所述，将产业生命周期理论、可持续发展理论、循环经济理论和产业结构演变规律理论列举出来，其目的就是要运用这些理论，进一步揭示资源型城市内在发展演变的规律，以此解决资源型城市的可持续发展问题。

第二章

我国资源型城市的形成与发展

第一节　我国资源型城市的发展历程

我国资源型城市的形成和发展与工业化的发展进程密切相关，相对发达国家而言，我国近代工业化进程起步时间较晚，因而资源型城市的形成与发展历史比较短暂。

一　我国资源型城市的形成与发展阶段

按时间划分，我国资源型城市的形成与发展可分为两个阶段。

（一）新中国成立前，资源型城市形成与发展的起始阶段（1949 年以前）

新中国成立前，近代工业化产生的官僚买办和民族资本投资并兴建的资源型产业，促进了资源型城市的形成。这一时期我国资源型城市的兴起与外国资本输入、官僚买办投资和民族资本聚集密切相关，而与同期的商埠城市联系相对薄弱。鸦片战争后，帝国主义对我国的商品输入为资本输入，通过资本输入开始在我国从事资源开发活动，而大量资本输入的目的就是掠夺我国的各种资源。同时，国内官僚资本和民族资本也开始进行相应的资源开发活动。在资源开采技术手段非常落后的情况下，主要依靠劳动力进行资源开发活动，势必促使一些资源产地成为人口聚集中心，从而为形成一批具有资源特征的资源型城市创造了条件。像我国的抚顺、焦作、大冶、萍乡、玉门、唐山等城市就是这样形成的。新中国成立后，这些城市又经历了新一轮国家再投资兴起的过程，通过大规模开发开采，在对国民经济的恢复与发展做出重要贡献的同时，也加速了资源耗竭速度，相当一部分城市出现开始资源枯竭、经济衰退、城市社会发展停滞等问题。

（二）新中国成立后，资源型城市快速形成发展阶段（1949 年以后）

新中国成立后，在特定的国内外政治经济环境下，国家实施了重工业优先发展战略，这种战略与计划经济体制相结合，强化了市场对资源的需求，引发了对资源开发速度的追求。无论是以国家投入为主开发建设大型国有资源型企业而新建的资源型城市，还是过去形成的资源型城市，都要为国家实现工业化大局服务，由此引发了能源、原材料资源需求的迅速增长，此时的资源开发活动通常带有超常规、掠夺性的特征。由于重工业主要是资本、技术密集型产业，在当时国内资金、技术极为缺乏的情况下，"廉价"的资源和劳动力成为主要的投入品，这就促成了国内大量资源采掘基地的形成和人口的规模集聚，其中，一些资源开采面积较大和人口相对集中的地方，按照人口规模大小陆续被国家设置为不同级别的城市。有些城市由于设立的时间较短，大都还处于资源开采繁荣期，因此，这些城市经济发展依旧势头强劲，至今仍在区域经济发展中扮演着"增长极"的角色。

二 新中国成立后我国资源型城市形成的四个细分阶段

可将新中国成立后我国资源型城市的形成过程细分为四个阶段（刘云刚，2002）。

（一）我国资源型城市形成的第一个高峰期（1950～1960 年）

这期间，国内累计形成资源型城市共计 31 个。国家为尽快恢复国民经济，充分利用原有资源生产基地，巩固了一些新中国成立前包括东北的鹤岗、辽源、抚顺、阜新、鞍山、本溪等资源型城市，华北和华东的徐州、唐山、淮南、大同以及西南的自贡、个旧等资源型城市，在扩大资源开采的同时，有效地促进了这些城市的发展。"一五"时期后，围绕苏联援建的 156 个建设项目，除了继续开发建设上述老基地外，国家又新设了玉门、双鸭山、鸡西、马鞍山、鹤壁、焦作、平顶山 7 个资源型城市，这些资源型城市的崛起增强了我国工业的实力。1958 年后，在"以钢为纲"的"大跃进"背景下，国家进一步增强了对资源型工业的投入，使资源型城市得到了空前的发展，且在地域空间布局上更加分散化。这期间新形成的资源型城市有 11 个，包括枣庄、石嘴山、铜川 3 个煤炭型城市，大庆、克拉玛依和茂名 3 个新兴石油基地城市，伊春和白山 2 个森林型城市，铜陵和冷水江 2 个有色金属城市，萍乡在 1950 年被撤消的建制也在这期间得到了恢复。同时，我国资源型城市也由中原地区向边远地区扩展。

（二）我国资源型城市形成的第一个滞缓期（1961～1980 年）

这期间，我国资源型城市形成数量相对前一阶段要少，只增加了 6 个，即西北的嘉峪关市、乌海市，西南的六盘水市，东北的七台河市，中部的淮北市和资兴市，主要原因和"文化大革命"有关。在工业布局方面强调"三线"建设，建设了贵州的六盘水煤炭基地，建设了酒钢（嘉峪关）、攀钢、武钢、包钢、太钢等钢铁基地，重点开发了四川的石油天然气。由于强调"分散、靠山、隐蔽"，同时下放城镇居民，也导致这一阶段资源型城市形成数量较少。

（三）我国资源型城市形成的第二个高峰期（1981～1990 年）

这期间，我国资源型城市的形成与发展是在总结过去经验基础上进行的，也是在国家发展战略进行重大调整和国内经济体制进行改革等宏观背景下进行的。通过对过去 30 年经济社会发展的经验总结，我国工业布局开始由注重追求数量向以提高效益为中心转变，经济重心向具有区位优势的东部地区转移，内地则重点加强能源、原材料基地的建设。一方面对资源开发较早的老基地进行改造；另一方面，重点建设了山西煤炭基地、金昌有色金属基地、德兴铜硫基地以及一些新的石油基地等，以支持东部地区的发展。由于加强了对煤炭、电力、石油、有色金属、建材等资源的开发，这期间资源型城市出现了第二次的形成高峰，新增资源型城市 24 个。其中，煤炭型城市 12 个，金属型城市 5 个，油城 4 个，林城3 个，主要分布在中西部地区。

（四）我国资源型城市形成的第二个滞缓期（1990 年至今）

这期间国家调整了资源开发机制，虽然只新设置了介休、肥城两个资源型城市（都在山西境内）。但这并不意味着资源开发的步伐有所减缓。由于工业化进程的加快和国内市场对资源需求的剧增，国内资源供不应求，国家不仅对前期已开发的霍林河、伊敏河、元宝山、准格尔、神府东胜煤矿、平朔安家岭露天矿加大了投资力度，而且加速新资源基地的开发开采，包括加大对塔里木、四川盆地等大型油气资源地的勘探开发。不仅资源开发的力度比任何时期都大，而且由于资本和技术有机构成较高，使得资源开采的效率大大提高。由于资本和技术对人力资源的取代，导致资源开采区域基本都是人烟稀少的地方，因而并未形成新的资源型城市。

从新中国成立后资源型城市的形成过程可以发现，绝大多数资源型城市的形成并没有经过一个较长时期的积累和准备阶段，只是有一个短期的突发性的启动过程。尤其在重工业优先发展战略和计划经济体制背景下，国家一旦在某地发现资源，就会大规模集中人力、物力和财力，迅速进入资源产地，建立起较大规模的资源开发基地，从而实现大量的能源和矿产品输出。在此基础上建立起来的资源型城市发展极其迅速，许多城市其实都是工矿企业职工和家属的生产生活聚集地，是居民点随着人口的不断增加逐渐演变为城市。例如，大庆、克拉玛依、玉门、金昌、白银等城市，建市之前都是荒无人烟的戈壁荒原；淮北、资兴、平顶山、盘锦、茂名、伊春等城市，建市前也只有村屯的规模。

不仅如此，资源型城市形成所依托的资源开发基地表现为明显的国家计划控制下的嵌入性特征，其物流（除林矿资源外）、人流、资金流不是来自本区域，其生产的资源性产品也不是满足本地区的需求，而是满足全国性的需求。无论是在投入还是产出上，都与本区域非资源性要素没有太多的联系。只是在改革开放后，随着经济体制转变和外部发展环境的变化，一些资源型城市才开始与周边地区发生经济联系，并逐渐向区域中心城市过渡。这就是我国资源型城市的形成与其他类型城市的不同之处。

第二节　我国资源型城市的地区分布情况

一　我国城市的分布情况

以 2007 年国家行政区划为标准，全国共有 655 座城市，其中地级市 283 座，县级市 368 座，直辖市 4 个（表 2-1）。

表 2-1　全国四大区域城市分布情况表

地区	城市总数/座	地级市/座	占城市总数比重/%	县级市/座	占城市总数比重/%
东北地区	89	34	38.2	55	61.8
东部地区	229	84	36.7	145	63.3
中部地区	168	81	48.2	87	51.8
西部地区	165	84	50.9	81	49.1

资料来源：《中国城市统计年鉴 2008》

二　我国资源型城市的分布情况

按王青云（2003）对资源型城市界定的标准和分类，我国共有资源型城市 118 座，占全国城市总数的 18%（表 2-2）。

尽管我国资源型城市在省区间的分布存在较大的差异，但资源型城市在各省区的分布也相当广泛。资源型城市分布于国内 22 个省区,占国内 28 个省区的 4/5。拥有资源型城市较多的省份是黑龙江、山西、吉林、内蒙古、山东和河南,这 6 个省份资源型城市总数达到 60 座,占全国总数的一半以上。资源型城市数量较少的有宁夏、陕西、贵州、广西、湖北、福建等,这些省区的资源型城市仅有 11 座,不到资源型城市总数的 1/10。从资源型城市占省域内城市的比重看,山西省是资源型城市所占比重最高的省份,资源型城市占全省城市总数的 50%,其次是内蒙古、黑龙江、吉林、江西、云南、新疆、辽宁、河南、湖南等省份,资源型城市所占比重都超过 25%。由于资源型城市在这些省份分布较为集中,其发展的好坏在一定程度上影响着整个区域经济的发展进程。

表 2-2 全国资源型城市的地区分布

省区	数量/座	城市名称
辽宁	7	抚顺、本溪、阜新、盘锦、葫芦岛、铁法、北票
吉林	10	辽源、白山、松原、敦化、珲春、桦甸、蛟河、舒兰、临江、和龙
黑龙江	13	鸡西、鹤岗、双鸭山、七台河、大庆、伊春、五大连池、铁力、尚志、海林、穆棱、宁安、虎林
内蒙古	9	乌海、东胜、赤峰、满洲里、牙克石、锡林浩特、霍林郭勒、根河、阿尔山
河北	5	唐山、邯郸、邢台、武安、迁安
山西	11	大同、阳泉、长治、晋城、朔州、古交、霍州、孝义、介休、高平、原平
安徽	4	淮南、淮北、铜陵、马鞍山
福建	2	永安、漳平
江西	5	萍乡、丰城、德兴、乐平、高安
山东	9	枣庄、东营、新泰、龙口、莱州、滕州、邹城、肥城、招远
河南	8	平顶山、鹤壁、焦作、濮阳、义马、汝州、灵宝、登封
湖北	2	潜江、大冶
湖南	6	耒阳、冷水江、郴州、资兴、涟源、临湘
广东	3	韶关、云浮、乐昌
广西	2	凭祥、合山
四川	5	攀枝花、广元、华蓥、达州、绵竹
贵州	2	六盘水、福泉
云南	4	东川、个旧、开远、宣威
甘肃	3	白银、金昌、玉门
宁夏	1	石嘴山
陕西	2	铜川、韩城
新疆	5	克拉玛依、哈密、阿勒泰、库尔勒、阜康

资料来源:王青云,2003

　　资源型城市在四大区域的分布很不均衡，多集中在东北及中西部地区（表 2-3）。在全国 118 座资源型城市中，东北地区有 30 座、东部地区有 19 座、中部地区有 36 座、西部地区有 33 座，所占比例分别为 25.4%、16.1%、30.5% 和 28%。其中，中西部地区共有资源型城市 69 座，占全国资源型城市总数的 58.5%，再加上东北地区的 30 座，这三个区域资源型城市所占比例达 83.9%。东部地区城市数虽然最多，但其资源型城市数最少，资源型地级市和资源型县级市也仅占城市总数的份额的 8.3%。东北地区资源型城市在全国城市总数中所占比重最高，分别高出东部地区 25.4 个百分点、中部地区 12.3 个百分点、西部地区 13.8 个百分点。

表 2-3　我国四大区域资源型城市分布情况一览表

地区	资源型城市总数/座	地级资源型城市/座	县级资源型城市/座	占地级市比重/%	占县级市比重/%	城市总数/座	资源型城市占城市总数/%
东北地区	30	14	16	41.2	29.1	89	25.4
东部地区	19	7	12	8.3	8.3	229	16.1
中部地区	36	15	21	18.5	24.1	168	30.5
西部地区	33	10	23	11.9	28.4	165	28.0

资料来源：《中国城市统计年鉴 2008》

三　我国资源型城市按资源种类进行的分类

　　按资源型城市发展所依赖的自然资源的不同，可把资源型城市划分为金属矿产资源型城市、非金属矿产资源型城市、能源矿产资源型城市和森工城市。其中，金属矿产包括黑色金属和有色金属，前者主要指铁、锰、铬，后者又可分为重有色金属、轻有色金属、贵金属、稀有稀土金属；非金属矿产包括土砂石、化学矿等；能源矿产包括煤炭、石油和天然气；森工城市则是依托丰富的森林资源进行开采加工的城市。结合我国资源型城市的资源特点，将初步界定的 118 座资源型城市划分为煤炭城市、有色冶金城市、黑色冶金城市、石油城市、森工城市和其他城市六种类型。在这 118 座资源型城市中，煤炭城市占 55.9%，森工城市占 13.6%，有色冶金城市、石油城市、黑色冶金城市分别占 11%、8.5% 和 6.8%（表 2-4）。

表 2-4　我国资源型城市按种类进行的分类

城市类型	数量/座	比重/%	城市名
煤炭城市	66	55.9	邯郸、唐山、邢台、武安、大同、阳泉、长治、晋城、朔州、古交、霍州、孝义、介休、高平、原平、乌海、赤峰、满洲里、东胜、霍林郭勒、抚顺、阜新、调兵山、北票、辽源、蛟河、舒兰、珲春、鸡西、鹤岗、双鸭山、七台河、淮南、淮北、永安、萍乡、丰城、乐平、高安、枣庄、新泰、龙口、滕州、邹城、肥城、平顶山、鹤壁、焦作、义马、汝州、登封、耒阳、资兴、涟源、合山、广元、华蓥、达州、绵竹、六盘水、宣威、开远、铜川、韩城、石嘴山、哈密
森工城市	16	13.6	牙克石、根河、阿尔山、白山、敦化、桦甸、临江、和龙、伊春、五大连池、铁力、尚志、海林、宁安、穆棱、虎林
有色冶金城市	13	11	葫芦岛、铜陵、德兴、冷水江、乐昌、韶关、凭祥、东川、个旧、白银、金昌、阿勒泰、阜康
黑色冶金城市	8	6.8	迁安、本溪、马鞍山、漳平、大冶、郴州、攀枝花、临湘
石油城市	10	8.5	锡林浩特、大庆、盘锦、松原、东营、濮阳、潜江、玉门、克拉玛依、库尔勒
其他城市	5	4.3	莱州、招远、灵宝、云浮、福泉

注：吉林省的蛟河、舒兰、珲春属于煤炭城市，松原属于石油城市，而在国内已出版相关书籍中把这 4 个城市列到森工城市中

资料来源：《中国城市统计年鉴 2008》

第三节　我国资源型城市的特点与作用

一 我国资源型城市的特点

　　就资源型城市发展演化而言，我国资源型城市和国外资源型城市发展演化既有共同点，又有不同点。所谓的共同点是都受制于耗竭性资源开发规律和资源开发企业的强烈影响，而不同点则是资源开发企业的性质和发展演化的制度环境不同。因此，我国资源型城市形成发展过程中有以下几个特点。

（一）资源立市特征明显

　　国内许多资源型城市都是因资源而生、以资源立市的。它们因资源开发而设立，因资源的开发而发展，资源与城市发展之间紧密相连。就我国资源型城市发展历史而言，资源型城市的发展路径基本上有两种模式：一种是"先矿后城模式"，即城市完全是因为资源的开采而出现的。在矿产资源开发的基础上，人员不断聚集，建设逐渐扩大，当人口及用地规模达到一定临界值后便设立为城市，如伊春市、大庆市、金昌市、攀枝花市、克拉玛依市等。其中，伊春林区开发建设于 1948

年，随后在开发的基础上于 1958 年建市；而大庆的地名和城市的出现都是因大庆油田而来的，1959 年在松辽盆地发现油田，当时正值国庆节前夕，于是将油田命名为大庆油田，其后在大庆油田上崛起的新兴石油城市亦被命名为大庆市。另一种模式是"先城后矿模式"，即在资源开发之前已有城市存在，资源的开发加快了城市的发展，如山西省大同市、河北省邯郸市。得天独厚的煤炭资源优势，使大同市成为国家重要的能源基地，被誉为中国"煤都"；河北省邯郸市蕴藏有种类繁多的矿产资源，是全国著名的煤炭和高品位的铁矿石产区，这些资源为邯郸市早期的发展奠定了坚实的基础。

（二）城市对资源的高度依赖性

资源型城市对资源的高度依赖性主要表现在两方面：一是资源是城市得以形成与发展的必要条件。例如，鸡西市、七台河市、阜新市等的兴起与发展主要依赖于当地的煤炭资源，大庆市、松原市的发展因油而兴，本溪市、鞍山市的兴起也是完全因为铁矿的开采与冶炼。资源的储量、品位和禀赋直接影响着资源型城市的企业效益与城市生命周期。二是资源型企业对城市发展具有重大的影响。由于我国大多数资源型城市是由资源开发基地演变而来，因而资源开发企业在城市中占有举足轻重的地位。尤其是在计划经济体制下，国家资本在其发展中起主导作用，国家的经济发展战略和资源开发的战略布局左右着资源型城市发展的阶段性变化。资源开发企业的投资、生产、销售都在国家计划控制下，这种政企不分的运作方式，使得资源开发企业主导着资源型城市的发展方向。尽管改革开放后，国家对资源开发体制和机制进行了改革和调整，采取资源开发投资主体多元化，开发行为企业化、市场化，并把一些原属于中央的企业划归地方，但资源型城市多年形成的以资源开发为主的产业格局依然没有大的改观。资源型产业仍是资源型城市的主导或支柱产业，且以此为核心形成了一条关联度极高的产业链。城市的其他行业，包括能源动力、道路交通、邮电通信、环境卫生等基础设施建设，以及所属住宅、学校、医院等城市基础设施都是为资源产业配套建设的，因此，资源型城市发展依然离不开资源开发企业。

（三）城市形成的突发性

我国资源型城市的形成与国外不同之处在于它的形成具有突发性。新中国成立后，国家进入工业化快速发展时期，对资源的需求也大增，特别是改革开放以来，由于国家对资源的需求，往往加大了资源开发的力度，这就导致了资源型城市早期的发展通常是极其迅速的。以大庆市为例，20 世纪 50 年代大庆地域内总人口不足 2 万人，到了 90 年代，大庆已发展成为人口近百万的大城市。不仅大庆市如此，其他资源型城市如鸡西、鹤岗、伊春等，其城市建设也都存在类似情况。早期超常规的城市建设速度，虽然为资源的开发和利用提供了便利的条件和生产服务基地，但在当时的建设条件下，这样的建设速度必然使城市建设缺少全面的规划和统筹安排，从而使生产与生活产生越来越明显的冲突和矛盾，也使资源型城市难以形成有特色的文化底蕴。

（四）城市经济结构的单一性

无论是从企业规模、所有制结构方面看，还是从产业结构、劳动力就业结构上看，资源型城市经济结构和产业结构都非常单一。具体表现在大多数资源型城市具有第二产业比重高、第三产业比重偏低且不发达。在第二产业的内部，采掘业和原材料工业比重较大，加工业比重小，且大都处于产业链前段，产品的加工程度较低，初级产品占绝对优势，高科技产业发展滞后。在重工业中，一个或几个部门的比重畸高，而其他多数行业部门都只占很小的比重，且这几个主要部门大都是与资源开发相关。如煤炭型城市的煤炭、电力、建材；石油型城市的石油、石化；金属型城市的冶金；森林型城市的木材采运、加工，等等。虽然有些城市出现了产业结构多样化的趋向，但这些多样化产业部门大多仍然是围绕当地资源开发的粗加工和综合利用行业，并且大都依附于主体资源产业而存在和发展。

（五）城市产业结构的超稳定性

产业结构的稳态性表现在：一是由于资源型产业属于资本和劳动密集型产业，需要投入的资金量和劳动量大，且建设周期较长，占用资金多，因此，在企业规模结构上，大中型企业较多，小企业较少。二是资源型产业的固定资产专用性强、移动性差，资本难以从原产业中退出，从而使企业资产变现率低，如果退出，容易产生大量沉淀资本，产业退出壁垒高。三是资源型产业从业人员众多，知识结构单一，而且大部分属于简单劳动者，文化程度低，学习新知识的能力较差，改行比较困难，如果过快调整产业结构，则会造成大批失业人群，从而给社会稳定造成一定的压力。四是有些资源型产业是国民经济和人民生活必备的战略性产业，不能完全依盈利与否而转移。因此，在外部环境发生变化和新技术革命挑战面前，资源型城市的应变性、适应性和可调性均较差，相反却有较大的发展惯性和超稳态性。

（六）城市经济发展的阶段性

资源型城市经济的发展与资源性产业的发展具有较强的相关性。资源性产业必然要经历开发、建设、兴盛、衰亡的过程，相应地，资源型城市经济的发展也呈现出阶段性特征。资源开发早期，为城市经济起飞的准备阶段；资源开发进入鼎盛时期，城市经济的活力完全爆发，处于快速发展阶段；当资源逐渐枯竭时，城市经济进入停滞甚至衰退阶段，城市发展面临经济转型。改革开放初期，由于国内市场对资源的需求剧增，使得国内多数资源型城市经济活力表现得最为明显，曾涌现出一批煤炭城市、石油城市、森工城市等。但经过多年的大规模开发开采，目前有些资源型城市的资源已开发殆尽，城市经济发展陷入停滞阶段，许多资源枯竭型城市由此也被迫进入经济转型阶段。

（七）城市和企业具有双重属性

在我国，企业是资源型城市发展过程中最主要的经济主体，资源型城市的建设虽然不能单纯地视为资源型企业的建设，但是城市与企业之间存在着紧密的联系，甚至于部分资源型城市的行政与企业是合而管理的，资源型城市政府与其矿业企业之间的关系至今没有完全理顺。因此，城市的建设与企业的发展之间具有一定的黏合性。对于资源型城市而言，作为矿业工业基地，政府既承担一般城市经济社会的综合服务职能，又承担发展工业的产业促进功能；对于矿业企业而言，既要抓生产经营，又要承担社会职能，履行生产和社会服务的双重职能。这就派生出两个履行城市功能的主体，由此导致市政重复建设，企业效益低下，城市和企业容易出现运转不畅的现象。现实中也是如此，由于我国大多数资源型城市都是依托大型资源型企业形成的，在管理体制上，普遍经历了"先企业，后城市"的演变过程。特别是在计划经济体制下，无论是石油、煤炭、冶金还是森工，基本上都采用政企合一的管理体制。许多资源型城市的大型国有企业集生产建设、生活服务、科技教育文化卫生、治安消防乃至社区管理于一体，封闭运行。最早开发的东北地区的资源型城市最为典型，基本上都是采用"企政合一"的管理体制，即大型企业的领导兼任城市的党政领导，城市的基础设施一般都由企业负责建设与管理，企业与城市之间是一个利益主体。尽管改革开放以来，随着国有企业改制的不断推进，城市不断扩展，"企政合一"的格局有所改变，大企业与城市之间的利益主体地位逐步分离，但企业功能与城市功能混合的问题一直没有得到有效解决，许多资源型城市的基础设施，包括供水、供气、公交等设施的建设与管理，目前仍由企业来负责。如大庆市区公共汽车仍由大庆石油管理局负责运营，鹤岗市城市供热主要由鹤岗矿务集团负责。

（八）资源分布与城市布局呈现分散性特征

任何一个资源型城市，其资源的分布都不可能是均衡的或是集中的，相反多呈现出分散分布的特征，因此，资源开发的过程也具有分散性。正是资源的分布具有随机性和不连续性，决定了资源型城市的布局出现分散特征，使得资源型城市的布局一般都存在点多、线长、面广的特点，实际建成区比重低，人口集聚度低。大庆市、伊春市、鹤岗市和淮南市表现得尤为明显。例如，伊春市 84 万市区人口分布于总面积 2.5 万 km^2 的 15 个区，人口密度只有 33 人/km^2；大庆市 92 万的城区人口分散于总面积 5107km^2 的萨尔图、龙凤、让湖路、大同、红岗 5 个城区，人口密度为 220 人/km^2；鹤岗市的 70 万城区人口分布于市区面积 4550km^2 的 6 个城区，人口密度只有 153 人/km^2；淮南市 89.8 万城区人口，分散于总面积 1091km^2 的田家庵、大通、谢家集、八公山、潘集 5 个城区，整个城市呈东西狭长的带状分布。尤其是矿产品资源城市，为了避免地表建筑物下压影响资源开采，城区建设要避开地下资源区，这就进一步加大了资源型城市布局的分散性，形成了大分散、小集中、城乡交错的格局，从而使城镇分散、布局失调、功能弱化的弊端日益凸显。这一分散的特征使得城市很难产生中心集聚效应，也使城市基础设施建设铺得面过宽，资金投入分流严重，给市政设施建设与合理利用带来诸多问题，不便于城市的管理。

二 资源型城市在国民经济中的地位与作用

（一）资源型城市是我国能源和原材料主要生产供应基地

在我国现代化进程中，特别是在新中国成立到 21 世纪初这个阶段中，国内资源型城市的兴起与发展，不仅为我国国民经济的快速发展提供了大量能源和原材料，也为我国制造业的发展提供了物质基础。据不完全统计，新中国成立以来，全国资源开发地区为国家提供了 93% 的煤炭、90% 以上的石油、80% 以上的铁矿石、70% 以上的天然气。新中国成立至改革开放前这一时期，作为 44 个国家资源枯竭型城市之一的河北省承德市鹰手营子矿区，一个弹丸之地就曾经支撑了国家建设需要的 1/4 的铜；黑龙江省伊春市为国家提供优质木材 2.4 亿 m^3，贡献税金约 70 亿元，统配材差价 300 多亿元；山西省总采煤为 120 亿 t，若用满载煤炭的火车一列接着一列，可以绕地球 3 圈。

（二）资源型城市是我国现代工业体系的重要组成部分

在我国，不同类型的资源型城市依赖资源所形成的主导产业和支柱产业，包括煤炭开采和洗选业、有色金属采选业、黑色金属矿选业、石油和天然气开采、木材加工及家具制造业的发展，带动与促进了资源产品加工业和服务业的发展，延伸了上下游产业链条，共同构成了我国的现代工业体系。

（三）资源型城市是国家财政税收的重要来源

我国资源型城市的兴起与发展，不仅为国家提供了大量的能源与原材料，同时通过这些资源型企业，直接或间接地向国家和地方缴纳了大量的利税，特别是在新中国成立后的 30 年间里，即我国工业化发展的初期阶段中，国内资源型城市为我国工业化发展提供了巨额的资金积累。

（四）资源型城市在我国城市体系中占有重要位置

目前，国内资源型城市已占全国城市数量的20%以上，不仅是我国城市体系的重要组成部分，也是推进我国城市化发展进程的重要力量。由于资源型城市多是在城市化水平较低的地区兴起的，这使得资源开发地的农业人口迅速转化为非农人口、城市人口，该地域内的城市数目和城市人口不断增加，城市区域不断形成和扩大，大大加快了我国的城市化进程。

（五）资源型城市是推动我国区域经济社会发展的重要力量

资源型城市以其特有的资源和地域特点，成为国家区域发展战略的重要组成部分。由于我国区域发展极不平衡，新中国成立初期，仅有的民族工业也只集中于沿海地区，而广大西部地区近现代工业几乎为零，现代文明还没有渗透到中国的偏远地区。而随着落后地区资源型城市的迅速崛起，人力资源、技术和知识大量涌入，为区域发展注入了巨大的活力，带动了整个区域经济和社会的发展。黑龙江省的大庆市、新疆维吾尔自治区的克拉玛依市、四川省的攀枝花市、甘肃省的白银市等无不成为带动区域经济社会发展的火车头。资源型城市的形成与发展在区域经济发展中起着重要的"增长极"的作用，其辐射与带动作用在很大程度上改善了我国区域经济格局，促进了区域经济的协调发展。加之，这些城市又多是在偏僻落后地区兴起的，很多地方是老、少、边、穷地区，资源型城市的发展和区域辐射带动作用对于这些地区脱贫致富、促进区域经济社会发展起着重要的推动作用。

（六）资源型城市在我国区域生态环境建设中的不可替代性

资源型城市对其他地区具有较强的区域生态环境外部作用。其外部作用不仅表现在为其他地区提供生态产品（矿产品、林产品），而且也表现在为其他地区提供良好的生态环境。特别是林业的生态功能尤为突出，它不仅是人类可持续发展必不可少的条件，也是区域生态环境的重要支撑。例如，大小兴安岭林区是松嫩平原、三江平原和呼伦贝尔大草原的天然屏障，为东北农业生产创造了良好条件。长白山林区是松花江、图们江、鸭绿江的发源地，区内有白山、红石、丰满三大著名水电站，是东北地区的重要水源地。大小兴安岭、长白山脉是珍贵的生物基因库，集中体现了我国寒温带、中温带地区的生物多样性。这些林业地区广袤的绿色植被更是东北亚地区重要的固炭释氧中心。据《黑龙江省大兴安岭森林功能定位研究报告》的数据：大兴安岭地区森林生态系统纳碳储碳效益值为 68.6 亿元/年，制氧效益值为 38.4 亿元/年，涵养水源效益值为 58.6 亿元/年，合计 165.6 亿元。而该地区 40 年来累计生产商品材 1.12 亿 m^3，木材平均售价 400 元/m^3，平均每年木材销售收入为 11.2 亿元。按此计算，大兴安岭地区森林每年的生态效益仅碳氧和水循环两个方面，就是开发 40 多年来年均木材销售收入的 14.8 倍。

三 我国资源枯竭型城市经济转型的特殊性

国外除德国的鲁尔、法国的洛林和日本的北九州地区外，其他国家特别是美国、英国、加拿大、澳大利亚等，之所以对资源型城市的衰退采取一定程度的放任态度，是与这些国家较低的人口密度、通畅的人口流动机制、完善的社会保障体系、成熟的市场经济体制等有关。这些国家资源型城市的发展，直接受私人开采企业或大公司的控制和影响，对国家经济和政治生活不会直接产生重大的影响。

而我国情况却不同，资源型城市发展不受私人资本的控制，国有资本和政府在资源型产业发展中起主导作用，对国家政治、经济、生活影响较大。在我国，资源型城市发展严重依赖资源型产业或企业的发展。资源型城市对煤炭、石油、森林资源过度依赖，其发展必然受到未来资源枯竭的约束。即使后续资源的勘探和开采还可以维持一段时间，不可再生性自然资源的利用终究是有限的，最终都会陷入资源枯竭期。由于我国许多资源型城市人口规模较大，有的都在几十万甚至百万以上，不仅是地级或县级政府所在地，也是区域政治、经济和文化中心，大规模人口转移比较困难。因此，资源型城市发展的好坏，对国家经济社会发展和稳定都会产生重大影响。中西部地区的一些资源型城市是所在地区政治、经济、文化发展的中心，如果衰退则会导致当地经济的停滞，进而影响整个区域经济的协调发展。因此，加快我国资源型城市经济转型势在必行。如果这些城市不能实现经济转型或任由其衰落下去，不仅会造成社会财富的巨大浪费，也会给我国工业化和城市化进程以及区域经济协调发展带来严重的负面影响。

第三章　东北地区资源型城市的基本概况

第一节　东北地区资源型城市的基本情况

一　东北地区的地理位置及资源情况[①]

从地理位置看，东北地区是一个较为完整的地理单元，包括辽宁、吉林、黑龙江三省以及内蒙古自治区的东部地区[②]。东北地域辽阔，南北跨越 17 个纬度，东西横贯 20 个经度，陆地总面积为 126 万 km²，占我国陆地总面积的 13%。从地质构造看，东北地区南北差异较大。以北纬 43°线为界，北部是岩浆活动频繁的地槽区，有利于有色金属、贵金属及稀土金属的形成；南部为相对稳定的地台区，有利于黑色金属和非金属矿产的形成。

根据近年来国内公开出版物的相关资料，截至 2010 年，东北地区已发现矿产资源 130 余种，占全国已发现矿种总数的 80% 以上；已探明储量的有 100 余种，占全国已探明矿种总数的 64%。其中，保有储量居全国前三位的就有 45 种，石油、油页岩、铁、钼、菱镁、金刚石、石墨、硅藻土、膨润土等储量居全国第一位。

（一）东北地区的煤、石油、天然气、油页岩等能源矿产丰富

从能源矿产资源看，东北的能源矿产主要有煤、石油、天然气、油页岩等。其中，煤炭保有储量丰富且品种比较齐全，但分布不均匀，60% 分布在内蒙古自治区东部，27% 分布在黑龙江省。东北石油蕴藏量丰富，已探明的储量占全国石油储量的一半，辽宁、吉林和黑龙江三省均有油田，其中，80% 储量集中在大庆。东北天然气储量约占全国总储量的 15% 左右，其中，80% 集中分布在辽河油田，天然气年产量占全国的 1/3。东北油页岩储量占全国第一位，其中，吉林省油页

---

① 此处有关东北地区的地理位置及资源情况介绍资料来源于《中国东北地区发展报告（2010）》。

② 这里再次说明，本书中的东北地区是指广义的东北地区，即黑龙江省、吉林省、辽宁省、旧为东三省管辖的今内蒙古自治区东五盟市（呼伦贝尔市、兴安盟、通辽市、赤峰市、锡林郭勒盟）。但考虑相对数据分析的科学性，在涉及占比数据等具体问题时，本书则主要以东北三省为例展开分析。

岩储量达到 227 亿 t，占全国储量的 54%。不仅如此，东北蒙东矿业地区的能源矿产资源也十分丰富，现已查明蒙东的煤炭资源 422 处，储量将近 3000 亿 t，其中探明储量超过 1000 亿 t，占东北地区煤炭储量的 76%。国家"东北地区振兴规划"已提出建设呼伦贝尔、霍平白、胜利等大型"煤电化"基地，蒙东各大煤田被列入"煤炭国家规划矿区"，并进入国家 13 个煤炭基地的行列。国家正在拟定的《煤化工产业中长期发展规划》中，蒙东将建设锡林浩特、霍林河、呼伦贝尔三大煤制甲醇生产基地。

（二）东北地区的金属矿产储量较大、品种齐全

从金属矿产资源看，东北地区的金属矿产主要有铁、锰、铜、钼、铅、锌、金等。其中，黑色金属矿产资源极为丰富，以铁、锰、铬铁、钛铁为代表。东北铁矿产保有储量 124.6 亿 t，约占全国储量的 1/4，其中 90% 的储量分布在辽宁省。辽宁省共有铁矿储量 113 亿 t，居全国之首，主要集中在鞍山、本溪地区，且以露天开采为主。辽宁省是全国最大的钢铁生产基地，每年生产的铁矿石占全国的 1/3。锰矿主要分布在辽宁省和吉林省，储量占全国的 11% 左右，其中，辽宁省瓦房店市和凌源市的锰矿的储量居全国之首。东北三省已探明的有色金属矿产主要有金、钼、镍、铜、铅、锌等 16 种。其中，黑龙江省金矿储量多、分布广，几乎各县都有，是国内第二大产金地区，金矿储量占全国储量的 20%。钼矿储量也较多，仅辽宁省的大黑山的钼矿储量就占全国的 30%，辽宁省杨家杖子的钼矿也是全国最大钼矿之一。镍矿储藏量占全国的 4.8%，吉林红旗岭是国内第二大镍矿生产基地。东北三省的铜储量约占全国的 7%，银储量约占全国的 5%，多与铜共生并随着主矿开采在冶炼中收回。近年来，我国已探明大兴安岭中南段与蒙古、俄罗斯同属巨大的有色金属成矿带，铜、铅、锗、锡、银、铟、铀和稀土等国家战略性矿种资源富集，对缓解我国有色金属资源严重短缺状况将发挥关键作用。

（三）东北地区的非金属矿产资源种类繁多、蕴藏量大

从非金属矿产资源看，东北地区的非金属矿产资源种类多、蕴藏量大。现已探明的有冶金辅助原料、化工、建材、特种非金属等几十种。其中，冶金辅助原料非金属矿产主要有：熔剂石灰岩、硅灰石、白云岩、耐火黏土、萤石、菱镁、红柱石、铸型用砂等。软质黏土储量居全国第一；菱镁矿储量为 23.4 亿 t，约占全国的 1/3，居全国首位；金刚石储量约占全国的 50%；硼矿储量为 2537.3 万 t，仅辽宁省开采量就占全国的 90%。东北已探明的滑石储量为 4616 万 t，占全国的 60%；石墨储量为 7479 万 t，居全国第一位，其中，黑龙江省石墨储量为 6979 万 t，

占全国储量的 60%。东北玉石储量占全国的 60%，居全国第一位。

（四）东北地区的森林和植物资源丰富

从植物资源看，东北地区的植物资源也十分丰富。其中，东北地区森林是我国最大的林区，素有祖国林海之称。大小兴安岭和长白山区的森林面积占全国的一半，林木蓄积量居全国之首，是国家最重要的林业生产基地，木材质地优良，种类繁多，主要造林树种有红松、长白落叶松、兴安落叶松、油松、樟子松等。东北中心地带是世界的三大黑土地分布区域之一，以黑土为代表性的松嫩平原和三江平原是我国的重要商品粮生产基地，肥沃的土壤有利于植被生长和农业耕种。东北的草原也是我国最优良的草原之一，主要分布在内蒙古东部、黑龙江和吉林两省西部、辽宁省西北部，包括科尔沁草原、呼伦贝尔草原和松嫩草原等。

二 东北地区资源型城市的数量与分布

东北地区的丰富资源优势，为国家工业化的发展提供了重要物质基础。纵观东北近一百多年的发展历史，无论是在清末民国时期和伪满时期，还是在新中国成立后，东北区域内资源型城市的兴起，几乎完全是在资源开发基础上发展起来的。特别是新中国成立后，东北地区凭借自身资源优势，迅速成为我国重要的资源开发和原材料生产基地。在计划经济体制下和重化工业优先发展战略指导下，按照国家的整体工业布局，东北的资源开发进入了一个新的阶段。在建立东北老工业基地过程中，众多资源型城市也随之在区域内不断兴起并得以发展。

按王青云对资源型城市界定数量的标准和分类，目前我国共有资源型城市 118 个，占全国城市总数的 18%。其中，东北地区有 37 个资源型城市，占全国资源型城市总数的 31.4%，占东北地区城市总数的 1/3。目前，东北地区包括内蒙古的蒙东地区是我国资源型城市分布最为集中的地区。

按照资源种类进行划分，东北地区（含内蒙古东部地区）共有煤炭城市 14 座，有色和黑色冶金城市各 1 座，石油城市 4 座，森工城市 16 座。其中，吉林省白山市既有煤矿，又有铁矿、森林，属于典型的混合型资源型城市。在资源型城市转型中，这 36 座资源型城市中有 26 座为典型的资源枯竭型城市，约占全国资源枯竭型城市总数的一半（表 3-1 和表 3-2）。

表 3-1　东北地区资源型城市数量和分布

省区	数量/座	城市名称
辽宁	7	抚顺、本溪、阜新、盘锦、葫芦岛、铁法、北票
吉林	10	辽源、白山、松原、敦化、珲春、桦甸、蛟河、舒兰、临江、和龙
黑龙江	13	鸡西、鹤岗、双鸭山、七台河、大庆、伊春、五大连池、铁力、尚志、海林、穆棱、宁安、虎林
内蒙古	9	乌海、东胜、赤峰、满洲里、牙克石、锡林浩特、霍林郭勒、根河、阿尔山

资料来源：王青云，2003

表 3-2　东北地区资源型城市按资源种类的分类

城市类型	数量/座	城市名称
煤炭城市	14	抚顺、阜新、铁法、北票、辽源、珲春、蛟河、舒兰、鸡西、鹤岗、双鸭山、七台河、霍林郭勒、满洲里
有色冶金城市	1	葫芦岛
黑色冶金城市	1	本溪
石油城市	4	大庆、松原、盘锦、锡林浩特
森工城市	16	伊春、铁力、尚志、海林、穆棱、宁安、虎林、五大连池、白山、桦甸、敦化、临江、和龙、根河、阿尔山、牙克石

资料来源：王青云，2003

三　东北三省 14 个地级资源型城市的主要经济社会发展指标

按城市行政级别划分，目前东北三省老工业基地共有 14 个地级资源型城市，包括：辽宁省的抚顺、本溪、阜新、盘锦、葫芦岛；吉林省的辽源、白山、松原；黑龙江省的鸡西、鹤岗、双鸭山、七台河、伊春、大庆。无论在计划经济时代，还是在市场经济发展的今天，这 14 个东北资源型城市都为我国经济建设作出了巨大贡献。

（一）东北三省 14 个地级资源型城市的土地面积和人口情况

2010 年，东北三省 14 个资源型城市辖区面积为 20.88 万 km^2，占三省总面积的 26.46%；人口为 2472.88 万人，占东北三省总人口的 23.44%（表 3-3）。

表3-3　东北三省14个地级资源型城市面积和人口分布情况

城市 \ 指标	面积 /万 km²	人口 /万人
抚顺	1.13	220.91
本溪	0.84	154.60
阜新	1.04	192.38
葫芦岛	1.04	281.75
盘锦	0.41	131.25
辽源	0.51	123.75
白山	1.75	128.70
松原	2.11	290.05
鸡西	2.25	189.20
鹤岗	1.46	109.10
双鸭山	2.32	151.58
七台河	0.62	92.86
伊春	3.28	126.95
大庆	2.12	279.80
14 市合计	20.88	2 472.88
三省总计	78.87	10 550.45
14 市指标占三省指标比重/%	26.46	23.44

资料来源：辽宁、吉林、黑龙江三省 2011 年统计年鉴

（二）东北三省 14 个地级资源型城市地区生产总值情况

2010 年东北三省 14 个地级城市地区生产经济总量为 9970.6 亿元，占三省地区生产总值的 26.8%；14 个资源型城市人均国内生产总值（gross domestic product，GDP）为 39 534 元，高于东北三省的人均 GDP 水平，其中大庆市人均 GDP 最高，达 127 628 元，伊春市人均 GDP 最低，为 15 921 元；14 个资源型城市的第一、第二、第三产业占比分别为 15.2%、55.7%、29.1%，而东北三省的三次产业占比分别为 11.3%、51.8%、37%，14 个资源型城市第二产业增加值比重高于三省第二产业增加值 3.9 个百分点，14 个资源型城市第三产业增加值比重低于三省第三产业增加值 7.9 个百分点（表 3-4）。

表 3-4　2010 年东北三省 14 个地级资源型城市地区生产总值情况

指标 城市	地区生产总值/亿元	人均 GDP/元	第一产业增加值/亿元	第一产业占 GDP 的比重/%	第二产业增加值/亿元	第二产业占 GDP 的比重/%	第三产业增加值/亿元	第三产业占 GDP 的比重/%
抚顺	890.2	40 140	54.8	6.2	525.5	59	309.9	34.8
本溪	860.4	55 283	43.4	5	536	62.3	281	32.7
阜新	361.1	18 775	92.7	25.7	148.7	41.2	119.7	33.1
葫芦岛	531.4	18 850	66.1	12.4	243.5	45.9	221.8	41.7
盘锦	926.5	69 066	81.5	8.8	618.9	66.8	226.1	24.4
辽源	410.1	33 167	42.7	10	230.4	66.5	137	23.5
白山	433.2	33 524	44.8	10.4	260	60	128.4	29.6
松原	1 102.8	38 200	191	17.3	568.1	51.5	343.7	31.2
鸡西	419.5	22 083	107.2	25.6	177.5	42.3	134.8	32.1
鹤岗	251	22 941	60.2	24	125.4	50	65.4	26
双鸭山	376.7	25 037	100.6	26.7	177.5	47.1	98.6	26.2
七台河	305.2	32 867	22.4	7.3	202	66.2	80.8	26.5
伊春	202.4	15 921	61.4	30.3	79.3	39.2	61.7	30.5
大庆	2 900.1	127 628	95	3.3	2 385.1	82.2	420	14.5
14 市汇总	9 970.6	39 534	76	15.2	448.4	55.7	187.8	29.1
三省汇总	37 090.4	33 182	3 983.6	11.3	19 389.8	51.8	13 717	37

资料来源：辽宁、吉林、黑龙江三省 2011 年统计年鉴

（三）东北三省 14 个地级资源型城市全社会从业人员分布情况

2010 年东北三省 14 个资源型城市全社会从业人员 356.92 万人，其中第一、第二、第三产业从业人员分别为 66.31 万人、155.91 万人和 134.70 万人，占总从业人员的 18.58%、43.68% 和 37.74%；其中 14 个资源型城市第一、第二产业从业人员占全社会从业人员的比重分别为 18.58% 和 43.68%，分别高于三省平均水平 7.97 和 4.68 个百分点，而 14 个城市第三产业从业人员占全社会从业人员比重为 37.74%，低于三省平均水平 12.65 个百分点（表 3-5）。

表 3-5　2010 年东北三省 14 个地级资源型城市从业人员情况

指标 城市	年末单位从业人数/万人	第一产业从业人员/万人	第一产业从业人员比重/%	第二产业从业人员/万人	第二产业从业人员比重/%	第三产业从业人员/万人	第三产业从业人员比重/%
抚顺	26.76	0.55	2.06	15.39	57.51	10.82	40.43
本溪	23.21	0.19	0.82	12.93	55.71	10.09	43.47

续表

指标 城市	年末单位 从业人数 /万人	第一产业 从业人员 /万人	第一产业 业人员比重 /%	第二产业 从业人员 /万人	第二产业 从业人员比重 /%	第三产业 从业人员 /万人	第三产业从 业人员比重 /%
阜新	17.54	0.44	2.51	7.95	45.32	9.15	52.17
葫芦岛	22.63	0.42	1.86	11.29	49.89	10.92	48.25
盘锦	49.37	18.75	37.98	19.72	39.94	10.9	22.08
辽源	8.83	0.36	4.08	3.78	42.81	4.69	53.11
白山	17.2	2.2	12.79	6.1	35.47	8.9	51.74
松原	21.49	2.42	11.26	8.45	39.32	10.62	49.42
鸡西	27.66	6.7	24.22	11.52	41.65	9.44	34.13
鹤岗	25.89	8.55	33.02	10.31	39.82	7.03	27.15
双鸭山	32.81	14.61	44.53	8.21	25.02	9.99	30.45
七台河	13.43	0.55	4.1	9.12	67.91	3.76	28
伊春	18.21	10.23	56.18	3.8	20.87	4.18	22.95
大庆	51.89	0.34	0.66	27.34	52.69	24.21	46.66
14市汇总	356.92	66.31	18.58	155.91	43.68	134.7	37.74
三省汇总	1199.21	127.24	10.61	467.71	39	604.26	50.39

资料来源：辽宁、吉林、黑龙江三省 2011 年统计年鉴

（四）东北三省 14 个地级资源型城市地方财政和居民收入情况

2010 年东北三省 14 个资源型地方财政收入为 585.4 亿元，占三省总财政收入的 17.4%。14 个资源型城市城镇居民可支配收入为 15 539 元，与三省平均水平基本持平，其中，城镇在岗职工平均工资收入为 27 994 元，低于三省平均水平，14 个资源型城市农民人均纯收入为 7318 元，高于三省平均水平。东北农民人均收入高，主要得益于东北三省农户的人均耕地面积比较多和近些年国家加大对农业的投入，包括对粮食主产区的支持和扶持农业的政策补贴较多，以及国内外粮食市场价格上涨所带来的收益（表 3-6）。

表 3-6　2010 年东北三省 14 个地级资源型地方财政和居民收入情况

指标 城市	地方财政收入 /亿元	在岗职工平均工资 /元	城镇居民可支配收入 /元	农民人均纯收入/元
抚顺	81.3	30 826	15 303	7 203
本溪	74.6	28 385	16 775	7 845
阜新	30.1	23 007	12 711	6 372

续表

城市 \ 指标	地方财政收入/亿元	在岗职工平均工资/元	城镇居民可支配收入/元	农民人均纯收入/元
葫芦岛	55.9	24 237	17 371	6 597
盘锦	80.6	24 362	21 035	9 750
辽源	17.1	22 013	16 665	6 324
白山	25.3	21 954	16 356	6 134
松原	30.9	28 818	16 800	6 167
鸡西	26	23 438	13 005	7 673
鹤岗	15.5	25 248	12 044	8 862
双鸭山	20.6	16 077	14 151	6 882
七台河	23.3	28 714	15 002	6 955
伊春	8.3	15 986	10 317	7 280
大庆	95.9	41 373	20 016	8 045
14 市汇总	585.4	26 035	15 539	7 318
三省汇总	3 362.8	27 862	15 660	6 452

资料来源：辽宁、吉林、黑龙江三省 2011 年统计年鉴。其中，在岗职工平均工资为 2009 年数据

第二节 东北老工业基地资源型城市的形成和发展现状

一 东北资源型城市形成与发展历史

东北资源型城市是伴随煤炭、油田、钢铁、森林等资源的开发建设而发展、繁荣起来的。纵观东北的资源开发历史，东北资源大规模开发主要集中在 20 世纪 20～40 年代以及 20 世纪 50～70 年代这两个时期。东北资源型城市的兴起和形成也主要在这两个阶段。

（一）新中国成立前（20 世纪 20～40 年代）

这一阶段，东北资源型城市形成的主要动因，是外来殖民统治者对煤炭、铁矿资源的大规模掠夺性、超常规的开采。在近代，东北地区资源开发伴随着洋务运动开始兴起，但最初的资源开发规模都比较小。然而，随着沙俄帝国和日本对东北的入侵，东北资源的开发速度和规模在不断加大，特别是在 20 世纪 20～40 年代，在日本侵略战争的推动下，日本对东北地区的自然资源进行了掠夺性、超常规的开采，尤其是铁矿和煤矿的大量开采，使得矿区人口迅速增加，为资源型

城市的形成创造了条件。像本溪、抚顺、阜新、辽源、鹤岗等一批典型资源型城市就是在这个时期形成的。

（二）新中国成立后（20世纪50～70年代）

东北老工业基地资源型城市的形成主要是在这个时期。新中国成立后，国家之所以把东北作为国家重要的工业基地，就是因为东北有其丰富的资源优势和良好的工业基础。为加快实现我国的工业化，国家对东北的煤炭、铁矿、石油、森林进行了大规模的全面开发，而资源的大规模开发、开采带来东北城镇的大发展。在煤炭方面，由于国家对能源需求的增长，东北成为了国家重点煤炭开发地区，无论在人口规模，还是在建成区规模及工业产值等方面，煤矿城镇发展速度都快于其他城镇的发展速度，已有的煤矿城镇通过改造完善，进一步发展壮大，新建煤矿基地迅速崛起，随之而来的一批煤矿新城镇也迅速出现。东北最大的煤矿城市抚顺市由新中国成立前20多万人口发展到现在超过百万，目前东北三省超过30万人口的煤矿城市达8个，像阜新、辽源、鸡西、双鸭山、七台河等市区人口都已超过50万。在石油方面，伴随着20世纪60年代大庆油田、扶余油田和辽河油田的开发，在松嫩和辽河平原的湿地上迅速崛起了大庆、盘锦、松原等石油城市，其中，大庆市市区人口数已经超过100万。在森林开发方面，在20世纪60年代后，国家又开展了第二次大兴安岭开发。大、小兴安岭和长白山森林资源的开发，促进了林区的人口增加和林业城镇的发展。大部分林业局所在地都成为小城镇，伊春市作为我国最大的林业城市，人口已达到132万人。改革开放后，又兴起了阿尔山、五大连池等森林城市。

二 东北三省资源型城市的基本概况

（一）辽宁省资源型城市的基本情况

辽宁省是典型的"资源立省"，是以资源开采为主而逐步发展壮大起来的省份。由于矿产资源比较丰富，无论是在日伪时期掠夺式开采，还是新中国成立后，国家重大工业项目的重点安排而逐步形成的钢铁、能源、有色、机械、化工、建材等产业为主的工业体系，都与矿产资源的高强度开发密切相关。新中国成立初期，全国156项重点工程中有24项安排在辽宁省，其中，15项属矿产资源开发建设项目。地方配套建设的730个重点项目中，半数以上以资源开采为主。经过长期的矿产资源开发建设，辽宁省形成了一批以资源开采为主，或以矿产品为基本原料进行加工的城市及地区，使辽宁省成为全国资源型城市最为集中的省份。2004年年底，辽宁省累计生产煤炭21亿t，生产原油3.2亿t，生产天然气455亿m^3。资源开采业占国民经济比重及就业人数一直呈上升趋势，到20世纪90年代中期达到顶峰。全省原煤最高年产量达6040

万 t（1996 年），原油达 1553 万 t（1995 年）。全省资源开采业就业人数在 20 世纪 80 年代初达到上百万人，占工业就业总数的 13.5%，占全省就业总数的 7.5%。[①]

目前，辽宁省 14 个地级市中有 11 个是以资源开采为主的城市（区），即阜新市（煤炭）、盘锦市（油气）、抚顺市（煤炭）、鞍山市（冶金）、本溪市（冶金和煤炭）、辽阳市弓长岭区（冶金）、葫芦岛市杨家杖子（冶金）、北票市（煤炭）、南票区（煤炭）、大石桥市（建材）和调兵山市（煤炭）。其中前五个为地级市，后六个为县级市（区）。11 个市（区）总人口 1300 多万人，占全省总人口的 33%，土地面积占全省的 37%。2008 年 11 个资源型城市实现生产总值 4213 亿元，占全省生产总值的 31.3%。近年来，煤炭、有色等矿产资源已不同程度地濒临枯竭或衰竭，主要表现为资源总储量锐减、可采矿产品位下降、开采成本上升。原煤年产量比高峰年下降了 26%，原油下降了 11%，天然气下降了 38%。8 个有色金属企业有 7 个破产关闭，大多数非金属矿资源也面临枯竭的威胁。

从保有资源储量和资源采掘造成的地质灾害来看，辽宁省 11 个资源型城市（区）可分三种类型：一是资源枯竭城市。阜新市、北票市和葫芦岛市的南票区、杨家杖子四地同属此类。阜新煤炭产量逐年减少，已累计报废主体矿井 18 个，海州露天矿已实施破产。北票矿务局、南票矿务局、杨家杖子矿务局已在近年内相继整体破产。此类地区经济社会发展遇到巨大困难，民生凋敝，潜藏着重重不稳定因素。二是采矿地质灾害严重的城市。盘锦市、抚顺市、本溪市、弓长岭区、大石桥市五地同属此类。盘锦市油气产量，经过 30 多年的开发呈递减趋势，现有资源储量仅可维持 10 年左右时间。在抚顺市，露天矿、舍场、沉陷、粉尘等已限制了城市的发展空间，同时承受资源衰竭和城市改迁双重负担。在本溪市，煤炭、铁矿、有色金属资源已相继告罄，林、水资源因"天保工程"变相枯竭。在弓长岭区，采矿造成了全区 1/6 的地表破坏，滑坡、泥石流频发，使中部地区水源地和风景区遭受侵袭，而行政辖属和行业归属分离造成的"飞地"现象，致使地质灾害长期得不到治理。在大石桥市，大部分矿山已转入地下开采，采矿成本增高。其中，滑石资源已经枯竭，硼矿开采仅能维持 5 年。三是资源储量较大，但矿产品位下降的城市。鞍山市和调兵山市两地同属此类。鞍山市目前铁矿保有储量 74.5 亿 t，但大多属赤贫矿，品位低，埋层深，开采成本高，环境破坏严重。位于调兵山市的铁法煤田目前储量为 8.78 亿 t，占全省总储量的 1/3。

（二）吉林省资源型城市的基本情况

作为东北老工业基地的重要组成部分，吉林省资源型城市不仅数量多，而且分

---

① 资料来源：辽宁省发展和改革委员会. 2006. 辽宁省资源型城市经济转型专项规划. http://www.dss.gov.cn/Article-Print.asp? Article ID=215284[2014-12-18].

布广，主要有煤炭、油气、金属矿产和森工等类型的资源型城市，主要集中在全省东、中、西三大区域。根据资源型城市界定标准，目前，吉林省共有 5 个市（州）和 24 个县（市）属资源型城市，这 24 个县（市）的国土面积、人口、地方生产总值分别占全省的 70%、50%和 40%左右。由于长期的资源开采，许多资源型城市出现了资源枯竭等问题，像列入国家资源枯竭型城市的辽源、白山、舒兰等市就是如此。资源枯竭不仅给这些城市积累了许多矛盾和问题，也带来了一系列的民生问题。包括资源型城市生态破坏严重，生产生活环境低劣；城市基础设施破损严重，城市服务功能极不完善；资源开采企业破产倒闭，下岗失业人员就业再就业压力巨大，资源型城市中存在着庞大的赤贫群体，并呈现贫困代际传递的现象，阻碍了和谐社会的建设；社会保障群体庞大，地方社会保障基金缺口压力有增无减。

（三）黑龙江省资源型城市的基本情况

黑龙江省的工业基础是在俄日殖民地经济和计划经济背景下建立起来的。由于黑龙江省矿产资源丰富多样，因而新中国成立后，国家在"一五"、"二五"时期，把许多以资源开发开采为主的重点项目都设在此处，进而黑龙江省成为全国的能源基地和煤炭基地。围绕着矿产资源的开发开采，形成了一大批拥有较强生产能力的大型矿产资源型国有企业，这些资源型企业的建立不仅为黑龙江省产业发展创造条件，也为资源型城市发展奠定了基础。特别是以煤炭、石油天然气、木材采运业为主的资源型城市做出了重要贡献。其中，黑龙江省 13 个地级城市中，有 7 个地级城市属于资源型城市，即大庆市、伊春市、大兴安岭市、鸡西市、鹤岗市、双鸭山市和七台河市。此外，有 7 个县级市是资源型城市，即尚志市、穆棱市、海林市、宁安市、虎林市、铁力市和五大连池市。这 14 个资源型城市的土地面积、人口和经济总量，分别占全省的 49.8%、31.6%和 46.3%。

东北三省的资源型城市在新中国成立 60 多年来，为国家经济建设做出贡献的同时，也付出了高昂的代价。上述这些城市经过多年高强度开采，导致开采周期缩短，面临着资源枯竭、产业衰退的境地，在资源濒临枯竭和体制转型的双重压力下，这些城市的可持续发展面临前所未有的挑战。

■三 东北地区资源型城市的发展现状和存在的问题

（一）资源开采已进入枯竭期，后续资源储备凸显不足

东北地区资源经过近百年的大规模开采，许多资源型城市发展已由鼎盛期进入了衰退期，有些城市矿产资源产业的整体萎缩已经显现，可开采资源日益减少，开采难度和成本在逐年加大。特别是中央下放到东北地方的国有大型煤矿企业的

部分矿井已经枯竭，不少企业已经破产或即将破产，其他多数也处于濒临破产的边缘。据不完全统计，东北三省 14 个地级资源型城市有一半以上处于衰退枯竭期（表 3-7）。其中，辽宁省 70%的煤炭和有色金属矿山开采已进入资源衰退期，全省现有的 7 个煤矿，除铁法区外都是萎缩矿区，矿区煤炭产量在逐年下降，未来 10 年辽宁煤炭生产能力将由现在年产 3681 万 t 逐步减少到 2676 万 t。吉林省由于煤炭资源开发利用较早，辽源、通化、舒兰、珲春 4 个矿务局的 20 个煤矿已有 14 个关闭破产，尚在开采的矿山都是矿质较差的贫矿；长白山林区的森林资源在长期过度开采下已进入了衰退期，与森林开发相关的采运业及林产品加工业也面临停产；吉林辽河油田的石油开采量也开始进入了衰退期。黑龙江省大多数资源型城市面临着产业萎缩的问题。大庆油田已进入产量递减阶段，由过去稳产每年 5000 万 t 以上，下降到 2010 年每年 3459 万 t，现有可采储量只剩下 30%，预计到 2020 年将减至 2000 万 t；黑龙江森林资源在多年的开发与过量开采下，不仅数量大幅减少，而且林木质量严重下降；伊春、大兴安岭地区可开采的成熟林蓄积量已经不到 20%，辖区内 16 个林业局已有 12 个无木可采；黑龙江煤炭资源富矿期已过，储量逐年减少，黑龙江省内鹤岗、鸡西、双鸭山、七台河 4 个年产量 1000 万吨级的特大型煤矿也面临煤炭资源枯竭或大量关井的局面。

表 3-7 东北三省 14 个主要地级资源型城市资源开采所处阶段

城市	资源类型	资源所属生命周期
抚顺	煤炭	衰退枯竭期
本溪	冶金	成熟期
阜新	煤炭	衰退枯竭期
葫芦岛	冶金	成熟期
盘锦	石油	成熟期向衰退期过渡
辽源	煤炭	衰退枯竭期
白山	煤炭、冶金、森林	衰退枯竭期
松原	石油	成熟期
鸡西	煤炭	衰退枯竭期
鹤岗	煤炭	衰退枯竭期
双鸭山	煤炭	成熟期
七台河	煤炭	成长期
大庆	石油	成熟期向衰退期过渡
伊春	森林	衰退枯竭期

从实地调研鹤岗市的情况看，按现有产量计算，今后 3～7 年，龙煤鹤岗分

公司的富力煤矿、新岭煤矿将因资源枯竭而关闭。10 年内，新陆煤矿、南山煤矿、振兴煤矿和新兴煤矿也将面临同样命运。截至 2010 年年底，龙煤鹤岗分公司可接续的资源只有在建的乌山煤矿和待开发的新华煤田，可开采储量分别为 12 854 万 t、6572 万 t，可接续资源难以抵补将要关闭矿井所减少的资源量（表 3-8）。

表 3-8　2010 年龙煤鹤岗分公司所属 9 个煤矿资源情况

矿井名称	地质储量 /亿 t	可采储量 /亿 t	实际块段量 /亿 t	核实能力/ （万 t / 年）	可采年限/年	危机枯竭
峻德矿	3.3	1.9	1.58	300	52.6	—
兴安矿	4.2	2.6	2.09	300	69.6	—
富力矿	0.7	0.44	0.19	280	6.7	枯竭
新陆矿	0.5	0.33	0.09	100	9	危机
南山矿	1.1	0.64	0.26	320	8	危机
振兴矿	0.25	0.08	0.05	50	9	危机
益新矿	4.6	2.3	1.79	140	127.8	—
新岭矿	0.13	0.03	0.02	60	3	枯竭
新兴矿	0.42	0.19	0.12	140	9	危机

导致后备资源不足的另一个原因是我们目前还缺乏适应市场经济发展需要的矿业勘探体制机制。自然耗竭规律是不以人的意志为转移的，矿业资源型城市在经历了长达百年左右的开采后，资源枯竭带来地区经济的衰退是不可避免的。虽然矿业资源生命周期现象不可改变，但周期期限可以延长，这既可以通过采用先进科学技术，提高资源回收利用率，也可以通过勘探发现新的资源延续开采时间，而做到这一点关键在于是否有可持续的集约开发模式和适应市场经济的资源勘探体制机制。然而，由于我国矿业勘探体制改革滞后，国家不仅不重视矿业普查等基础研究和公益性探矿活动，而且还大量削减资源勘查投入，探矿权市场发育不良、建设滞后，国有地勘队伍改革不到位，商业性勘查市场又尚未形成，社会资本进入的很少，直接影响了矿业勘探事业的发展，致使东北资源型城市获得的新资源储量严重不足，老矿山一旦枯竭，整个城市就陷入资源枯竭和发展停滞的境地。

（二）产业结构严重失衡，缺乏经济发展后劲

尽管近年来东北资源型城市的非资源型产业有了不同程度的发展，但多年要素投入形成的以资源采掘业为主，即石油和天然气开采业、煤炭采选业、木材采运业为主导的超重型产业结构依然没有得到解决。例如，东北三省资源型

城市的石油和天然气开采业、煤炭采运业、木材采选业产值，在第二产业中仍然占有绝对的比重，包括产业结构调整较快的大庆市，2009 年其三次产业结构为 3.8∶81.6∶14.6，且石油和天然气开采业在第二产业中所占比重仍然超过 57% 以上，油与非油经济比例为 57∶43。由于许多资源型城市的主导产业和支柱产业选择都是围绕资源开发而展开的，而且这些产业又属于投资规模大、回收周期长的劳动密集型产业，产品指向单一，产品多为初级和低附加值产品。特别是一些老企业受计划经济体制束缚，相关配套产业群难以形成规模，其他优势产业长期得不到发展。加之许多企业多年来采取外延粗放型发展道路，生产经营不计成本和消耗，对资源产品加工深度和利用程度不高，比较效益低，在市场竞争中始终处于不利地位，输出的多是价格低廉的原材料和初加工产品，流入的多是价格高的精加工产品，大量经济利益流向域外，被下游产业占有。不仅如此，许多资源型城市的重点企业生产技术装备也较落后，一些企业技术设备仍停留在 20 世纪 80 年代的水平。由于企业更新改造意识不强，技改投入不足，新产品、新技术装备不能大面积推广使用，如计算机控制的数字化、智能化、集成化、自动化等现代生产设备不足 30%，同发达国家与地区相比，要有 15～20 年的差距。产业层次低、资源综合利用差导致许多资源型城市都面临经济发展后继无力的状况。

（三）下岗失业人员规模庞大，解决就业和再就业压力难度大

在全国 69 座资源面临枯竭的城市中，仅东北三省就占一半。随着这些资源城市的资源耗尽和产业衰落萎缩所带来大量企业关闭破产，其下岗失业问题和就业压力尤为突出。2010 年仅伊春市下岗和富余人员就达到 10 万人。据相关研究成果显示，资源型城市的失业人口就业率比非资源型城市的再就业率低了 4.3 个百分点，而资源枯竭型城市的失业人员再就业率仅为 38.67%，比非资源型城市低了 8.32 个百分点。资源型城市的下岗和富余人员之所以比非资源型城市多，其原因有两方面：一是老企业原来的冗员就多。计划经济体制下实行的就业政策和用工制度，使资源型企业劳动力与实际用工需求不相匹配，造成企业职工数量远远超过企业规模所需要的实际劳动力，致使企业内部沉淀了大量冗员，这些在岗人员问题在企业出现改制、兼并重组或关闭破产的情况下，就全部显现出来。二是非资源产业不发达所带来的就业空间和渠道狭小。尽管有些城市非资源产业有一定的发展，但所创造的就业岗位基本被城市新增劳动力所消化。同时，一些城市劳动力的结构性矛盾比较突出，具有一定技能的专业技术人员则供不应求，而一般劳动力供给大于需求。加之下岗职工年龄普遍偏大，文化水平比较低且技能单一，除了"挖煤"、"砍树"，缺乏其他工作技能，改行比较困难，因而很难找到收入较高、工作稳定的职业。受现行的户籍制度和背后附带利益的制约，他们外

出迁移寻求就业的机会也被阻断,只能从事临时性、季节性、劳动强度大、收入低的工作。由于下岗职工收入水平比在岗时要减少很多,导致资源枯竭型城市贫困人口也在不断增加,有些城市出现了"啃老"现象。不仅如此,资源枯竭型城市居民收入水平的大幅下降,对地方经济发展所带来的负面影响也较为广泛,它不仅抑制了消费需求的增加,也限制了城市第三产业的发展及其对城市富余劳动力的就业吸纳功能。

(四)城市管理体制尚未理顺,政企不分的问题依然存在

计划经济时期所形成的资源型城市,都经历了"先企业,后城市"的发展过程。在计划经济体制下,无论是石油、煤炭、冶金,还是森工城市,它们基本上都采用政企合一的管理体制,即企业领导兼任城市的党政领导,城市的基础设施一般都由企业负责建设与管理。然而,随着企业的不断发展壮大,城市人口规模也在不断扩展。特别是随着经济体制和社会体制改革的不断深入以及国有企业改革的整体推进,"政企分开、主辅分离、企业办社会"等方面的改革在资源型城市全面展开,城市与企业逐步分离,原来企业分管的一些辅业(供水、供电、供热和通信)等城市基础设施建设与管理,包括企业所办医院、学校等都移交给了当地政府。但由于改革不彻底,地方财力拮据,有些城市的基础设施建设与管理还没有完全移交。至今大庆市区公共汽车仍由大庆石油管理局负责运营,鹤岗市城市供热主要由鹤岗矿务集团负责。在城市管理方面,许多地方政府职能定位不清、缺位、越位现象十分突出,特别是城市管理的体制机制问题一直没有理顺,包括中央、地方和企业之间的隶属关系混乱,资源要素的重新配置和重大的利益关系调整始终没有到位,使得许多资源型城市都难以从根本上解决"企业办社会、债务和冗员负担"的问题,致使城市重复建设、运行不畅问题非常突出,城市综合功能也难以形成。一些地方政府过多参与经济活动,做了许多不该管、管不了又管不好的事情。而相对地,在老龄人口和流动人口服务、农村公共服务、就业服务、贫困群体服务、信息和法律服务等都存在着一定程度的缺失现象。由于企业和政府定位不清,人为割断了企业与当地经济发展的内在联系,难以使资源型城市产业转型与区域可持续发展结合起来,而出现上述问题的症结就在于行政管理体制和财税管理体制改革不配套、利益调整不到位。

(五)人们思想观念保守,创新创业动力严重不足

在体制和自然资源的本质特性的共同作用下,东北资源型城市中人们的市场经济观念、竞争意识、商业冒险精神和接受先进文化理念方面均要落后于国内沿海发达地区。一方面,受长期计划经济体制影响与束缚,这些地方的人们

都养成了安于现状、不思进取和惧怕风险的生活方式与行为方式，习惯于"等、靠、要"，适应了被动服从、排斥竞争、放弃选择的工作方式，对个人努力和竞争陌生、畏惧。另一方面，自然资源的本质特点和丰裕程度也对人们产生了根深蒂固的深远影响。就自然资源本质特征来说，像土地、农作物这些不易移动的劳动对象，必然有着稳定难变的静态特点。自然资源的静态特征不仅规定着人们的生产方式，使农民形成了固守田园、不愿迁移的农业生产方式，而且养成了乐于稳定、惧怕变化，习惯熟悉、排斥陌生，安于重复、懒于学习等风俗习惯。石油、煤炭和金属矿藏等自然资源也是如此，就其蕴藏的固定性、自然性和客观性等特点而言，石油、煤炭和金属矿藏自然资源同土地资源一样，也是使劳动者安于稳定、习惯重复的劳动对象，所以，以乡土为本的农民的劳动方式和生活习惯，同样会在以矿产资源为本的资源型产业的从业人员身上表现出来。就自然资源富裕程度来说，资源丰裕地区的人们往往会陷入资源优势陷阱之中，由于资源型城市发展过度依赖这些资源优势和产业，使人们缺乏创新和创业精神，导致资源型城市的创业动力和导向先天不足。就创业的本质来说，是创造和创新，其核心在于不受既有资源等条件的限制而对机会的不断追求。从资源丰富到资源枯竭，从对资源的过度依赖到遭遇资源的约束，是东北资源型城市的普遍经历和典型特征。东北资源型城市转型的本质就是创新与创业问题。然而，受到思想观念的影响，东北地区创业态势和民营经济的发展势头，无论在总量上、规模上以及整体发展水平和竞争能力等诸多方面都不如沿海发达地区，且这一趋势很难在短期内得到改变。

（六）人力资源开发滞后于经济社会转型，人才流失严重

产业结构的调整和升级不仅需要政策和资金的投入，更需要高素质人力资本的支撑。然而，东北资源型城市的人力资本供给结构却严重滞后于产业结构的优化和升级。特别是资源型城市人才比较匮乏，这是由资源型城市自身特点决定的。资源型城市单一的产业结构导致单一的人才结构，单一的人才结构更进一步强化了单一的产业结构。单一的资源开采形成的资源型城市，需要大量从事资源开采等简单体力劳动的矿工。这些矿工大多数是从农村招收过来的青壮劳力，他们中绝大多数文化程度不高，只能从事简单的体力劳动，就业面受到很大局限。如此往复，恶性循环，构成了这些地区发展接续替代产业的人力资源瓶颈，直接制约了资源型城市的转型和可持续发展。尽管近年来东北的许多资源枯竭型城市在寻找接续产业过程中，投入了大量物质资本，开展了不少项目，但由于忽略了人力资本的更新、提升与积累，其转型效果不尽明显。目前，东北资源型城市人力资本存在的深层问题是低层次人力资本供给过量，中高层次的人力资本供给不足，

从而导致资源型城市转型缺乏强大的智力支撑。一方面，资源开采企业需要的人力资源专业性过强，且随着资源枯竭带来人力资本的大量闲置或失效。这表现在东北老工业基地资源型城市国有企业中工作的职工，其专业技术通用性有很大的局限性，大部分是资源采掘和初级加工工作，同其他行业生产有很大的距离。特别是长期从事矿产石油开采和加工工作的职工，积聚了大量的针对其产业的专用性人力资本，其技能单一，一旦资源枯竭，企业关闭破产引发下岗失业，他们长期积累的专用性人力资本就会成为沉淀成本，所以从事这种工业生产的工人和技术人员，一旦离开原来的生产线将很难找到新的工作岗位。另一方面，高层次人力资本（包括高级技工和大学生）外流现象十分严重，每年人才流出量远远超过流入量。1993 年以来，黑龙江省人才流失达 20 万人，每年人才流出量是流入量的 3 倍以上。辽宁省近 10 年来引进博士 2178 人，但流出 1913 人，相抵仅留下 200余人。这与振兴东北老工业基地的人才需求目标相去甚远。由于一些资源型城市的经济发展落后，区位条件欠佳、交通不便、信息闭塞、工作环境和待遇较差、生活条件艰苦及自然环境的严重污染等，使当地的人才形势雪上加霜。本地的一些中高级技术人员和高级技工，大都选择能给他们更大发展空间和更优厚待遇的一些南方石化企业和山西的矿区发展；即便是许多原籍的大学生，毕业后也都很少选择回家乡发展。据统计，近几年来，本溪市每年送走大专以上大学生超过 6000 人，大量的毕业生留在外地工作，回到本溪市工作的不到 10%。即便有少数的研究生和本科生到资源型城市工作，也主要分布在行政事业单位、学校、医院，到企业工作的很少。不仅如此，许多资源型城市现有专业技术人员（具有中高级职称）80%以上分布在事业单位，在企业工作的寥寥无几。此外，由于资源型城市地方财力不足，教育经费紧张，师资力量薄弱，企业和本地技工学校严重萎缩，造成技术工人严重不足，极大地影响了企业和资源型城市的可持续发展。

（七）众多历史遗留问题亟待解决，社会保障体系建立面临着资金的压力

一是拖欠国有企业职工养老、医疗、失业保险费等问题依然存在。随着国有企业改革的不断深入和国家政策的不断调整，东北资源型城市多年来累积的历史遗留问题也越来越多，从国有企业的减员增效，到企业兼并重组以及企业关停破产等重大政策出台与实施的过程中，无论是企业应该给在职职工缴纳的养老保险、医疗保险、失业保险、工伤残保险，还是企业与职工解除劳动关系涉及的身份补偿金，拖欠职工工资和医疗费以及企业所属大集体职工所应享有的一切待遇，大多数东北资源型城市都没有按国家政策要求进行落实，其主要

原因是地方财力不足和企业经营状况不佳。东北资源型城市经济发展现状，决定其社会保障规模和结构相对不够完善。由于东北资源型城市多为工矿城市，工伤人员比例多，矿工退休年龄早，医疗费用中职业病、慢性病所占比例大，养老、医疗和失业保险方面的支出均高于全国平均水平，而地方财力则是入不敷出。

二是资源枯竭型城市的社会保障覆盖面小、保障水平低、资金缺口大的问题仍然很突出。这是目前东北所有资源型城市的基本特征，特别是大集体企业的社会保障问题至今仍没有彻底得到解决。一些矿山企业关闭破产后，仍留下了一系列"后遗症"，不仅离退休人员和工伤、职业病人员医疗及各种津贴等问题难以解决，职工安置费也发放不到位，企业承担的各种社会职能无法移交。由于地方财政拮据，造成居民最低生活保障政策也无法落实。目前，东北资源型城市享受养老保险、医疗保险和失业保险待遇的人员，只占城市总人口50%左右。据实地调研推算，仅养老保险一项，东北三省资源型城市的资金缺口就超过数十亿元，并且这个缺口将随着人口老龄化的到来越来越大。就社会保险情况看，东北资源型城市的社会保险各个项目都远未做到"应保尽保"。目前，吉林省资源型城市尚有 10 万人符合享受失业保险待遇但没有领到失业保险金。2011 年吉林省失业金标准调整后，最高档标准为每人 574 元，排在全国第 20 位；最低档标准为每人 340 元，排在全国第 28 位，辽源和白山两市就在最低档。

三是东北资源型城市企业厂办大集体的遗留问题更为严重。特别是一些资源枯竭型城市的一些大型国有企业，在计划经济时期办了许多"厂办大集体"。由于"大集体"在资源型城市的分布面非常广，涉及的人群也比较多，尽管这些年来国家通过财政转移支付形式解决了东北许多资源枯竭型城市的社会保障问题，但只解决了全民所有制的国有职工问题。而"大集体"职工和家属的社会保障问题至今没有解决，包括国家确定的第一批和第二批资源枯竭型试点城市在内，有些地方社会矛盾集聚，存在大量不稳定因素。

四是资源型城市范围内的棚户区现象问题非常突出。棚户区问题是我国资源枯竭型城市发展过程中特定的历史产物，是在老矿区建设过程中形成的。棚户区房屋阴暗简易，没有暖气、厕所，地面脏乱差，基础设施薄弱，住房条件恶劣，这是国内资源枯竭型城市棚户区的基本特征。东北地区也不例外，几乎所有资源开发地区都有大片棚户区。尽管在矿山企业效益好时，企业也为职工改善居住条件，但随着资源枯竭，企业陷于亏损之后，就无力解决和改善这些职工的居住条件。由于这些房屋年久失修，维修资金短缺，地基下沉，墙体风化、碱化严重，墙皮大面积脱落，部分墙体、屋顶裂缝随处可见。室外地面普遍高于室内地面，致使屋内潮湿阴暗，通风采光差，门窗严重破损，无法关闭。

屋顶木架结构腐朽变形严重，造成防雨瓦破损，甚至房顶塌落。加之，棚户区内的居民因下岗失业等原因，更无经济能力从市场上购买商品住宅。一片片缺水、电、路等配套市政设施的棚户区成为资源型城市中环境条件最差、贫困人口聚居的地方，这与城市其他地方形成了强烈的反差，许多棚户区居民难以享受到现代城市的文明成果。

（八）生态资源损耗较大，生态环境破坏较为严重

东北资源型城市经历了近百年大规模开发，使其生态环境发生了巨大变化，长期开发开采给东北的资源型城市带来了严重的生态环境问题。东北的生态系统各组成要素，在质量、数量和依存关系等方面正朝着对人类生产和生活不利的方向转化，因资源过度开发而引起的地质环境问题已接近该地区环境容量和承载力的极限，其生态环境已接近不可恢复的临界状态，有些已经严重影响当地人民的日常生活，表现为以下几方面。

1. 生态功能严重衰退，生态环境严重退化

作为我国重要的天然森林生态功能保护屏障的东北，在长期的"重采轻育"和"重取轻予"的大规模开发开采下，现已进入可采森林资源枯竭的境地。天然林面积由新中国成立前的 6500 万 hm^2 下降到 2010 年的 5787 万 hm^2，每公顷蓄积量由 $172m^3$ 下降到 $84m^3$。辽、吉两省的原始森林几乎绝迹。黑龙江伊春林区森林蓄积量比开发初期减少了 48.3%。成过熟林蓄积量已消耗 97%，剩余成过熟林蓄积半数以上分布在高山角、跳石塘等不可及部位，所属林业局均已无林可采，多数以木材为原料的加工企业也被迫停产或半停产。生态环境退化表现在地表植被覆盖率降低，物种多样性减少，土壤沙化、盐碱化，草场退化，地下水位降低等。有些退化过程已严重影响当地居民的生产和生活以及城市接续产业的发展。大庆油田经过 40 多年的开发，油田开采区草原荒漠化程度达 95%，荒漠化面积已达到 1.03 万 km^2，草原面积净减少 $1500km^2$，草原退化、沙化和盐碱化面积已达 84%，湿地面积也在不断萎缩。大庆市 2010 年的森林覆盖率仅为 9.1%，比全国平均水平低 7.5 个百分点。由于油田生产大量用水，已形成 5500 多平方千米的区域水位降落漏斗，导致水资源严重匮乏。

2. 资源开采废弃物污染和工业生产排放物污染比较严重

几乎所有的东北矿业地区资源开采过程中都伴有大量的废弃物产生和废弃物污染问题，包括矿山矸石、各种矿渣、矿砂、电厂粉煤灰等固体废物以及各种液态和气态废弃物，特别是对地表和地下水以及空气污染尤为严重。目前，东北资源型城市因采矿产生的废水、废液排放总量占工业废水排放总量的 10% 以上，凡是流经资源型城市的河水，水质都超过 V 类。这类水质是最差的一类，主要适

用于农业用水区及一般景观要求水域①。包括辽河、松花江主要流域及其干流水污染问题都相当严重，辽宁省 6 条主要河流，除鸭绿江为Ⅱ类水质外，浑河、太子河、辽河、大辽河、大凌河均为超Ⅴ类水质。吉林省 16 条主要江河的 63 个水质断面中好于Ⅲ类水体的占 33.4%，Ⅳ类水体占 20.6%，Ⅴ类和劣Ⅴ类水体占 46%。其中，辽河流域Ⅴ类和劣Ⅴ类水体占 76.9%；松花江流域Ⅴ类和劣Ⅴ类水体占 40%。大庆因采油为油田供水，导致地下水水位持续下降，下降漏斗已接近 $5000km^2$，不仅地面变形严重，而且油田及周边地区地下水面临枯竭的危险。同时。油田开发过程中修建油田路、埋设各种管线、挖掘引水渠和排污渠、建筑油水泵站及厂矿等，对植被、土壤、水面造成的污染已严重影响了当地居民的正常生活，阻碍了本地区经济社会的可持续发展。有些资源型城市在矿山开采中，排出大量二氧化碳、二氧化硫、一氧化氮气体及含有重金属、放射性元素的粉尘。有些露天矿煤层自燃和煤矸石发生氧化、自燃，释放出大量有毒有害气体，废石风化后形成细粒物质和粉尘等。据统计，东北仅煤炭采矿行业废气排放量就占工业废气排放量的 5.7%，其中，二氧化硫、氮氧化物和一氧化碳等有害气体排放量每年超过 73 万 t。由于东北矿业地区普遍存在大量资源加工产业，在对资源粗加工和深入利用过程中，也产生大量的工业污染。未经处理的"三废"直接排入自然环境，污染了当地的生态环境。

3. 占用了大量的土地资源

随着资源的大规模开采，煤矸石和矿山采掘剥离产生的岩土以及粉煤灰、尾矿渣、燃煤炉渣等产生的固体废弃物堆积，所占土地面积也在不断地增加。据统计，吉林省煤矿总占地面积达 $1732.3hm^2$，其中林地 $656hm^2$，草地 $241hm^2$。废石生产量 751 万 t，其中治理量为 231 万 t，仅占总量的 30%。黑龙江省鸡西市、鹤岗市、双鸭山市、七台河市的煤矸石每年以 700 万 t 左右的速度增加，总堆集量已超过 2 亿 t，不仅占用土地、堵塞河道，每年还排放甲烷 2.96 亿 m^3。目前东北资源型城市工业固体废弃物堆放占地 8.24 亿 m^2，占用耕地 3176 万 m^2，仅阜新市工业固体废弃物累积堆存量就达到 16 亿 t。大量固体废弃物堆放给地表植被带来严重污染，其有毒、有害成分会侵入土壤，破坏土壤中微生物的生存条件。受污染土地面积通常要比堆存占用土地面积大 1～2 倍，这使土地失去了利用价值，而且这种破坏是不可逆转的。

4. 诱发多种次生地质灾害

由于地下采空、地面及边坡开挖影响了自然山体、斜坡稳定，导致地面塌陷

---

① 依照《地表水环境质量标准》（GB3838—2002）规定，中国地面水分五大类。Ⅰ类：主要适用于源头水，国家自然保护区；Ⅱ类：主要适用于集中式生活饮用水、地表水源地一级保护区，珍稀水生生物栖息地，鱼虾类产卵场，仔稚幼鱼的索饵场等；Ⅲ类：主要适用于集中式生活饮用水、地表水源地二级保护区，鱼虾类越冬、回游通道，水产养殖区等渔业水域及游泳区；Ⅳ类：主要适用于一般工业用水区及人体非直接接触的娱乐用水区；Ⅴ类：主要适用于农业用水区及一般景观要求水域。

沉降（采空、采矿、岩溶塌陷沉降）、矿山崩塌、滑坡、泥石流、矿坑突水、瓦斯爆炸、冒顶、矿震等地质灾害频繁发生，且具有规模大、分布广、灾情重等特点。矿山地质灾害不仅对生态环境的破坏较为严重，而且频繁带来危及人身安全的严重事件，每年因采矿活动诱发的地质灾害造成的直接经济损失超过几十亿元。许多煤炭枯竭型城市都出现了地面塌陷问题。目前，辽宁省 7 个沉陷区总面积达 370km²，涉及沈阳、抚顺、本溪、阜新、灯塔、调兵山、北票和南票 8 个城区，受损住宅建筑面积 737 万 m²，涉及居民 13.1 万户、38.2 万人；受损学校 101 所、29 万 m²；受损医院 44 所、8 万 m²；受损道路、供排水、供热、电、煤气、通信等市政设施总长度达 1700km；受损农田 22 万亩。据不完全统计，东北三省原国有重点煤矿采煤沉陷区的总面积达 990km²，受影响居民已超过百万，直接受影响居民达 30 万户。

第四章

东北资源枯竭型城市陷入困境的制度性因素分析

现实是历史发展的延续，也是未来发展的起点。对于东北资源枯竭型城市的认识不能脱离历史的发展，这是研究认识东北资源型城市可持续发展问题的逻辑起点。只有这样，才能寻找到解决我国资源枯竭型城市转型和可持续发展的有效途径。东北资源型城市之所以衰落、陷入困境，资源的有限性和不可再生性固然起着决定性作用，然而，非自然资源因素对资源型城市形成与发展的影响更不容忽视。在诸多非自然因素中，制度性因素对东北资源型城市兴衰的影响尤为突出。纵观东北资源型城市由盛到衰的发展全过程，东北资源枯竭型城市之所以在很短时间内迅速形成，并大规模地集中陷入困境，除受资源产业生命周期规律作用外，制度性因素起了极其重要的作用。这种制度性因素表现在过去所选择的计划经济体制对资源型城市可持续发展所产生的深刻影响，这种影响对资源型城市来说，既有其正面效应，也有其负面效果。其根源在于不同的经济制度选择与安排决定着资源占有与资源配置的方式，进而直接影响着资源配置效率和资源型城市的可持续发展。

为此，本章运用制度经济学理论，深入探讨东北资源枯竭型城市陷入困境的经济根源和社会根源，其目的是加深对旧体制的认识，寻求破解资源枯竭型城市走出困境的途径，以此推进资源枯竭型城市的转型和可持续发展。

第一节　制度的内涵与功能

运用制度经济学理论，对东北资源枯竭型城市陷入困境问题进行深入研究，既是我们认识资源枯竭型城市产生的经济与社会根源的基础，也是寻找解决资源枯竭型城市转型有效途径的前提。做到这一点，需要对制度的内涵及相关理论有全面的了解和系统认识，这样才能更好地运用其理论来分析制度对资源型城市经济社会所产生的影响。

一 制度的定义与本质

（一）制度的定义

不同学者对制度有不同的定义。旧制度经济学代表人物、美国经济学家托斯丹·邦德·凡勃伦（1857—1929 年），最早将制度问题纳入经济学研究。他在《有闲阶级论》一书中对制度进行了描述，认为制度是大多数人所共有的一些"固定的思维习惯、行为准则，权力与财富原则"，"制度必须随着环境刺激的变化而变化，因为就其性质而言，它就是对这类环境引起的刺激反应的一种习惯方式。而这些制度的发展也就是社会的发展。制度实质上就是个人或社会对有关的某些关系或某些作用的一般思想习惯，……人们是生活在制度下，也就是说在思想习惯的指导下的，而这些制度是早期遗留下来的。……今天的制度，也就是当前公认的生活方式。"而所谓经济制度，则指的"是人们在社会生活中接触到它所处的物质环境时如何继续前进的习惯方式"（凡勃伦，1983）。

另一位旧制度经济学代表人物、美国经济学家约翰·康芒斯，也对制度下了精辟的定义：制度是集体行动控制个体行动。他认为，集体行动的种类和范围相当广泛，从无组织的习俗到许多有组织的"运营机构"，如家庭、公司、控股企业、同业协会、工会、联邦储备银行以及国家。所有这一切共同的特征是，个体行动受集体行动的控制。他指出，在无组织的习俗中，集体性行动比在有组织的团体中还要更普遍一些。进一步说，集体行动又是同所谓业务规则密切相关的，后者告诉个人能够、应该、必须做什么，或是相反（康芒斯，1983）。

新制度经济学吸收、借鉴了旧制度经济学的有益成果，许多学者对制度的内涵也作了更具现实性和具体化的研究，包括安德鲁·斯考特、瓦尔特·C. 尼尔、沃尔顿·汉密尔顿、保罗·布什、W. 艾尔斯等学者，从不同角度对制度进行了定义。其中，最有代表性的是诺贝尔经济学奖获得者、美国经济学家西奥多·威廉·舒尔茨和道格拉斯·诺斯对制度的界定。西奥多·威廉·舒尔茨在其《制度与人的经济价值的不断提高》一文中将制度定义为管束人们行为的一系列规则。他认为，制度是为经济提供服务的。为此，他对制度作了经典性的分类：①用于降低交易费用的制度；②用于影响生产要素的所有者之间配置风险的制度；③用于提供职能组织与个人收入流之间的联系的制度；④用于确立公共物品和服务的生产和分配的框架制度。

道格拉斯·诺斯是新制度经济学家中给制度下定义最多的人。他认为，"制度是一系列被制定出来的规则、秩序和行为道德、伦理规范，它旨在约束追求主体福利和效用最大化利益的个人行为。"他在《经济史中的结构与变迁》一书中指出："制度提供了人类相互影响的框架，它们建立了构成一个社会，或确切地说一种经济秩序的合作与竞争关系。"（诺斯，1994）还在《制度、制度变迁与经济绩效》一书中说："制度是一个社会的游戏规则，更规范地说，它们是决定人们的相互关系的系列约束。制度是由非正式约束（道德的约束、禁忌、习惯、传统和行为准则）和正式的法规（宪法、法令、产权）组成的。"

此外，V.W. 拉坦在《诱致性制度变迁理论》一文中也将制度定义为一套行为规则，它们被用于支配特定的行为模式与相互关系。而柯武刚和史漫飞（2000）则定义"制度是人类相互交往的规则，它抑制着可能出现的机会主义和乖僻的个人行为，使人们的行为更可预见并由此促进劳动分工和财富创造。制度，要有效能，总是隐含着某种对违规的惩罚。"青木昌彦认为，"制度是关于博弈如何进行的共有信念的一个自我维系系统。制度的本质是对均衡博弈路径显著和固定性的一种浓缩性表征，该表征被相关域几乎所有参与人所感知，认为是与他们策略决策相关的。这样，制度就以一种自我实施的方式制约着参与人的策略互动，并反过来又被他们在连续变化的环境下的实际决策不断再生产出来"。

从上述学者对制度定义的描述不难看出，新旧制度经济学派对制度的各种定义都离不开规则这个核心概念，用以限定人类行为的规则是制度的核心，而其他的特征、属性及其附带说明只不过是它的派生物。这与中国人对制度的认识是一致的。我国古代《商君书》中出现的制度一词，指的就是订立和设立规则以建立秩序和提高效率。《辞海》对制度的解释，是指要求成员共同遵守的按一定程序办事的过程。

（二）制度的本质

就制度本质而言，制度是由人指定的规则，它们抑制着人际交往中可能出现的任意行为和机会主义行为。"制度对人们能在多大程度上实现其经济上和其他方面的目标有着巨大的影响，人们通常偏好能增进其选择自由和经济福祉的制度。但制度并不总是有助于这样目标的实现。某些类型的规则可以对一般物质福利、自由和其他人类价值产生不利影响，规则体系的衰败会导致经济和社会的衰落"（柯武刚和史漫飞，2000）。

为什么会出现这种情况？这是因为制度与人的行为和动机有着内在联系。道格拉斯·诺斯说："制度提供了人类相互影响的框架，它们建立了构成一个社会，或确切地说一种经济秩序的合作与竞争关系。"换句话说，就是在一定的社会中，制度起着规范、修正人们行为的作用。人理性地追求效用最大化是在一定的制约条件下进行的，这些制约条件就是人们"发明"或"创造"的一系列规则、规范等。如果没有制度的约束，那么人追求效用或收入最大化的结果，只能是经济社会生活的混乱或者低效率。制度作为一种公共物品，不同于其他公共物品。制度是无形的，是人的观念的体现以及在既定利益格局下的公共选择，或表现为法律制度、规则、规范或表现为一种习惯、风俗。一般公共物品是有形的，不具有排他性，而制度具有排他性，如对多数人有益的制度可能对少数人并不利。同时，制度和组织也不同。"制度是一个社会的游戏规则，更规范地说，它们是为决定人们的相互关系而人为设定的一些制约"（诺斯，1994）。而组织则是社会游戏的角色，是由一定目标所组成的、用于解决一定问题的人群，如经济组织是企业、商店等，政治组织是政党、议会和国家的规则机构等。

总之，制度的本质是人类利益博弈的一种均衡，是不同利益主体相互博弈的结果。它不仅为人们的行为提供了一种准则，而且可以使人们形成不同的行为预期，并提供不同的激励，体现为人类合作的一种共同知识。

二 制度的构成

制度提供的一系列规则通常由国家规定的正式制度（正式约束）、社会认可的非正式制度（非正式约束）和实施机制所构成。

（一）正式制度（也称正式约束）

正式制度是指人们自觉发明并加以规范化的一系列规则，包括政治规则、经济规则等。它由公共权威机构制定或由有关各方共同制定，具有强制力。换句话说，正式制度可以界定人们在分工中的责任，界定每个人可以干什么、不可以干什么，是关于惩罚和度量衡的规则，即"确定生产、交换和分配基础的一整套政治、社会和法的基本规则。"这些规则的排序，从宪法到成文法和不成文法，再到特殊的细则，最后到个别契约，共同约束着人们的行为。其中，政治规则定义为："政治团体的等级结构，以及它的基本决策结构和支配议事日程的明晰特征。"经济规则则用于"界定产权，即关于财产使用，从中获取收入的权力，以及转让一种资产或资源的能力"（诺斯，1994）。

（二）非正式制度（也称非正式约束）

非正式制度是人们在长期交往中无意识形成的、具有持久生命力的、构成代代相传的文化的一系列信念、伦理规范、道德观念、风俗习性、意识形态等。其中，意识形态处于核心地位。新制度经济学认为，意识形态是减少提供其他制度安排的服务费用的最重要的制度安排。

诺斯认为，非正式制度安排"来源于所流传下来的信息以及我们称之为文化的部分遗产。"这里的文化定义为："一代一代的遗承，或者通过对知识、价值或其他要素的教诲与模仿来影响行为"（诺斯，1994）。布坎南（1989）指出："文化进化形成的规则……是指我们不能理解和不能（在结构上）明确加以构造、始终作为对我们的行为能力的约束条件的各项规则。"主要包括价值信念、伦理规范、道德观念、风俗习惯、意识形态等因素。其中，意识形态处于核心地位。因为它不仅蕴涵价值信念、道德观念、伦理规范、风俗习惯，而且可以在形式上构成某种正式制度安排的"先验"模式。对于一个具有创新精神的民族或国家来讲，意识形态有可能取得优势地位或以"指导思想"的形式构成正式制度安排（正式约束）的理论基础和最高准则。

非正式制度之所以能够产生，是因为人们所要求的信息量过大，而人类的计算能力有限，要求对经济行为的所有方面进行深思熟虑是不可能的。现实生活中也是如此，人类每天的日常行为中绝大部分是按照习惯等非正式安排做出的，这种非正式约束实际上已沉淀了人们在过去的实践中能有效减少交易费用的成功经验。即使制定再详尽的正式约束，也不可能涵盖人们相互交往中的一切细节，且人类所有活动都靠法庭和政府来强制实施是根本不可能的，绝大部分都要交给非正式约束（如道德、良心等）去完成。

（三）正式制度与非正式制度之间的关系

应当说，正式制度与非正式制度是相互联系、相互制约的，非正式制度是正式制度赖以存在的制度环境。在某种意义上说，非正式制度比正式制度更为重要。制度的实施机制以国家为主体，依靠国家的强制力，保证正式制度和非正式制度的实施。正式制度和非正式制度之间的不同点表现在以下几点。一、正式制度安排是人类在任何时间都可以判定、选择和执行的，而非正式制度安排超出人类集体选择的能力之外，是人类不能在结构上加以构造的。非正式制度安排构成正式制度安排的背景、前提和基础。二、正式制度可以在一夜之间发生变化，或在短时间内形成、变更或废止。而非正式制度的形成却是一个漫长的过程，其变革也是一个长期的过程。三、从制度的可移植性来看，一些正式制度尤其是那些具有国际惯例特征的正式制度，是可以从一个国家移植到另一个国家的，从而降低正式制度创新和变迁的成本。而非正式制度由于其内在的传统根性[①]和历史积淀，其可移植性就很差。即使能从国外借鉴良好的正式制度，如果本土的非正式制度因为变迁惰性而一时难以变化，新引进的正式制度与原有的非正式制度也势必产生冲突，借鉴和引进的正式制度可能无法奏效和发挥作用。正式制度只有得到全

---

① 汉语词典解释：根性，1.佛教语。佛家认为气力之本曰根，善恶之习曰性。人性有生善恶作业之力，故称"根性"。2.本性，本质。根为能生之义，人性具有生善业或恶业之力，故称为根性。通常指强大的精神力和意志力。

社会认可、与非正式制度相容的情况下，才能发挥其作用。否则，再好的正式制度安排，如果在移植中远远偏离了土生土长的非正式制度安排这个环境或土壤，也只能是"好看不中用"。现实中，世界上有些进行制度变迁的国家总想尽快通过改变正式制度实现新旧体制的转轨，但由于这种正式制度的改变与其当时的非正式制度并不相容，导致新旧体制转轨过程中出现了偏离和社会动荡等问题。因此，构建与正式制度相容的非正式制度是实施正式制度变迁的前提与基础。

（四）制度的实施机制

判断一个国家的制度是否有效，除了看这个国家的正式与非正式制度是否完善外，更主要的是看这个国家制度的实施机制是否健全。否则，任何制度尤其是正式制度就形同虚设。实施机制的建立主要解决的是人们在交换过程中，双方信息不对称导致的契约偏离，以及人的有限理性所带来的机会主义行为，强制性的实施机制是任何契约能够实施的基本前提。

强有力的实施机制不仅有利于社会的正常运转与物质财富的增加，而且可以最大限度地抑制人们的违约行为。检验实施机制是否有效，主要是看违约成本的高低。当违约成本大于违约收益，任何违约行为都变得不合算。否则，当人们从事违约行为（或违法行为）的预期效用，超过将时间及另外的资源用于从事其他活动所带来的效用时，人们便会选择违约。因此，一些人成为违约者不在于他们的基本动机与别人有什么不同，而在于他们的利益同成本之间存在的差异。

现实中，制度实施机制的主体一般是国家，或者说，交换者总是委托国家来执行制度实施职能的。而国家行使实施职能的有效性主要受两大因素的影响：一是实施者有自己的效用函数，他对问题的认识和处理要受到自己利益判断的影响；二是发现、衡量违约和惩罚违约者也要花费成本。

总之，完整的制度是正式制度、非正式制度和实施机制三者有机结合的统一体，只有制度安排而缺乏有效的执行机制，将严重损害制度的功能。

三 制度的功能

（一）降低交易成本

这是制度的基本功能。"交易成本是产权从一个经济主体向另一个主体转移过程所需要花费的资源的成本。这包括作一次交易（如发现交易机会、洽谈交易、监督成本）的成本和保护制度结构的成本（如维持司法体系和警察力量）"（平乔维奇，1999）。当存在交易成本时，制度就会起作用。许多制度创设的目的就是为降低交易成本。有效的制度可以降低市场交易中的不确定性，从而达到降低交易成本的目的。

（二）抑制人的机会主义行为

新制度经济学通过对人的行为进行研究后，得出这样的假定：人具有随机应变、投机取巧、为自己谋取更大利益的行为倾向。由这一假定可推断出结论：由于人在追求自身利益的过程中，会通常采取非常隐蔽的手段，或耍弄狡猾的伎俩，因而如果交易双方仅仅签订协议，未来的结果仍然具有很大的不确定性。显然，人的机会主义倾向会导致经济交易秩序的混乱，而制度可以在一定程度上约束人的机会主义行为倾向，因为制度可以通过提高违约成本的办法来惩罚或防止人的机会主义倾向。但无论什么样的制度，都只能是抑制而不能完全消灭人的机会主义行为。

（三）为实现合作创造条件

在现实社会经济生活中，人与人之间的关系并不仅仅是竞争，还需要合作，合作与竞争是矛盾的统一体。因为人的有限理性和信息不对称等诸多方面的原因，个人不可能处理好竞争与合作的关系。在这种情况下，制度作为人们在社会分工与协作过程中经过多次博弈而达成的一系列契约的总和，为人们在广泛的社会分工交往中的合作提供了基本框架，尤其是在复杂的非个人交换形式中，制度的存在减少了信息成本和不确定性，把阻碍合作得以进行的因素减少到最低限度，以确保合作的顺利进行。

（四）提供激励机制

激励就是要使人具有从事某种经济活动的内在推动力，换句话说，就是调动人们的积极性。诺斯和罗伯斯（1991）在分析西方世界兴起的原因时指出："有效率的经济组织是经济增长的关键；一个有效率的经济组织在西欧的发展正是西方世界兴起的原因所在。有效率的组织需要在制度上作出安排和确立所有权以便造成一种刺激，将个人的经济努力变成私人收益率接近社会收益率。"在一种制度环境下，人们之所以努力工作、不断创新，是因为其个人收益率接近社会收益率。因此，从这个意义上讲，能促使个人不断努力、不断创新的制度就是最好的制度，因为它能给这个组织里的人提供一种持续的激励。

（五）有利于实现外在性的内在化

赫勒和斯塔雷斯在《论外在性的本质》一文中对外在性下了定义：外在性是指个人的效用函数或企业的成本函数，不仅依存于其自身所能控制的变量，而且依存于其他人所控制的变量，而这种依存关系又不受市场交易的影响。科斯认为，许多外在性的产生都与制度尤其是产权制度界定不清有关，只要通过产权谈判和产权界定，就可以使外在性内在化，因为产权制度明确了，经济活动的成本都将由活动主体承担。在权衡收益与成本的前提下，产权制度的"一个主要功能是引导人们实现将外在性较大地内在化的激励"（诺斯，1994）。

第二节　作为制度安排的经济体制

一　经济体制的定义与功能

（一）经济体制的定义

在当今中国，经济体制是人们使用频率较高的一个词。但对于经济体制，目前还没有一个统一的、公认的定义。比较经济体制学家弗雷德里克·普赖尔曾说过："'经济体制'概念几乎不可能得到精确的定义"（保罗等，1988）。国内外学者也从不同角度对经济体制内涵进行了概括。例如，黄新华在《中国经济体制改革的制度分析》一书中，从七个方面对经济体制的内涵进行梳理。①从资源配置的手段和方法的角度，把经济体制看作是社会对应当"生产什么"、"如何生产"和"如何分配"的一整套方法。②从管理的角度，把经济体制定义为"国民经济管理的具体制度和方法。"③从生产关系的角度，把经济体制归为"一个社会一定时期生产关系的具体形式，是对社会经济活动进行组织和管理的具体制度、方法和机构的整个体系。"或者把经济体制定义为"生产关系或经济制度的具体实现形式，即人们在经济过程中各种经济关系的具体形式、经济行为规则和组织管理、经济协调、监控机构的总和。"④从经济决策的角度，把经济体制看作"社会确立的在生产、消费和分配三个基本领域内作出经济决策……的机制。"或者定义经济体制"是在特定地理区域内进行决策并执行有关生产、收入和消费决策的一组机制和制度。"⑤从经济组织的角度，把经济体制解释为"经济组织的结构"，不过这种结构是处在经济运动过程中的动态结构，因此"经济体制可以定义为，在经济领域中由一系列规则构成的各种经济组织（包括个人）按一定的方式从事经济活动，最终形成一定的经济结果（产品和服务的系统）。"⑥从经济行为的角度，把经济体制看作是经济关系、组织、规则的表现形式。"人们在这些关系、组织、规则中活动，他们的行为以及行为和各种经济变量的相互关系，则构成经济机制；换言之，体制是制度的载体，而经济机制是运动中的经济体制。"⑦从社会制度的角度，把经济体制看作是由诸多正式制度和非正式制度构成的制度系统，包括"所有的那些结构、组织、法律与规则、传统、信念、态度、价值、戒律以及相适应的行为规范，它们将直接或间接地影响经济行为和经济成果。"或者"广义地说，经济体制包括一切凡是与生产、交换和收入分配相关的社会关系和社会制度。……道德、价值标准、消费偏好、传统习惯、文化、意识形态等通常所说非经济因素同样也决定着人们的经济行为，……因此，这些非正式的制度也可以处理为经济体制一个组成部分"（黄新华，2005）。

综上所述，经济体制就是经济运行的一种规范方式，这一规范方式是由若干个基本制度要素组成的，这些制度要素决定了在经济运行过程中的资源配置方式和资源占有方式。由于不同国家和地区所选择的经济制度不同，其社会的资源配置与占有方式也不同，而资源配置和占有方式的不同直接影响着资源的使用效率。换句话说，经济体制作为一种支配经济单位之间可能合作或竞争的方式的一种制度安排，不仅要解决资源稀缺性的问题，而且还要解决资源配置的效率问题。

（二）经济体制的功能

概括地讲，经济体制的主要功能，是确立经济活动的秩序和经济主体的行为规则，减少经济交易中的摩擦，提高社会的经济效益，实现稀缺资源的合理配置。具体可归结为以下几方面。

一是资源配置功能。资源的稀缺性是形成资源配置问题的初始条件。资源配置合理化的最高目标应为帕累托最优。在实现帕累托最优的同时，要求达到生产和消费的最佳组合。而现实中资源配置能达到一种什么状态，则取决于经济制度的选择与安排。作为经济活动的基本内容，资源配置总是由一定的经济主体，按照一定的规则进行的。确切地说，要看经济体制能否在某种目标（如帕累托最优）下，通过一定的制度安排使稀缺资源掌握在能够关心和实现资源最优配置和更好地满足需求的经济主体手中。

二是激励约束功能。激励功能是经济体制的最基础功能。在资源稀缺的情况下，激励是必要的。如果资源无限供给，人们的利益容易得到满足，那么激励的目的和手段都无从谈起。一般来说，体制激励功能的强弱，不仅与处在体制中的经济活动当事人的努力与报酬密切相关，也与经济活动的外部性有关。当某种资源用于某一用途时，就失去了用于其他用途的可能性，而经济体制的激励功能可使经济主体的努力投放到机会成本最少的用途上。这就需要创造出一种体制环境，使经济主体根据自身利益最大化原则进行选择的同时，也使社会收益最大化。激励与约束是相对应的，经济体制的约束功能是通过一系列惩罚性规则体现出来的。经济活动主体客观上追求自身利益最大化的行为以及向他人转移成本或运用不正当手段争取更大利益份额的机会主义倾向，都易削弱合作博弈的基础，导致交易各方潜在的利益损失，因而需要经济体制的约束。

三是信息传导功能。向经济主体传递相应的产品稀缺及其他相关经济要素的变动信息，为经济主体的决策提供依据，是经济体制的信息传导功能。这种功能表现在：①作为系统化的制度安排，经济体制本身就是一种信息结构，它能使经济当事人据此调整自己与社会的关系。②一定的经济体制规定了特定的信息传递方式。例如，计划经济体制是一种纵向的信息传递方式，市场经济的信息传递则是以横向为主。不同的信息传导方式具有不同的效率和交易成本。③一定的经济体制所产生的信息稳定性和充分程度，决定了该体制下经济活动的风险性，信息越充分、越稳定，经济活动的预期收益越接近实际收益，因而风险越低。

四是风险转移功能，也称为保险功能。"经济体制的保险功能体现在借助某些制度形式把风险转移到从社会范围看愿意承担的风险并且承担成本较低的那些机构和个人上去，以使经济活动人对未来的经济活动形成稳定的预期"（刘世锦，1994）。人的有限理性和环境与人们相互之间关系的不确定性和复杂性，是要求经济体制具有风险转移功能的主要原因。如果人具有完全理性，不确定性和复杂性就不足以成为导致风险的原因；如果环境与人们相互之间的关系是简单和确定的，即使人的理性有限，也不会遇到风险问题。只有当人的理性有限及不确定性和复杂性同时存在时，才会产生风险以及与它相联系的保险问题。为此，新制度经济学强调，在专用性强的资产交易中存在由不确定性的机会主义行为所导致的风险，因此，必须寻求和建立能够对付这类风险功能的经济体制。

二 资源配置的两种经济制度

实现资源有效合理的配置，是任何国家或地区经济社会发展面对的现实问题。选择什么样的经济体制，决定着这个国家或地区发展的质量如何。纵观人类社会发展历程，用于资源配置的制度安排基本上有两种。

（一）市场经济体制（市场制度）

通过市场机制来实现资源的有效配置，就是经济主体依据市场发出的价格信号，按照利益最大化的原则采取行为而实现的资源市场配置。也就是说，通过市场机制——价格传导机制来实现资源的有效配置。在市场经济中，生产者生产什么、如何生产和为谁生产，主要是通过市场价格来决定的，政府在市场中的作用非常有限。消费者、生产者和要素所有者拥有充分的自由选择权，他们从各自的经济利益出发，分散地进行决策，通过市场交换和竞争达到他们的目的，调整他们的行为。但是，要使市场配置资源的功能得以有效发挥，必须具备的基本条件是：充分竞争，没有垄断和市场畸形；价格具有充分弹性，能够根据市场供求关系随时调整；市场信息充分，具有明确的市场规范和合理的市场行为。

（二）计划经济体制（计划制度）

计划经济体制主要通过行政手段——指令性计划来实现资源的配置，通过行政管理体制将计划层层分解下去的形式，将稀缺的生产要素等经济资源在各个生产部门中加以分配。换句话说，一切重要的经济活动的决策都由国家或中央政府来作出，一切经济后果和责任也都由国家和政府承担。但这种体制要使资源配置有效，必须满足三个条件：一是计划体系必须源源不断地从外部获得经济运行状况的大量信息，并根据经济发展情况作出及时反应，将计划部门的指令准确无误地传递给各部门。二是计划部门要有足够的信息加工与传递能力，保证计划体系内的信息交流能够正常进行。三是计划经济必须建立在社会成员有相同价值观和利益诉求的基础之上，当人们的价值观和利益诉求差异较大时，计划配置资源作用的发挥就会变得非常困难。

综上所述，好的制度设计可以促进一个国家或地区的社会经济发展，反之，则会阻碍一个国家和地区的社会经济发展。对东北资源型城市而言也是如此，好的制度设计与实行可以促使东北资源型城市的可持续发展，反之，则会加速资源型城市的衰亡。

第三节　制度在东北资源型城市发展中的作用与影响

一　正式制度安排在东北资源型城市的作用与影响

应当说，在计划经济体制背景下形成与发展起来的东北资源型城市，绝大多数建立在资源开发开采的基础之上，资源的开发开采又依托大型国有企业，因而，计划经济体制无时无刻不在支配和决定着城市的发展，具体体现在国家所有的产权制度、政企不分的管理制度、企业生产管理制度、统一就业和福利分配制度等这一系列互为条件、相互适应的制度安排中。这些正式制度安排，不仅对东北资源型城市过早地进入"矿竭城衰"境地起到重要的"推动作用"，而且对后来的城市转型也产生了重要的影响。

（一）计划经济体制下国家所有制的产权制度

产权是所有制的核心和主要内容。有什么样的产权制度，就有什么样的资源占有和使用方式。计划经济体制下的自然矿产资源国家所有制，是构成资源型城市计划经济的产权基础，整个经济体制都是围绕这一制度展开和具体化的。因此，这种制度安排给东北资源型城市带来的影响极其深远，主要体现在：一是影响资源型城市如何合理开发利用自然资源和保护资源。二是影响资源型城市如何实现摆脱资源枯竭的诅咒和实现经济社会的可持续发展。

产权国家所有制在资源型城市的表现，一方面体现在自然资产方面。在计划经济体制下，我国自然资源资产分别为全民所有和集体所有，且宪法明确规定，矿藏、水流、森林、山岭、草原、荒地、滩涂等自然资源，都属于国家所有，即全民所有。这种所有制所带来的问题是自然资源的所有权属处于虚拟状态，资源的所有权不到位，造成权责不明，实际对资源采取无偿的使用制度和无需付费的方式，使得东北资源型城市资源和环境在长达近半个世纪的掠夺式开发中遭受严重的破坏，尤其是在封闭和物质短缺、匮乏条件下，不仅加速东北资源型城市资源的枯竭速度，而且也把当地的生态环境带到无法修复的境地。要看到，对自然资源资产的所有权至今没有确定清楚，既没有清晰界定国土范围内所有国土空间、各类自然资源的所有者，也没有划清国家所有国家直接行使所有权、国家所有地方政府行使所有权、集体所有集体行使所有权、集体所有个人行使承包权等各种权益的边界。资源产权的所有权与使用权的分离带来的最大问题是资源使用权的滥用。

另一方面，它体现在国有经济，即国有企业和国有资产的管理方面。理论上讲，国有资产本质上属于全体人民，但现实中，国有企业以及国有资产管理中的委托-代理风险长期存在且非常严重。由于产权虚置，产权界限不明，人民作为最终的委托人以及国有企业领导人作为最终的代理人，两者均不能有效地履行自身的责任与义务。作为国有资产的所有人，全国公民本来都负有监督国有企业的权利，但由于对自身出资人身份的不确定或不了解特别是制度缺位，致使国有企业本应面对的社会监管缺失。同时，由于权责不明，国有企业高管形成对国有企业和国有资产的内部控制权，而其所负有的职责却并不明确。在国家所有的产权制度下，整个社会中关心国有资本效益、对国有资产损失负责任的只有国家，其他一切经济行为主体只是作为经营者和劳动者来关心资本的使用，而不关心资本本身的增值或贬值。这导致在整个社会经济中，对资源和资本使用效率的关心是弱化的，既形不成有效使用资本的普遍的激励，也形不成约束和惩罚机制。而计划经济体制下东北资源型城市经济主要是以国有经济为主，无论是以矿山开采、加工，还是以林木采伐加工为主的大型资源型企业都是国有企业，这些企业在其发展过程中出现的诸多问题都与产权制度有关。

（二）计划经济体制下政企不分的管理制度

计划经济体制下政企不分的问题在东北资源型城市的表现尤为突出。因为东北地区的资源型城市是建立在矿山开采、石油开发、林木采伐等大型企业生产生活居住点基础之上，且这些工矿企业又几乎都是大型中央直属国有企业，其城市发展直接受到体制的影响，城市的行政管理体制和运行基本建立在企业管理基础上，企业兼负企业运营和城市管理的双重职能，企业的发展决定着城市的发展。这些城市的经济运行和社会发展都是通过指令性计划和行政命令手段来实现的，无论是国有经济制度的建立，还是国有企业的运作都是在国家控制下来完成的。具体包括：企业的生产、建设、物资供应、产品销售、收入分配等主要经济活动。国家既下达给企业生产的指令性计划指标，包括产品产量、产值、职工人数、工资总额、劳动生产率、流动资金周转次数、利润总额、材料储备定额等，又对国有企业实行统收统支、统包统配制度。无论是国有企业还是集体企业，基本不存在独立的法人财产，中央和地方政府作为国有资产所有者，与社会经济管理者的职能混为一体，国家直接经营和管理企业。企业既没有决策权，也没有经营和发展目标，只能按上级下达的生产计划完成任务，计划完成情况是衡量考核企业领导人工作实绩的主要尺度。由于在财务关系上实行预算软约束，因而东北资源型城市企业几乎都是各级行政机构的附属物，企业也像行政单位一样拥有行政级别，国家根据东北资源型城市企业的规模及其隶属关系，将企业划分为若干个行政级别，并给予相应的待遇，包括企业领导待遇和职工集体的福利等。在国家对企业承担无限责任的同时，企业对职工承担了近乎无限的责任，职工一旦在某一企业就业，就获得了永久的就业权。与此同时，企业还必须为职工提供医疗、养老、住房以及子女入托、升学、就业等福利保障。从职工的角度看，则形成了对企业全面的、家族式的人身依赖，没有失业之虞。这种政企不分的管理体制的长期结果就是企业很难真正成为市场的主体。

（三）计划经济体制下的企业生产经营制度

计划经济体制决定了国有企业不是一个独立开展经营活动的微观经济组织，而是一个所有经济活动都受计划指标支配的被动的生产单位。不仅如此，企业预算约束软化决定了企业财务状况的好坏不取决于生产经营和市场运作，而是取决于政府的干预。所以，企业根本不需要担心自身的生存，也不用考虑其生产能否适应市场的需要。既然企业将其全部收入交给国家，与之相对应，企业也可以向国家提出各种要求。如果企业经营出现极大的亏损，也可得到各种优惠政策或者补贴和拨款。这也导致企业既无发展的动力，也无生存的压力。

东北资源型城市的主要国有工矿企业也是如此，国有企业的经营与管理是生产管理权的委托与代理关系。在生产方面，资源型城市企业的生产计划由国家计划部门统一制定。企业既没有生产销售的自主权，也不存在独立的经营和发展目标。生产什么、生产多少、产品运销到何处都在国家指令性计划之内，企业所要做的就是完成国家计划下达的生产任务。在产品销售方面，资源型企业所有的投入品和产出品的价格也都由国家统一制定。不存在要素市场和产品市场，因而也就无法形成由市场供求关系所决定的稀缺资源价格，使资源型城市的资源优势转化不了经济优势。在投资方面，资源型城市的企业不是根据成本-收益比较原则来决定投资的，而是以服从和接受支配为前提的一种被动的投资。由于国家是唯一的投资主体，既掌握着投资项目的审批权，又控制着90%以上的投资资金分配权。企业根本没有投资决策权，只是投资项目的执行者。这种投资体制使资源型企业缺乏活力，企业也无法根据生产经营的需要来决定投资方向和规模。

需要指出的是，在国内社会物资匮乏、商品普遍短缺的计划经济时期，在强大的市场需求压力下，国家对东北资源型城市的投入要比其他城市多，这是国家对资源的需求所决定的。所以，国家加大对东北资源型开采企业的投入，通过不断加大投入来提高资源的产出率，以满足国内市场需求，资源型企业也是在这种情况下不断追逐完成或超额完成国家下达的生产任务。但大规模的投资不仅没有改善东北资源型城市的经济结构，反而加剧了"一业独大"或"一矿独大"的局面。这种以采掘业为主的单一的产业结构，违反了城市多元化发展的宗旨，限制了其他产业的发展，导致资源型城市产业结构的畸形，为未来城市产业结构调整和升级增加了难度，更重要的是造成资源超负荷的开采和生态环境的破坏。这种追求数量为主的大规模、掠夺式的开采，缩短了资源的生命周期，加速了资源型城市资源衰退的步伐，导致现今东北资源型城市的衰退。

（四）计划经济体制下统一的就业福利分配制度

计划经济时期，东北资源型城市与全国其他城市一样，同样采用计划手段配置劳动力资源，即政府采取统招、统分、统配以及统一的工资等级的就业制度。尽管这种强制性就业制度安排在一定时期发挥过积极作用，但其自身已经蕴藏了无法在制度框架中得以克服的矛盾，尤其是在城乡分割的二元结构特征明显、国有经济比重较大的东北地区来说更为突出。这种强制实行充分就业政策的后果，只能是名义上的充分就业和实际上的隐性失业并存，导致在经济发展中通过过多地投入劳动力要素和其他生产要素，来实现外延式的经济增长，造成微观劳动生产率难以提高的局面。这种统招、统分、统配的就业制度给资源型城市带来的问题：一是企业不能根据自身发展需要来进行劳动力要素的有效配置，既缺乏用人权，也不能随意辞退企业内富余的劳动力。企业招工以及跨行业、跨地区的劳动力调配完全都在劳动部门控制之下。由于实行严格的城乡隔绝制度，造成劳动力要素不能在跨地区和城乡之间自由流动，从而导致企业充分就业和实际上的生产单位内部隐性失业并存。企业不能根据自己的发展需要进行劳动力要素的有效配置，更多的情况是，企业只能把计划部门或劳动部门配置给它的劳动力要素作为一种外生给定的变量来对待。同时，人力资本的积累基本被简单的一次性职业培训所取代。二是国家采取的统一低工资等级政策起不到奖勤、罚懒的作用。由于企事业单位职工的工资水平和调整工资的具体政策都由国家统一管理，除地区差别外，所有企业、事业单位执行一样的工资等级制度，而工资等级主要与个人的工龄、学历等相关，与工作业绩很少联系，因而导致平均主义盛行，工资制度起不到相应的激励作用。但同时，统一的低工资政策和农副产品低价统购统销政策的有效实施，为国家实现高积累创造了条件。三是通过建立企业的职工福利制度来弥补低工资政策和低水平的劳动保险制度。这个职工福利制度既包括提供职工住宅、职工食堂、托儿所、幼儿园、浴室等生活、娱乐设施，也包括交通补贴、取暖补贴、水电补贴等福利补贴制度。福利支出在企业单位按工资总额的一定比例提取工会经费、福利补助金和奖励基金，在事业单位则由行政经费中开支，后来又由国家统一设立福利费制度。四是在分配方面搞平均主义。国家对企业实行统收统支，企业的利润绝大部分上缴政府，由政府集中支配和使用。企业需要的建设资金，通过企业行政隶属关系，由国家从财政拨款中直接支付。在企业内部分配上，虽然提出了"按劳分配"的原则，但在实际执行中却是平均主义。企业按照国家制定的工资标准发放工资。这种企业分配制度下，企业职工收入高低与企业经济效益没有太大的联系，忽视了劳动效率与个人收入之间的内在联系，从而违背了按劳分配原则，导致了平均主义。在国有企业表现出来的则是"铁饭碗"、"大锅饭"、"干好干坏一个样"，企业厂长缺乏经营自主权，工人缺乏劳动积极性，企业生产效率低下等。

二 非正式制度的形成对东北资源型城市的作用与影响

自新中国成立到改革开放前的 30 年，东北地区一直处于计划经济体制的中心地带，这种正式制度安排的结果，就是指令性计划取代市场、排斥竞争，行政命令和上下级关系取代了平等自愿的契约关系，整个经济活动都在政府的控制之下。它不仅给东北资源型城市的形成与发展奠定了基础，而且对区域内人们的价值信念、道德观念、伦理规范、风俗习惯等非正式制度的形成产生了重要的影响。这种非正式制度的影响是极为深远的，至今仍停留在许多人的思维方式和价值观念以及道德体系中，更重要的是，它是体现在区域内人们日常行为的选择中，而这种行为选择直接影响着整个东北资源型城市的经济转轨和社会转型。

（一）东北资源型城市非正式制度的形成

计划经济体制之所以在我国能够长期推行，其重要原因就是有强势权威的政府作为保障。中央的高度集权不仅使计划经济体制得以贯彻执行，而且通过意识形态和舆论宣传影响着非正式制度的确立与形成。尽管非正式制度的形成与变革是一个漫长的过程，但对历史短暂的东北地区来讲，这种人为的高度集中的计划经济制度对东北区域内的非正式制度的构建与确立，即对东北地区人们的价值信念、道德观念、伦理规范、风俗习惯等非正式约束的形成起着决定性的作用。而其区域内的资源型城市更是如此。

东北地区与全国相比，既有共性的东西，也有个性的特点。其个性特点既包括自然环境、区位条件等因素，又有其自身历史发展与地域文化的因素。从自然环境条件看，东北地理环境相对封闭，自然资源比较丰裕，由于人口稀少且开发时间较短，与外界交往少，使得这个地区长期处于自给自足的农业社会状态，从而形成了封闭的文化心态和浓厚的小农意识。而后，在新中国成立后 30 年时间里，伴随着计划经济制度的确立与实施，东北资源型城市的非正式制度也逐步形成与确立，高度集权的计划经济体制对东北资源型城市当时和之后人们的价值信念、道德观念、伦理规范、风俗习惯起着决定性作用。

（二）非正式制度对东北资源型城市的作用与表现

任何非正式制度都有其正反两方面作用。计划经济体制下形成的非正式制度，即人们的价值信念、道德准则等约束规则，对地方的经济社会发展既有其积极的正面效应，又有消极的负面作用。

从正面效应看，这种非正式制度安排在短期内，有利于统一人们的思想和行动，集中有限的人力、物力和财力用于国家经济建设，保证社会正常的经济秩序等，使得这个区域既可以形成一种健康的朝气蓬勃的精神道德风尚，也可以形成上下同心同德、艰苦奋斗、勤俭建国、自强不息的社会局面，并以一种新的形象和力量展现在世人面前。在这种非正式制度的约束下，培育和造就了一大批以国家利益和人民需要为己任，具有一定的奉献精神和责任感、使命感的干部和群众，其中"大庆精神"就是那个时代的代表。正因为有上述这些相容的非正式制度为实施的条件，才使僵化的旧体制维持了近半个世纪。

但从长远看，计划经济体制的弊端和负面效应就显现出来。计划经济体制下形成的道德准则和行为规范，抑制了人们的积极进取精神和开拓创新能力的发挥。因为计划经济体制的基本道德标准是服从。它除了具有指令性、统一性、集体性等特征外，还带有那个时代的意识形态和政治思想等方面的烙印，强调人们只能是一种模式、一种思想，甚至演变成一些盲目、僵化的东西。它的出现不仅使地域文化中的消极因素得到加强，而且使整个文化土壤的创新因素受到扼制。计划经济的制度安排过分夸大了人们的理性能力，将对善良愿望的信赖和对美好理想的憧憬作为制度建立的基础，且以行政性强制作为实现目标的唯一手段。这种正式制度对非正式制度及资源型城市的影响具体表现在以下几方面。

一是否定市场与自由竞争。过度强调"利他"与"协作"，认为社会主义的经济主体之间只有分工与协作的关系，不承认社会主义存在着商品经济和市场经济，把竞争视为资本主义的洪水猛兽，只允许开展竞赛，绝不允许进行竞争。政府控制了整个经济活动，所有行业都只能由政府经营，行业不能自由进出。由于国家是全社会经济资源的唯一所有者，产品价格由国家制定，因而也不存在土地、劳动力、资本等要素市场和产品市场。这种以行政为主导的经济体制下，长官意志代替市场机制进行资源配置，给人们观念带来的影响是缺乏自主意识、竞争意识和创新意识，形成一切依赖于国家、听命于政府的"等、靠、要"的思想观念和思维定势。

二是忽视经济主体的利益追求，强调一元化价值观。应当说，每一经济主体及其组成的不同利益集团，都有各自的特殊需要、个性追求与利益。然而，高度集中的计划经济体制下形成的"大一统"等思想，排斥、扼杀多元价值观的存在，使一元价值观畸形发展，并且被过分突出和强化到了"至高无上"的境地。在这种价值观的支配下，热衷于追求纯而又纯的全民所有制，忽视人的多样化和个体价值的存在，正当的个人利益被湮灭，而包括集体利益与国家利益的群体利益被绝对化。在这种制度下，企业、个人不是一个具有独立自主权利的主体，而是一个被安排在某个位置上的"螺丝钉"，其结果必然使人们的才能和个性受到严重的压抑。

三是不患寡而患不均、重公平而轻效率的分配观。按劳分配不仅是社会主义的本质要求，也是社会主义分配的基本方式。但由于在理论上对按劳分配的认识出现偏差，把承认个人利益、个人价值等同于个人主义，进而产生了一种错觉，似乎在社会主义生产过程中共同获得分配的份额，是每个人的权利，平均主义是社会主义制度的应有之义，把按劳分配误解为平均主义，导致在实践中，违背按劳分配原则，造成职工报酬与劳动贡献脱节、职工工资与企业效益脱节等一系列问题。利益分配的平均主义和无偿平调，严重挫伤了劳动者的积极性和创造性。

四是忽视物质利益，过分崇尚"精神力量"的价值导向。把市场经济条件下通行的经济手段都视为资本主义的物质刺激，包括利润、利息、奖金等都被看成资产阶级权利的表现，遵循"忧道不忧贫"的价值准则。同时，受传统道德观和价值取向的影响，道德至上、重义轻利、重精神鼓励轻物质刺激的价值观主导着人们的行为。

此外，东北地区"官本位"为主的体制文化对创造精神的影响尤为突出。因为行政命令对整个社会资源的分配和社会机会的获取具有主导性作用，这便滋生了权利本位的文化意识。构成人们立身行事的思想前提，一些人追求个人仕途升迁，仅听命于上级对自己工作的安排。这不仅束缚人们的手脚，也从根本上制约着市场经济发展。旧观念不彻底清除，新观念就不可能真的树立起来。

尽管东北资源型城市市场化改革进行了几十年，但是，由于非正式制度变迁滞后于正式制度，即人们的思想观念和行为习惯依然停留在计划经济时期，这种习惯于被支配的文化模式所形成的依赖性和被动性，制约了区域内人们内在的主动求变的积极性和创造性，即人们服从心理、依赖意识较强，而独立、自主、创业、竞争意识相对较弱，靠资源、靠政府、靠领导、靠单位吃饭的传统观念和价值体系仍然根深蒂固，直接影响了东北资源型城市的转型与发展。东北地区民营经济发展滞后问题就充分说明了这一点。这种文化观念和价值体系既是计划经济体制在现实中的反映，又作为非正式制度在人们头脑中约束着人们的行为，表现在体制转轨过程中，就是人们的思想解放不够、观念更新不快、步子迈得不大，缺乏开拓创新、勇于探索和敢于挑战的精神。这种固化的思维方式和陈旧的思想观念、价值取向等非正式约束一直在束缚着人们的手脚，制约并阻碍着社会的发展和进步。因此，要真正实现东北资源型城市经济的转型，必须从解放思想入手，构建与社会主义市场经济相适应的价值理念和文化氛围，为制度转型提供强大的思想动力。

三 制度变迁对东北资源型城市的作用与影响

必须看到，中国社会主义市场经济体制改革的进程，就是中国近代史上最重大的一次制度变迁。这一制度变迁的过程，就是以适应市场经济的制度安排取代计划经济体制的过程，即用资源配置效率较高的市场经济制度，去替代效率较低的计划经济制度的过程。换句话说，就是计划经济体制向市场经济体制的转轨过程，其目标就是建立和完善社会主义市场经济体制。

但由于这种转轨是在一定的政治、经济、历史和文化背景下进行的，这使得制度变迁的轨迹具有自我强化的倾向，容易形成路径依赖。道格拉斯·诺斯认为，与技术演变相似，制度变迁也存在着自我强化的机制。"人们过去作出的选择决定了他们现在可能的选择。"当人们最初的路径选择是正确的，那么沿着既定的路径，经济和政治制度的变迁可能进入良性循环的轨道，并迅速得到优化；反之，则可能顺着最初所选择的错误路径走下去，并造成制度被锁定在某种无效率的状态之中。而制度一旦被锁定在无效率状态，人们要想作出新的制度选择就会变得十分困难。从我国市场化改革的轨迹和路径看，也就是从最初传统的计划经济向以计划调节为主、市场调节为辅转变，再从有计划的商品经济向建立社会主义市场经济体制转变的实践探索过程中，遇到的最大问题就是路径依赖，表现在计划经济体制因素始终向新体制渗透，加之这一伟大工程无前人经验可借鉴，采取"摸着石头过河"的办法，使得我们经济体制的各项改革缺乏整体性、协调性和配套性。东北资源型城市也不例外，在制度变迁过程中，旧体制依然对新体制的形成产生非常大的作用和影响，具体表现在以下几点。

（一）建设有中国特色的社会主义市场经济体制的任务尚未完成

从市场体系看，按照建立健全社会主义市场经济体制的要求，无论是市场主体的确立，还是市场体系的建立，以及市场机制的形成和市场规则的制定，都有相当大的差距。作为东北资源型城市最重要的市场主体即国有工矿企业，至今仍未拥有选择市场的充分权利，政企不分以及政府干预企业生产活动过多的问题依然存在。虽然产品市场已经形成，但生产要素市场仍不健全，资源产品要素市场和定价机制尚未形成，市场机制难以发挥作用，加之市场基础建设和维护市场正常运转的法律法规建设滞后，使得许多城市的市场化进程缓慢。从产权制度看，尽管市场化改革以来，国有企业产权制度改革取得了明显进展，建立了国有资产管理机构，但至今尚未建立起一套规范、有序、清晰的现代产权制度。由于旧体制的积弊深重难返，国有经济的产权制度至今还存在一些问题：一是产权过分集中在国家的问题尚未得到完全解决，相对多的政府干预远远没有消除，因而企业的经营自主权和相应的经济利益得不到保障，难以适应市场的变化，损害了企业应得的利益，挫伤了企业和劳动者的积极性。二是国有经济实现形式比较单一。国家所有制内部的产权配置不够合理，中央政府与地方政府、央企与地方之间的责任、权利和利益关系不清晰，各个主体彼此之间容易发生摩擦或互相侵犯，主体的权能不能有效发挥作用，导致利益无法实现。三是国有资产产权主体的代表尚未落实，没有明确到机构和个人身上，不仅抑制了各个产权主体的主动性和积极性，降低了国家所有制的经济效益，而且难以有效维护国家所有制的产权，在国家所有制与其他所有制之间以及国家所有制内部各级政府、各个部门、各个投资主体、各企业之间引起一系列产权纠纷。产权制度问题在东北资源型城市是一个非常突出的问题，无论是工矿企业，还是国有林区，诸多问题都源自产权。因为产权制度是各项市场制度的基础，如果不能将与计划经济相适应的产权制度转变为与市场经济相适应的产权制度，要建立市场经济体制是根本不可能的。因此，加快东北资源型城市产权制改革势在必行。

（二）就业制度改革滞后导致城市隐性失业的显性化

在体制转轨过程中，东北资源枯竭型城市失业问题要比其他城市严重的重要原因，就是计划经济时期东北资源型城市的隐性失业十分突出。由于我国经济体制改革初期没有一个明确的目标，采取渐进式改革，即"摸着石头过河"的办法进行各项经济体制改革，包括以减员增效为主的国有企业改革，实施这项改革的目的就是通过裁减企业冗员来提高企业的经济效益。而企业大量裁员的结果，是城市的大量职工下岗失业，这在东北资源型城市尤为凸显。资源枯竭与减员增效双重作用，使城市出现了大量的下岗职工。失业既带来城市居民收入减少、生活水平的下降，也带来严重的社会问题。尤其是在社会保障制度尚未健全甚至缺失的情况下，失业者大量增加使得社会矛盾加剧。在 20 世纪 90 年代末期，随着经济体制改革的不断深入，资源型城市出现了部分家庭双职工都下岗、生活陷入贫困的问题，由失业产生的犯罪活动也呈上升趋势，失业问题已演变成为东北资源型城市经济社会发展的不稳定因素。

东北资源型城市隐性失业的显性化有其必然。因为在计划经济体制时期，东北资源型城市国有企业就存在着隐性失业。国家为实现名义上的充分就业目标，通过低工资、广就业的手段，为每一个城镇适龄人在国有或集体企业中安排就业。但随着国有企业改制不断深入，企业激励结构的改善与经济理性目标的凸现，在激烈的市场竞争中，国有企业越来越难以承受巨大的冗员负担和随之而来的福利支出负担，依靠牺牲企业效率来达到普遍就业的制度难以为继。尽管转轨时期失业现象的存在具有必然性，但如果在经济体制改革的进程中，注重改革的整体性和协调性、配套性，不是单兵突进，而是尽快建立健全适应市场经济发展需要的相关制度，包括劳动力市场和社会保障制度、住房和户籍制度等改革措施配套，转轨时期的失业问题就能得到有效缓解。但在经济体制转轨过程中，由于缺乏顶层设计，造成制度缺失，从而导致失业问题的出现。

（三）与市场经济相适应的多层次社会保障制度建设不到位

尽管在经济体制转轨过程中，东北资源枯竭型城市已建立起了与市场经济相适应的社会保障制度框架，初步实现了由政府和企业保障向社会保障、由职工保障向城乡全体居民保障的重大制度性变革，但由于社会保障制度不完善、相关政策不配套，包括养老保险、医疗保险和失业保险方面依然存在许多问题。表现在以下几方面。一是保障面过窄，享受社会保障的机会不均等。现行政策只考虑了在职职工问题，没有考虑离退休和过去的厂办大集体问题，国家对资源枯竭型城市退休的老职工养老金补偿问题至今未得到解决。按照现收现付制向基金积累制为主的养老保险制度转变，这些退休老职工个人账户基本上是空的，他们过去的养老金是由国家和企业负责，现在直接要他们依靠个人账户养老是不现实的，而地方财力有限，靠地方也难以解决。所以国家应对他们过去的贡献做出一定补偿。同时，受养老保险金缺口较大影响，按照国家相关规定，厂办大集体的养老保险等社会保障问题还有待于进一步解决。二是保障的社会化程度低，"企业保障"难以为继。社会保障的各项具体项目、措施等应在社会范围内进行，但在目前的社会保障制度下，企业自行根据规定提留社会保障费并直接支付给职工，社会保障变成了实实在在的企业保障。这就使企业背上了一个沉重的包袱，且各企业之间也苦乐不均。因为各企业的经济效益和新老结构不同，一些新兴企业经济效益高、老职工比重少，社会保障负担轻；一些效益不好、老职工比重大的企业则无法支付职工的退休工资、医疗费报销。三是失业保险制度不完善，失业保险资金单一，缺乏有效的管理监督机制。虽然国家颁布了相关规定，建立了失业保险制度，但是面对资源枯竭型城市数量庞大的失业群体，现有失业保险制度的作用非常有限。失业保险在本质上不同于社会救济，它主要是对参保人员在失业期间的基本生活、促进再就业支付的费用。失业保险是由劳动者个人和企业、单位按规定缴纳保险费用从而获得的失业保险权利。而在现实中，往往把失业保险当作失业救济来使用，凸显了现行失业保险制度的不完善。四是医疗保险制度也存在较多问题。保障范围狭窄、参保率低、社会化程度低的问题十分突出；多层次的医疗保障体系尚未真正形成；现有体系中各个层次的运行还没有纳入正轨；职工补充医疗保险、商业医疗保险救助、社会医疗救助和社区医疗服务等还没有得到有效落实；医疗保险费用的征集相当困难，许多企业无钱可缴、有钱不缴和缓缴，造成医疗费用征集不足，至今部分老职工和退休职工的医疗费用没有着落等问题仍然存在。社会保障制度的不完善与不健全直接影响资源型城市的转型与发展。

（四）与社会主义市场经济发展相适应的政府管理体制尚未建立

应当说，计划经济体制向市场经济转轨的核心，就是要处理好政府与市场的关系，使市场在资源配置中起决定性作用，这也是东北资源型城市经济体制改革的重点。早在 20 世纪 90 年代初，党的十四大报告首次提出发挥市场在资源配置中的基础性作用，紧接着十四届三中全会、十五大均提出使市场在国家宏观调控下对资源配置起基础性作用，十六届三中全会进一步提出要更大限度地发挥市场在资源配置中的基础性作用。2003 年中共中央、国务院下发《关于实施东北地区等老工业基地振兴战略的若干意见》中明确指出，体制性、结构性深层次矛盾是制约东北地区经济社会发展的突出问题。然而，市场化改革以来，东北资源型城市的市场体系始终没有解决好这个问题。表现在以下几方面。一是没有厘清政府与市场的关系，没有明确政府与市场的边界。本来市场经济的主体是企业，政府的职能主要是为市场主体服务，通过保护市场主体的合法权益，维护公平的市场竞争环境，激发社会成员创造财富的积极性。但受旧体制和观念的影响，东北资源型城市的各级政府仍没有把市场能够做的事情都交还给市场，政府仍然管了很多不该管、管不了也管不好的事，强政府、弱市场的问题十分突出，因而市场主体难以形成。二是政府与企业的关系也始终没有调整到位。有些城市依然还是政企合一。由于政府与企业在资产关系上还存在联系，因而政企就难以真正分开，政府职能也难以有效转变。三是政府与社会的关系调整也没有到位。特别是作为联结政府与社会的桥梁纽带的社会中介组织，并没有发展起来，强政府、弱社会的问题依然存在。社会中介组织发展不起来，使得政府与社会的合理关系难以形成。四是中央与地方政府之间的关系调整也没到位。尽管以权力下放为主要内容的改革取得了一定成效，但简政放权的措施并没有从根本上理顺中央与地方的关系，尤其是在着力解决经济发展的动力机制方面，没有及时建立起责权利相结合的体制机制，因而在旧矛盾的解决过程中又出现了一些新的矛盾和问题，造成地方保护主义盛行，国民经济发展整体效益受损，地区之间发展不平衡矛盾越来越突出。五是政府职能转变依然没有到位。虽然改革开放以来，进行了几次较大规模的改革，但是效果不明显，至今也没有建设起适应和服务于市场经济运作的公共机构和政策体系，政府直接配置资源的范围仍然过大，对微观经济主体干预过多，提供公共服务不足，市场监管和社会管理薄弱的问题依然十分突出，导致权力腐败现象日益严重，并呈蔓延扩大趋势。

（五）与社会主义市场经济体制相容的非正式制度构建尚未完成

由计划经济向社会主义市场经济转型，不仅是正式制度的创新，也是非正式制度的重构。这一制度的重构过程，就是要形成与社会主义市场经济相容的价值观念，建立具有中国特色的社会主义价值观和道德体系。道格拉斯·诺斯曾经指出："即便是在最发达的经济中，正式规则也只是决定选择的约束中的一个小部分（尽管是非常重要的部分），我们日常在与他人发生相互作用时，无论是在家庭、在外部社会关系中，还是在商业活动中，控制结构差不多是由行为规范、行为准则和习俗来确定的"（道格拉斯，1994）。

尽管在我国经济体制改革转型过程中，非正式制度也正在发生变迁。但作为人们长期交往中无意识形成的、具有持久的生命力并能世代相传的文化的价值观念和道德体系以及习俗根深蒂固，在计划经济体制下人们所形成的价值观念依然"深入人心"，尤其是对东北资源型城市来说，这种非正式制度仍然在发挥着作用，甚至显示出一种比正式制度更加难以变迁的特征。尽管市场化改革以来，东北资源型城市在构建中国特色社会主义理论体系和文化创新繁荣方面取得了重大突破，但适应市场经济发展要求的非正式制度构建没有完成。表现在以下几方面。

一是与建立社会主义市场经济体制相适应的意识形态构建尚未完成。作为当代中国特色社会主义理论体系，无疑是当今中国社会主流的意识形态，它在非正式制度中处于核心地位，尽管它在宏观层面上系统地回答了在一个经济文化较为落后的中国，在社会主义制度建立后，举什么旗、走什么路，如何建设、巩固和发展社会主义等一系列重大理论问题。但在微观层面，在培育现代公民意识、建立与市场经济相适应的价值观念和道德体系、规范约束人们的行为等非正式制度建设方面还缺乏系统的理论阐述。

二是与社会主义市场经济相适应的伦理规范建构尚未完成。伦理规范是非正式制度中的一项重要内容，它支撑着市场经济秩序的正常运转。其功能表现为：有效率的伦理规范有助于确认并强化社会经济秩序，替代或辅助产权界定，减少经济运行中的搭便车、道德风险和偷懒现象。从目前情况看，伦理规范已出现真空，旧体制下形成的已不符合时代要求的伦理规范还没有被新的伦理规范所代替，而从国外市场经济移植过来的伦理规范，难以适应我国的国情，无法本土化，不符合社会主义的本质特征和要求。伦理规范的真空是导致当今社会出现大量的"坑、蒙、拐、骗、赖"行为的最重要根源。

三是与社会主义市场经济相适应的经济道德观念构建尚未完成。经济活动的主体是具有思想意识的人，如果人们从事经济活动时不讲诚信、缺乏经济道德，就不会有正确的经济动机和行为。道德观念的功能在于通过诉诸经济主体的自觉性和能动性，在人的内心形成正当与不正当、公正与偏私等观念，无需外部的强制力量，使经济主体能够自愿地按照一定的道德原则和规范，正确地处理现实生活中的各种经济关系。然而，在实现社会中，存在着大量的道德失范现象，弄虚作假、损人利己、个人诚信和社会诚信缺失随处可见。

四是与社会主义市场经济相适应的良好社会风俗习惯构建尚未完成。风俗习惯是指通过一定的行为规范去建立或影响人们的生存方式、生活方式和行为方式的规范性文化。良好的风俗习惯不仅在市场秩序的建立中具有重要的作用，而且有助于促进人类社会的文明进步，促进物质文明和精神文明的提高，促进人类社会生活水平和生活质量的提高。良好而又符合人性的风俗习惯的建立不仅可以促进社会主义市场经济的发展，也为良好的社会道德体系建设奠定基础。相反，缺乏人性的风俗习惯不仅促使社会出现大量劣质商品和庸俗低级的生活方式，而且给整个社会造成巨大的浪费和伤害。我国当今市场化改革进程中，出现的诸多掺杂使假、强买强卖、假冒伪劣、欺行霸市等行为及其导致的市场秩序的混乱现象，就充分说明了构建符合人性的风俗习惯的重要性。

要看到，非正式制度是减少提供其他制度安排的服务费用的最重要的制度安排，成功的意识形态能有效回答阿罗提出的一个命题，即"雇员听从命令和市民服从法律的程度，远大于以控制机制为基础所作的解释。"特别是随着我国市场化改革的深入发展，中国特色社会主义理论也要与时俱进，不断创新、不断完善、不断丰富和发展。只有坚持解放思想，从实际出发，才能在改革开放的进程中建构成功的意识形态理论，发挥意识形态在经济发展中的作用。

第五章

国外资源型城市经济转型的经验与启示

第一节 世界主要国家和地区资源型城市转型的基本概述

无论发达国家还是发展中国家，资源型城市的形成与发展过程都具有相似性。因而，研究借鉴国外资源型城市或地区转型经验和做法，对于促进我国资源枯竭型城市转型具有重要的现实意义。从对国外相关资料收集整理情况看，一些国家在这方面探索得比较早，积累了一些经验和做法，本章主要选取德国鲁尔地区、法国洛林地区、美国休斯敦地区、日本北九州地区和委内瑞拉加以分析。

一 德国鲁尔地区

鲁尔区是指"鲁尔区城市联盟"，总面积 4435km^2，总人口 550 万。它是德国最大的工业区和欧洲最重要的工业区之一，位于北莱茵-威斯特法伦州的西部，是一个以采煤工业起家的老工矿区，自 19 世纪中叶开始的一个世纪时间里，煤炭产量始终占全国的 80%以上，钢产量占 70%以上。长期以来，该工业区一直以采煤、钢铁、化学、机械制造等重工业为主，百余年来鲁尔在经济上所取得的成就，一直被视为德国人的骄傲。然而，进入 20 世纪五六十年代后，由于世界煤炭产量大增和廉价石油及天然气的广泛运用，使煤炭工业、钢铁工业出现了全球性的不景气，先后遭遇"煤炭危机"和"钢铁危机"。鲁尔地区遭受了同样的危机，特别是在 20 世纪 70 年代中期，随着世界性的经济危机的爆发，以传统的煤炭工业和钢铁工业为主的单一的重型经济结构的弊端日益凸显，鲁尔地区开始走向衰落，不仅陷入结构性危机之中，煤矿、钢铁厂逐个关闭，也面临着严重的失业、大量人口外流、环境污染严重等问题。其中，煤矿由 1945 年的 161 家减少至 1996 年的 6 家，矿工人数由原来的 27 万人减至 1996 年的 6 万人。鲁尔地区资源型产业结构被迫转型。

为了使鲁尔工业区走出困境，20 世纪 80 年代后期，德国政府开始对鲁尔老工业基地实施改造工程。联邦、州、市三级政府共同参与成立劳动和经济促进机构、制定规划和产业政策。为吸引外来投资者，市政府对土地的使用进行规划，向投资企业提供价格优惠的土地。同时建立技术园区，从 1985 年起，分 5 个阶段投资 1.3 亿马克，建设了一个技术园。在此基础上，大力发展手工业和中小企业、生产性企业及服务业，并实施一项三年期的特殊政策，通过德国联邦协调银行提供 9 亿马克的低息贷款，每创造一个就业岗位，就给企业 5 万马克，工人转岗培训费完全由政府支付。在替代产业方面，以汽车、化工、电子以及消费品工业为接续产业，通过发展接替产业改变了整个鲁尔地区的经济格局。在环境治理方面，为填充废井和环境整治提供资金支持，由联邦政府承担 2/3，地方政府负责 1/3，并启动了煤炭补贴税。

鲁尔工业区经过 40 多年的经济转型，已经从煤炭和钢铁制造中心发展成为以煤炭和钢铁为基础，以高新技术产业为龙头，多种行业协调发展的综合新经济区。从产业结构来看，煤钢比重大幅下降，现产值仅占全区的 16%，新兴产业发展势头良好，在信息技术领域中鲁尔区的发展速度在德国遥遥领先。从就业结构来看，煤、钢两大部门职工人数也从 20 世纪 50 年代初占工业部门总数的 60% 降至 20 世纪 90 年代初的 33%，而同期非煤钢工业的就业人数却从 32% 上升到 54%，第三产业部门的比重也从 29.8% 提高到了 56%。尽管经过 40 多年的探索和不懈努力，较为成功地完成了对传统工业区的改造，实现了对传统经济增长方式的根本性变革，基本实现了从传统煤钢工业基地迈向现代欧洲文化之都的转变。但目前鲁尔区的经济增长率仍低于德国平均经济增长率，失业率仍高于德国平均水平，2008 年高达 18%。

二 法国洛林地区

洛林地区位于法国的东北部，面积 2.4 万 km^2，人口 280 万，这里有丰富的煤炭、铁矿资源。19 世纪末期以来，洛林地区一直是法国乃至欧洲的重要工业区，洛林地区经济发展主要依靠铁矿、煤矿等产业，其就业人数占整个地区工业就业人数的近 70%。20 世纪 50 年代后，由于开采成本的上升和进口石油的冲击，这些行业逐渐失去了竞争优势，煤炭和冶金企业大量倒闭，近九成从事煤炭、铁矿的工人失业，由此引发一系列的社会问题。为此，在 20 世纪 60 年代末，法国政府下决心对洛林实施了"工业转型"战略，主要采取的措施包括以下几点。一是彻底关闭煤矿、铁矿、炼钢厂等成本高、耗费大、污染重的企业。二是专门成立国土整治部门，负责处理和解决衰老矿区遗留下来的土地污染、闲置场地的重新有效利用问题。三是用高新技术改造传统产业，大力提升钢铁、机械、化工等产业的技术含量和附加值，延长产业链条。根据国际市场的需求，重点选择了核电、计算机、激光、电子、生物制药、环保机械和汽车制造等高新技术产业作为未来发展的方向。四是制定优惠政策，吸引外资，将转型与国际接轨。同时，创建企业创业园，扶持失业职工创办小企业，由国家资助非营利的"孵化器"，为新创办的小企业无偿制定起步规划，在初期或成长期为之提供各种服务。五是通过加强职工培训、提高工人技能来促进职工重新就业。经过 30 多年的改造，洛林由原来让人很难睁开眼睛的工业污染地，变成了蓝天绿地、环境优美的工业新区，整个洛林地区由衰退走向了新生，成为法国吸引外资的重要地区。

三 美国休斯敦地区

休斯敦市位于美国南部的得克萨斯州，是得克萨斯油田的所在地，在未发现油田时只是个农牧区的小集镇。20 世纪 20 年代，伴随着石油大规模开采和石油化工迅速兴起，休斯敦这个资源型城市也随之形成。20 世纪 60 年代后，休斯敦的油气开采开始出现滑坡，但由于油气资源产业群的逐步形成，休斯敦发展并没有因此减慢，相反，休斯敦未雨绸缪，立足长远，按照"发展主导产业、带动相关产业、完善基础产业"的思路，在开采石油的同时，延长石油产业链，及时培养接续和替代产业，特别是为石油开采和石油化工服务的机械、钢铁、水泥、电力、造纸、粮食、交通运输和通信等产业纷纷发展起来。不仅如此，美国国家航空和宇航中心的兴建，为休斯敦发展航天电子、仪器仪表、精密机械等高新技术产业创造了条件。目前，休斯敦已成为集资本密集型、人才密集型、技术密集型于一体综合城市，实现了可持续发展。休斯敦不仅是全美最大的石油化工工业中心，也是美国的重要港口和商务中心。由于它地理位置优越，交通便利，濒临墨西哥海湾，通过深水运河与墨西哥湾相连，使它成为进出北美大陆的理想门户，成为美国第二大港；而且它通过铁路干线和现代化公路联结美国内陆、加拿大和墨西哥，也使其成为重要的国际商务中心。休斯敦之所以从一个小镇发展成为全美人口增长最快的城市和繁荣的现代化城市，从依赖油气开采的石油城市转变为持续发展的综合型城市，就是因为对经济转型的未雨绸缪。

四 日本北九州地区

日本 16 个产煤地域分布在北海道、北九州地区的六个道县。20 世纪 60 年代后，煤炭资源趋于枯竭，开采成本不断升高，且受到廉价石油的冲击，煤炭工业大幅度下滑，产煤地区出现了严重的经济衰退。随着煤矿的大量关闭，煤矿工人大规模外迁，主要煤矿城市人口减少了 60%～80%，核心地域人口减少了 1/3；就业比例只有全国平均水平的一半，生活救济者比例高出全国平均水平 2 倍以上；财政陷入严重的困境，地方税比例下降了 2/3，各种扶助费的比例则为全国的 2 倍。

面对煤炭价格竞争力逐步丧失的现实，日本政府决定放弃代价高昂的煤炭行业保护政策，绝大部分煤矿相继关闭，只剩下少数高效率煤矿进行现代化装备改造。同时，采取了一系列结构调整援助政策，兴办现代工业开发区，吸引大批区外企业进入产煤地域，并按新的产业政策扶持新企业发展。针对产煤地区的发展困境，日本政府于 1961 年实施了产煤地域振兴临时措施法，1963 年颁布了产煤地域振兴基本规划和实施规划。1962～1991 年，日本政府总共 9 次修订煤炭政策，并制定了一整套相应的具体对策。煤炭政策的基本思路由早期的确保煤炭的稳定供给，维持产煤地域的经济繁荣，转向后期的不断调整国内煤炭工业的结构，由依靠国内产煤转向依靠国外煤炭进口。按照相关的法律和政策，1962 年通产省与建设省合作设立了产煤地区振兴事业团，重点在基础设施、职工培训等方面，为产煤地域改造发展创造有利条件。产煤地区振兴事业团主要承担工业用地的建设与转让、废矿山的处理、有关公共基础设施的整顿、工矿经营者的设备和资金融资等，为产煤地域工矿的振兴提供相关服务，目的在于吸引工业企业进入，发展替代产业。对进入产煤地区的企业、在产煤地区新设和扩大设备能力的企业以及提供新的就业机会的企业，减少甚至免除其负担的地方税和法人税；对到产煤地区投资的企业，实行设备折旧年限更短的优惠措施。同时明确规定，享受特别贷款及租税特别措施的企业，其职工总数的30%必须是原煤矿工人或他们的家属。

在日本政府的支持下，北九州地区通过建设和完善基础设施、大规模填海造地以及产业优惠政策，吸纳太平洋沿岸地区的外溢资金，引进三菱重工、日立造船、日产汽车、东芝公司、日本电气等国际知名企业，实现了产业和就业转换。20 世纪 70 年代，建设了多个现代化大机场，为尖端产业的发展提供了良好条件。电子技术企业争相在机场周围建厂，逐渐发展成闻名于世的"硅岛"，并向技术密集城市迈进。尽管日本产煤地域的转型是痛苦的，但也是成功的。1940 年原煤产量曾达到 630 万 t，到 1994 年煤炭产量降到 67.4 万 t，2003 年所有矿井彻底关闭。经过长达 40 年的转型发展，最终使北九州地区的经济结构得以转换，使之由传统的产煤区转换成为日本新的高技术产业区。

五　委内瑞拉的玻利瓦油田

委内瑞拉是一个历史悠久的石油生产国。面对资源枯竭问题，委内瑞拉的资源型城市产业转型采取了自由放任型策略，即政府没有采取任何转型的措施。委内瑞拉的玻利瓦油田坐落在马拉开波湖东岸，曾在世界特大型油田中排名第三位。其发现于 1917 年，由若干个大油田组成，1976 年产油量达到顶峰，达 14 925 万 t。此后，产量急剧下降，1986 年降至 6082 万 t。玻利瓦油田除石油开采外，没有其他产业，甚至石油加工业也没形成。这种完全依赖石油开采业的城市只能因石油开采业衰退而萎缩。

上述国家和地区实践表明，依托不可再生资源的资源型城市不能自然保持其稳定发展。资源的储备量从一开始就决定了企业的生产规模和服务年限，决定了城市以资源产业为主导功能的时间长短。伴随着资源产业生命周期，城市必将面临转型和可持续发展的严峻考验。

第二节　世界主要国家和地区资源型城市转型的经验与做法

一　重视立法和规划制定，为资源型城市转型提供法制保障

为确保资源型城市的转型，许多国家都通过立法等形式，为资源型城市经济转型提供法律和制度上的保障。例如，美国出台了《矿物租借法》、《联邦煤矿租赁法修正案》；欧盟制定了《欧洲复兴计划》；法国制定了《国土整治规划》；日本颁布了《煤矿离退人员临时措施法》、《产煤地区振兴临时措施法》和《第九次煤炭对策大纲》；英国出台了《煤炭工作私有化方案》；原苏联出台了《整顿和关闭无前途严重亏损矿井和露天矿的基本原则》和《煤炭工业多种经营的基本原则》等。

相比其他国家，德国政府制定的规划最为详细具体。1969 年德国政府制订了《鲁尔区域整治规划》，明确整治的基本原则是：以煤钢为基础，发展新兴工业，改善经济结构，拓展交通运输，消除环境污染。确定整治的目标是：在核心地区及主要城市控制工业和人口的增长；在具有全区意义的中心地区增设服务性部门；在工业中心和城镇间营造绿地或保持开阔的空间；在边缘地带迁入商业；在利伯河以北的鲁尔河谷地及其周围丘陵地带开辟旅游，为人们提供休息和娱乐场所。这就确定了稳定第一地带（鲁尔河一带煤钢的集中区域）、控制第二地带（中部重新规划区）、发展第三地带（鲁尔河东、西部的新兴工业和第三产业区）的具体整治方案。

同时，这些国家也都相应建立了相关的组织机构，负责转型的具体事宜。包括：①转型管理机构，如欧盟的"钢铁与煤炭组织"、德国"鲁尔煤管区开发协会"、法国"国土整治与工业转型部"、日本"地域振兴整顿公团"等；②转型研究机构，如"欧洲资源转型与调整中心"和德国鲁尔区一些县、市成立的"经济

促进会"等专门从事经济转型的研究机构;③中小企业培育机构,如欧盟的"欧洲企业创新中心"、法国洛林的"企业园圃"等;④中介和培训机构,即专门从事职工再就业的中介组织和培训工作,如日本的"公共职业稳定所"、英国的"再就业安置所"、德国鲁尔区的"跨行业的再就业培训中心"等;⑤资金筹措机构,如欧盟基金会、法国基金会等,负责经济转型资金的筹措。

二 制定优惠的财税政策,为资源型城市经济转型提供资金支持

无论是日益萎缩的传统产业的善后安置,还是新兴产业的起步,都需要大量的资金支持。因此,各国都通过制定和实施优惠财税政策来扶持资源型城市经济转型。法国为扶持老工业区发展,设立了地区开发奖金、工业自应性特别基金、工业现代化基金等,对资源型地区进行资金倾斜;同时,通过对行业税、劳工税、不动产转让税、公司税、所得税等税收不同程度和时间的减免来吸引外来企业进入老工业区。德国规定:凡鲁尔区的各市、县失业率达 15%以上、人均收入为西部人均收入 75%的地区,均可申请联邦政府的资助。凡经过州或国家批准的一般性项目,可获得占投资额 28%的政府资金。环保和废厂房利用等项目,可获得投资额 80%的政府资金。政府资助金由联邦政府和州政府各承担一半。1989~1999 年,仅德国北威州就获得各项资金累计 21.8 亿马克,用于促进就业、扶植中小企业、技术开发、基础设施改造、环境治理、人力资源培训和技术服务等。大量的经济补贴、税收减免以及用地政策为鲁尔区成功转型发挥了巨大支撑作用。日本专门为产煤地域制定了吸引企业、兴建基础设施、支援地方财政的优惠政策。对进入产煤地域的企业设有长期低息的设备资金融资和长期运转资金融资及工业园地的建造和长期低利转让等,税制上的优惠措施表现为地方税(含不动产所得税、固定资产税、事业税)的减免,而所在地方税收减收额的 80%由国家补贴。用于兴建基础设施的利息补给额仅 1965~1994 年就达到 355 亿日元。从 1965 年开始,日本政府对产煤地域的小水系水源开发给予最高至 35%的事业费补助,并从 1967 年起将此标准上调至 45%。对购置转型地区的土地、建筑物、设备等,在国税方面采取特别减税措施。地税方面,对于煤炭产业创办企业的,只要土地占用面积达到一定数量,设备折旧后资产超过 1700 万日元的,其所占土地不予缴税。

三 设立专项转型基金和融资平台,为多渠道筹资创造条件

由于资源型城市产业转型所需资金数量巨大,单纯依靠政府财政资金投入,各国都无力承担。因此,发达国家在资源型城市转型过程中,除了政府投资外,

还专门设立产业融资平台，调动社会力量，多种渠道吸引社会各类资本，包括设立专项基金、利用金融组织贷款或资助、利用外资等，以解决资金不足问题。例如，欧盟成立之初，目标之一就是煤炭钢铁区域的复兴，并为此建立了相应的发展基金，包括地区结构基金、欧洲复兴基金等，用于解决转型中的重大问题。德国、法国等也都设有专项基金。法国政府设立的工业转型基金每年达 34 亿法郎。

在融资方面，各国政府都为城市转型的一些融资项目提供低息贷款。一些发达国家政府通过引导专业化金融公司，实现对在资源型城市新建企业的资金支持。1984～1987 年，法国促进矿区专业化金融公司累计投资 13.5 亿法郎资助了 630 个转型项目。日本政府对煤炭产业创建企业设流动资金、设备、购置土地等专项贷款，并规定在关闭煤矿和煤矿毗邻地区创办企业且安排 30% 的下岗职工，或在开采矿区创办企业，可享受"特别低利"贷款，对继续留在煤炭产区的中小工商业者给予经营和设备低息贷款等。

在利用外资方面，各国政府都在用地、融资、税收等方面给予了一定的优惠政策，积极吸引外来投资者，利用外资弥补资源型城市经济转型资金的不足。例如，法国的洛林地区在利用外资方面，对土地价格、建设厂房、安置就业、超过一定规模的投资等方面的资助政策非常优惠，许多外国企业非常愿意到洛林投资兴业，到法国投资的外商 50% 都集中在洛林地区。到 2000 年年底，洛林地区共吸引德国、美国、英国、意大利等国资金和企业创办企业 412 家，吸纳劳动力 6.5 万人，利用外资额占企业投入的 54%。德国政府制定了特殊的引资政策，在贷款等方面给予优惠，并鼓励个人创业，使新建与迁入的企业如雨后春笋般不断涌现。仅 1958～1973 年，鲁尔地区新建和迁入的企业就达 459 家；1985～1988 年，新建企业数量增加了 41%，大大超过了同期全国平均水平。这些企业的兴建和产业的形成，使鲁尔区经济结构得到了调整与提升。

（四）积极扶持中小企业发展，充分发挥其在城市经济转型中的作用

积极扶持、充分发挥中小型企业在资源型城市经济转型中的作用，是各国政府的共同做法。与大型企业相比，中小型企业虽然在资金、技术和人才等方面处于劣势，但中小型企业在解决就业和实现社会公平等方面发挥了不可替代的作用。尤其在资源型城市转型过程中，中小企业的作用就更为突出。法国洛林地区为了培育中小企业，专门建立了企业园区，帮助新成立的中小企业制定起步规划，为中小企业开创初期提供各种服务。仅在洛林地区就有 16 个"企业创新中心"，先后帮助几万人创办企业。一个企业创新中心可扶持创立 20 个新企业，帮助 10 个企业转型，并使新创立的企业在 5 年内的存活率达到 80%。德国鲁尔区由政府

向购买废弃土地者提供低息贷款，用以建设新工厂，对建立新企业提供就业赠款。为解决中小企业融资难的问题，政府还设立基金，为中小企业提供优惠贷款和信用担保；设立州内跨行业的培训中心，采取脱产、半脱产和业余培训等灵活多样的形式，为中小企业培养各类专门人才；同时，颁布了《关于中小企业研究与技术政策总方案》等有关文件，帮助中小企业开展技术创新、改造和技术引进；修订完善了旨在保护和扶持中小企业的《反对限制竞争法》。英国政府制定了《企业扩张计划》，为中小企业提供资本和技术咨询，增加对中小企业的贷款额度。在产业衰退地区，小企业每创造一个就业机会，就给予 3000 英镑的投资补贴。美国在 1953 年通过了小企业法案，并且政府专门成立了为小型企业提供融资、经营、技术、法律等方面服务的小企业管理局。日本不仅通产省设有中小型企业厅，地方政府也设有相应机构，一起构成了中小型企业的行政扶持体系，再加上中小型企业振兴、共济事业团等民间团体，这就形成了官民结合的中小型企业扶植指导网络。同时，日本设有专门面向中小型企业服务的金融机构，这些金融机构不仅以优惠条件向中小型企业贷款，而且为中小型企业从其他金融机构贷款提供信用保证。为促进资源枯竭地区中小型企业的发展，日本政府专门颁布了《特定不景气地域中小型企业对策临时措施法》和《产地中小型企业临时措施法》。

（五）利用高新技术改造传统产业，促进资源型城市的可持续发展

在资源型城市转型过程中，各国都非常重视采用高新技术改造传统产业。特别是利用高新技术对钢材、机械、化工、电厂等传统工业进行改造，提高其专业化、自动化和集约化水平，进而提高其产品的科技含量和附加值。例如，法国洛林的钢铁公司通过技术改造，生产市场短缺的汽车板材、镀锌板等，将钢铁工业的附加值提高 1 倍以上；电厂采用流化装置，既可利用洗煤剩下的煤泥发电，又不产生污染，属世界先进水平。德国鲁尔区在关闭亏损煤矿的同时，把采煤集中到资源丰富且机械化程度高的大矿井，提高生产集约化程度；大量增加投资，利用低息贷款大幅度提高了采煤作业的机械化程度和生产效率；实施补贴政策，平抑进口煤与国产煤差价，保持和提高煤炭工业的竞争力。在煤炭企业进行改组和改造的同时，对钢铁工业也进行了大规模的改组和改造。同时，非常注重发展第三产业。德国鲁尔地区自转型以来，服务业吸收了煤炭和钢铁工业裁减下来的40%的劳动力。在发展传统第三产业的同时，鲁尔区采取多种措施，大力发展电子数据处理和软件开发等新兴第三产业，不断扩大第三产业的领域。1981～1991年，鲁尔区第三产业的就业人数由 98 万人增加到 120 万人，占劳动力总数的比重由 47.1%上升至 55.8%。截至 20 世纪末，鲁尔区煤、钢的从业人员只占 8%，

服务业从业人员占 63%。法国洛林地区转型初期，工业就业人数就占总就业人口的 39%，第三产业占 46%；而到 1998 年，工业就业的比重只占 22%，第三产业占比则上升到 66%以上。

不仅如此，美国、加拿大、澳大利亚等国，在 20 世纪 80 年代，企业开始采用一些新的开发方式——长距离通勤（LDC）的开发模式，即在不适合建立城镇的地区，建立最低限度的生活保障设施，甚至是移动房屋构成的营地，供工作人员使用；对于居住在远离矿区的中心城市中的职工及其家属，采用轮流上岗的办法完成资源开发工作。由于交通、通信等支持条件的日益发达，该模式越来越被其他国家和地区所青睐，且已成为资源开发选择的主要形式。近年来，我国在开发新疆的油气资源时也采用了这种做法，这就避免"矿衰城衰"现象的出现。

（六）强化下岗人员转岗前的培训，提高其就业和再就业的能力

资源型城市经济转型的最大难题是人员的安置和再就业问题，妥善安置下岗人员，创造稳定的社会环境，是保证资源型城市顺利转型的前提。许多国家针对传统产业从业人员文化素质低、业务技能单一、难以适应工业转型实际和新兴产业发展需要的特点，因地制宜，采取大规模的职工培训等多种措施，妥善安置关闭企业的失业人员。在已有社会保障制度的基础上，采取了进一步的针对性措施。

欧盟各国在采取提前退休和补偿等措施的同时，区分情况组成了若干培训中心，对转岗工人进行培训，鼓励创办的新企业提供就业岗位。同时，建立预警系统，并要求企业采取提前退休和补偿等措施。德国的具体做法是：组建了若干个不同类型、不同专业、不同层次的培训中心，进行有针对性的培训。培训中心与各招工局联网，负责为每位参训者提供两个以上的就业机会。为转岗人员提供"转业培训津贴"，帮助其实现再就业，且企业每安排一名下岗人员奖励 5 万马克。对吸纳关闭企业人员的新建企业提供补偿，补偿额为接受就业人员工资额的 60%～80%，补偿时间为 3～12 个月。对每位失业人员提供失业保险 800 马克/月。法国政府规定企业职工必须定期离岗参加培训，培训时间一般为 2 年，特殊岗位为 3～5 年，培训费由国家支付，培训期间参训者可领取 70%的工资，且由企业支付。为每位失业人员提供 2 万～3.5 万法郎（3600～6500 美元）的培训费。法国洛林地区为转岗人员介绍职业，并对其进行必要的基础培训和专业培训，使其掌握适应新工作岗位要求的新知识和技能。同时，全面实行合同制，取消录用制，让在矿井内工作到一定限度、达到指定年限的矿工提前退休，并给职工一定数量的补偿金。对年轻矿工采取转移的方式，转移到生产能力较大的矿区，或从煤炭领域转移到其他领域。

日本对煤矿人员采用提前退休的方式，规定年满 55 岁的煤矿工人启动养老保险，关闭矿人员 52 岁即可启动养老保险。矿工提前退休期间的补助金相当于休假工资，为月薪的 60%。同时，对其再就业实施高强度的财政资助和政策优惠，凡是煤矿退下来的从业人员都要经过培训，培训由煤炭企业和接收单位负责进行，分别给每人一年工资的 3/4 或 2/3 作为培训费用，并支付给参训人生活补贴，每人每月可向政府领取生活补贴金，以 3 年为限直到找到工作为止。

加拿大采用紧急经济援助、再培训、搬迁及工作分享等措施进行人员安置，并且建立了社区赔偿基金和专项保险机制，由政府、公司和工会组织注入社区基金，用作赔偿、搬迁和再培训的费用，而不是直接对产业进行补贴。同时，建立了预警系统，公布公司关闭工厂或者放弃矿区的计划，给其他公司、地方政府、工人及其家庭留出足够的时间来逐步适应这一变化。这与美国给被辞退员工一次性支付补偿金，然后由其自谋职业的做法明显不同。

七 注重生态环境治理，为资源型城市转型提供良好的投资环境

在资源型城市转型的过程中，各国非常重视环境保护和生态环境的治理，都颁布了环境保护相关法律法规，明确政府和企业在资源开发方面的权利和义务，并加大对环境保护治理的投入。如德国鲁尔区，早在 1966 年就编制了鲁尔区的总体发展规划，并适时进行了修改。在规划的指导下，建设了连接区域内各城市的高速公路网，形成了快捷的交通系统，加强了区内城市间以及与外部的联系。德国《矿山法》对地区开发、复垦及资金来源等方面都作了明确规定，要求企业主必须对矿区复垦提出具体可靠的措施，必须预留足够的复垦专项资金，对因开矿所占用的森林、草地进行异地等面积的恢复，其专项资金的数量由复垦的任务量确定，一般占企业年利润的 3%。同时，对开发和复垦制定了严格的环保要求和质量标准，对露天开挖出来的土壤要分表土层和深土层分类堆放，确保复垦后能够迅速恢复地力，矿水抽出后需经过人工芦苇湿地生物处理后才能排入河流或湖泊。目前已复垦的耕地、草地、森林和人工水面错落有致，面貌焕然一新。自 20 世纪 70 年代以来，德国鲁尔区北威州政府投资 50 亿马克用于环境保护治理，并成立了环境保护机构。日本为改善产煤地域的投资环境，采取融资优惠、税收减免等措施，并且地方税收的减收额主要由中央政府补贴。还由政府成立了产煤地域振兴事业团，后改组为地域振兴整顿公团，主要从事废矿山的处理、土地平整、基础设施建设和工业园地的建设与转让。其他各国也十分重视环境整治和基础设施建设，并且强调规划的重要性。由于自然环境和一部分基础设施具有公共物品的属性，政府都为此进行了大量的投资。

第三节　国外资源型城市转型与改造给我国的启示

各国在实施资源型城市转型方面所采取的方式和手段尽管千差万别，但都符合本国的国情，不存在孰优孰劣。不同国家和地区选用适合自己方式，就是经济社会成本最低、效果最好的。因此，我国在学习借鉴他国经验和做法时，不能机械地照抄照搬，一定要结合我国实际，择其精华加以利用。总结归纳国外资源型城市转型的经验与做法，有以下几方面值得我国学习和借鉴。

一　发挥各级政府在资源型城市经济转型中的主导作用

从国外资源型城市转型的实践看，要真正使资源型城市尽快走出困境、实现经济转型，单纯依靠市场的力量是不现实的。无论在什么体制条件下，各级政府都在转型中发挥着至关重要的主导作用。国外经验表明：资源型城市的转型不单纯是一个城市自然发展变化的过程，它是一个城市长期发展战略的选择问题，具体包括城市一系列经济社会的中长期战略发展规划的制定是否科学，转型战略选择是否符合本地实际情况，具体实施的效果如何，都与各级政府在资源型城市转型中的职责和作用密不可分。特别是政府与企业之间的分工、协作与互动都离不开政府的作用，包括城市发展的整体规划、城市基础设施建设与运营管理、城市环境整治与改造、城市接续产业选择与发展、下岗职工的培训与再就业、社会保障体系的建立与完善等方面都离不开政府的政策支持。尤其是在当前我国经济和社会体制转型的特殊背景下，在政府主导型的发展模式下，如何理顺、协调处理中央、地方（省、市）、企业三者之间的利益关系，确保资源型城市转型过程中微观和宏观经济社会问题的有效解决等重大问题，都要由相关政府机构和部门来承担。

二　成立负责协调资源型城市经济转型的专门机构

从各国的实践经验看，成立专门的转型领导机构是资源型城市转型成功的重要保证。资源型城市经济结构调整和产业转型既是一个漫长的过程，也是一项复杂的工程，它涉及经济社会的方方面面，各部门和各地区之间，如果没有统一的协调和控制，必然造成"有好处的时候事事有人管，有麻烦的时候事事无人管"的局面。尤其在现有财税体制格局下，在中央与地方、企业之间、中央各部委之间、地方各级政府之间的矛盾和利益冲突不断的情况下，如果没有专门的机构，转型工作就很难顺利推进。就中央、地方和企业之间的关系来说，尽管中央、地方和企业在资源型城市转型过程中，职能分工是明确的，但在目前这种行政管理体制和财税管理体制所形成的收入分配体系的格局下，中央、地方和企业始终处于一种利益博弈状态，这种博弈行为既发生在中央与地方政府之间，也发生在中央、地方政府与大型资源开发企业之间，因此，包括资源开发在内的收益分配、利税体系、政策格局等都迫切需要进行改革和理顺。为此，必须成立专门的领导机构。这种机构既要有一定的权力，又承担相应的责任；既能代表全局利益，又能同各方进行交流。机构人员构成要由各部门领导和各方专家组成，针对资源型城市的发展现状，借鉴国内外各地区的转型经验，有针对性地提出切实可行的整治和发展规划、措施与方案，具体负责资源型城市的经济转型工作。

三 强化规划对资源型城市经济转型的引领和指导作用

从国外的实践情况看，随着人类对资源型产业和资源型城市发展规律的认识与把握，资源型城市转型与发展必须要做到超前规划，不能等资源型城市出现资源枯竭、产业衰退，经济社会出现重大问题时，才研究其转型。要做到未雨绸缪，在资源储量探明的情况下，在资源尚未决定开采开发前，中央和国家职能部门就要超前研究，并将其纳入国家中长期发展规划中。在国家经济社会总体发展规划指导下，编制中央与地方对资源开发开采的具体实施计划，具体包括资源开发模式、开发方式选择以及对城市发展人口规模的定位、城市产业链条延伸与定位等。这种规划绝不是一种"应急性的"、为解决一定时期内某些"特定问题"而制定的短期计划，而是一种在对整体经济发展目标、条件进行深思熟虑，经过专家充分论证后作出的决策，并通过一系列政策工具的作用来实现。做出这样规划的目的就是要防患于未然，发挥国家在宏观调控中的作用，发挥政府在立法手段、经济杠杆和产业政策中的作用，根据不同区域的经济条件和特点，按照对不同行业、不同企业实行分类管理的原则，使资源型城市当前与长远、全局与局部、总量与结构有机结合起来，使其发展的均衡性、协调性和可持续性三者有机结合起来。

四 加强资源型城市可持续发展的制度建设

重视和加强制度建设，不仅是实现资源型城市转型成功的重要条件，也是国际通行的一种做法。世界上许多资源型城市的转型都离不开国家政策扶持，而国家政策支持主要体现在法律法规的制定上。世界上主要发达国家都先后制定了一系列确保资源型城市经济转型的法律法规，这些法律法规均从不同方面对资源型城市的转型起到了约束或促进作用。就目前情况看，我国还没有建立起相关的法律法规体系，无论是国家层面，还是地方层面，都没有建立起相关的法律法规体系。包括资源型城市产业援助补偿扶持政策机制、生态环境治理、关闭破产企业下岗人员的培训与再就业、失业和社会保障体系，以及各级政府在转型中职能确立等方面制度建设还尚未完成，基本上还是以领导讲话和政府红头文件为主。因此，有必要在借鉴国内外资源型城市转型经验的基础上，尽早出台一部相关法律，以便在实际工作中做到有法可依，克服工作的随意性，切实提高资源型城市转型的质量，把城市转型推上健康有序的运转轨道。同时，要坚定不移地推进改革开放，通过完善社会主义市场经济体制，深化产权制度改革，强化市场在资源配置中的决定性作用。通过完善价格和竞争机制，建立灵活高效的市场传导机制，构建充满活力的微观经济主体，从根本上解决所有制单一所带来的弊端，减轻市场配置中的外部不经济和资源浪费问题。通过制度建设和深化对内对外开放，鼓励和引导民间资本、境外资本积极参与老工业基地接续替代产业发展和主导产业转型，为资源型城市经济转型提供体制保障和环境支持，使制度变革适应产业结构调整的需要，通过产业、制度和意识形态之间的新组合，实现"熊彼特"式的创新结果。

五　重视教育事业在资源型城市经济转型中的重要作用

借鉴国际经验，发达国家资源型城市转型之所以在短时间内取得成效，最重要的因素不是物质资本，而是人力资本。高素质的人力资本不仅是实现资源型城市转型的决定性因素，也是实现资源型城市产业结构升级优化的重要因素。要实现资源型城市的可持续发展，必须要走自然资源开发与人力资源开发相结合的道路，高度重视资源型城市教育事业的发展，树立教育优先的战略思想，加快高端专业人才和高技能职工的培养。无论是发展接续产业，还是发展新兴产业，都需要强大的智力资源作支撑。德国、日本之所以是世界经济强国，关键是重视教育。它们是全世界最重视教育的国家，也都是由于长期重视发展教育事业，提高人力资源的水平，包括人的文化素质、劳动力熟练程度、企业家精神、组织管理水平等，才能在资源枯竭的情况下发展起新兴产业和高技术产业，从而实现"矿竭城荣"的局面。

研究表明，教育是保持一个国家或地区具有持续竞争力的决定性因素，教育承担人口改造和城市发展的重担，德国鲁尔区就是一个典型例证。鲁尔区是一个老工矿区，在从单一的煤矿城市到钢铁城市、化工城市，再到综合性城市的发展历程中，教育发挥了至关重要的作用。其转型的第一步选择就是从教育抓起，抓住新技术革命的契机，树立教育优先的战略思想。从 1962 年鲁尔区建起第一所大学——波鸿鲁尔大学开始，陆续建起一批新型综合大学、高等专科院校以及相关的新兴学科。如今的鲁尔区拥有 6 所综合性大学和 8 所专科院校，鲁尔区也从一个没有大学的地区成为欧洲大学密度最大的工业区。各个大学在不同工业领域与企业开展合作，尤其是高新技术和通信企业。大学和研究机构联手成立"技术转化中心"，为产业结构的转型输送技术成果。在科研方面，北威州先后建立了 21 个高级专业研究中心，以及涉及微电子、信息技术等领域的其他研究中心，并已发展成为欧洲最重要的十大科技创新区之一。

第六章 国内部分资源枯竭型城市经济转型的实践与探索①

我国资源型城市经济转型实践与探索历经十余年。十余年来，在党中央、国务院的正确领导下，我国逐步建立起国家有关部门推动、省级人民政府负责、资源型城市为主体的上下联动、协调配合机制，形成了较为完善的政策支持体系，取得了阶段性成果。国内各资源枯竭型城市坚持以科学发展为主题，以转变经济发展方式为主线，积极推动资源枯竭型城市经济转型，并取得了显著的成效。从国内首批资源枯竭型城市经济转型实践与探索情况看，它们的一些经验与做法不仅符合国情、省情和市情，而且具有中国特色，更有很强的代表性、示范性和推广价值，它们的实践与探索为国内其他资源型城市转型与可持续发展提供了有益的经验。为探寻我国资源枯竭型城市经济转型的科学发展之路，建立和完善我国资源枯竭型城市经济转型的扶持政策体系，本章将选择近年来国内资源枯竭型城市经济转型取得成效的 7 个城市和 1 个新兴煤炭资源型城市，即辽宁省阜新市、盘锦市，吉林省辽源市、白山市，黑龙江省伊春市，甘肃省白银市和湖北省大冶市等国家首批资源枯竭型经济转型试点城市，新兴煤炭资源型城市为内蒙古自治区的霍林郭勒市，通过对上述 8 个不同类型城市的实地调研，对其转型实践进行观察、研究与分析，并总结出共性经验，以便更好地为全国其他资源型城市的经济转型提供思路，推动我国资源型城市的可持续发展。

第一节　阜新市（煤炭）资源枯竭型城市转型的实践与探索

一　阜新市的基本概况

阜新市位于辽宁西北部，东接沈阳，西连朝阳，南靠锦州，北邻内蒙古自治区，是连接东北与华北二条大通道上的重要节点城市和辽西蒙东地区的重要交通枢纽。阜新 1940 年建市，所辖两县五区，并有省级经济开发区和高新技术产业园区各一个。全市总面积 10 355km²，总人口 193 万，其中城市人口 78 万。

阜新市是一座典型的"因煤而立、而兴、而衰"的资源枯竭型城市，其煤炭

---

① 本章所涉数据引自各资源枯竭型城市统计年报和地方政府上报国家发展和改革委员会的年度工作报告。

开采不仅有一百多年的历史，而且煤炭产业在阜新经济社会发展中占有举足轻重的地位。"一五"时期，国家156个重点项目中的4个煤炭和电力工业项目建在阜新市，包括新中国第一座大型机械化、电气化露天煤矿海州露天煤矿和当时亚洲最大的火力发电厂。因此，阜新成为新中国最早建立起来的能源基地之一。50多年来，累计生产煤炭7亿t，发电2000亿kW·h，为国家经济建设作出了重要贡献。但由于矿产资源的不可再生性，阜新的煤炭产量逐年减少，部分矿井关闭停产。从20世纪80年代开始，阜新经历了由盛转衰的发展历程，陷入了"矿竭城衰"的困境。具体表现在以下四个方面。

（一）发展速度慢，经济总量小

"九五"期间，阜新市GDP年均增幅仅为2.1%。2000年阜新经济总量仅为65亿元，占辽宁省的1.4%，排在全省最后。人均GDP为3391元，仅为辽宁省平均水平的31%。第二产业比重仅为38.9%，比全省和全国平均水平分别低9.7和12个百分点。其中，煤炭工业在第二产业中所占比重为34%，工业总产值、工业增加值、产品销售收入等指标均居辽宁省末位。地方销售收入超亿元企业只有4户，最高的也不足2亿元。

（二）地方财政入不敷出

阜新市财政基本是"吃饭财政"、"补贴财政"，是辽宁省14个地级市中唯一1个市级和7个县区全部享受省补贴的城市。2000年阜新市地方财政一般预算收入仅为4.2亿元，人均218元，仅为全省平均水平的30.5%。财政收入除保证行政正常运转外，每年用于基本建设支出仅有1000万元左右，城市维护支出仅为全国平均水平的19%。经济落后和财政困难形成了互为因果又相互制约的恶性循环。

（三）就业和再就业问题十分突出

2000年年底，阜新市下岗失业人员达到15.6万人，占阜新市全部职工人数的36.7%。城镇人口登记失业率高达7%，居辽宁省首位。每年下岗失业人员以2万人的速度递增，而吸纳解决就业能力只有8000人左右。大量人员失业不仅导致城镇居民生活水平大幅下降，而且引发了严重的社会问题。

（四）城区多数群众处于贫困状态

2000年，阜新市城镇居民人均可支配收入为4121元，相当于全国和辽宁省的65.6%和76.9%；农民人均纯收入1058元，仅为全国和辽宁省的47%和44.9%。矿区人口占市区人口总数的一半以上，煤炭行业职工占全市职工的1/3。全市月收入低于最低生活保障线 156 元的特困群众超过 18 万人,占市区人口的 1/4。特困职工家庭生活基本靠政府和组织救助维持。煤炭开采所形成的 101km^2 沉陷区,威胁着阜新市 8 万多居民的生命和财产安全,全市有 387 万 m^2 的棚户区无力改造,矿区人均住房面积只有 6.6m^2。

基于阜新市因煤炭资源枯竭所带来的一系列经济社会问题,早在 21 世纪初,阜新市就开始研究城市经济转型的问题,2001 年 5 月,阜新市第九次党代会作出了以结构调整为主线,实施经济转型的重大决策。同时,阜新市的问题也引起了党中央、国务院的高度重视。2001 年 8 月,时任国务院副总理李岚清到辽宁视察,在听取辽宁省委、省政府关于阜新市资源枯竭型城市工作情况的专题汇报后提出,辽宁省要把资源枯竭型城市经济转型的问题作为当前和未来一段时期的重大课题来研究。2001 年 12 月 14 日,李岚清副总理和吴邦国副总理共同主持召开国务院专题办公会议,会上确定阜新市为首个全国资源枯竭型城市经济转型试点城市。

二　阜新市经济转型取得的阶段性成果

阜新市经济转型历时十年,在国务院、国家有关部委和辽宁省委、省政府的高度重视和支持下,以及阜新市广大干部群众共同努力下,转型试点工作取得了阶段性成果。

(一)经济发展实现了历史性的突破,接续产业支撑作用显现

十年转型,使阜新市经济结束了长期低速徘徊的局面,地区生产总值增速连续四年居辽宁省之首。阜新市地区生产总值由 2001 年的 70 亿元上升到 2010 年的 361.1 亿元,年均增长 17.8%;人均 GDP 由 3643 元增加到 18 775 元,年均增长 17.8%;一、二、三产业结构调整为 25.7∶41.2∶33.1。规模以上企业由 200 户增加到 395 户,实现产值 169.3 亿元,占规模以上企业的比重为 38.2%。全市产值超亿元的企业由 2001 年的 5 户增加到 2010 年的 76 户;产值超 10 亿元的企业达到 6 户。2010 年阜新市装备制造业、农产品加工业、能源工业共完成工业增加值 105.8 亿元,占规模以上企业的比重为 86.4%。其中,装备制造业实现增加值 25.5 亿元,增长 85.8%;农产品加工业实现增加值 22.1 亿元,增长 29.3%;能源工业实现增加值 58.3 亿元,增长 4%。地方财政一般预算收入由 2001 年 4.5 亿元增加到 2010 年的 30.1 亿元,年均增长 20.9%。

(二)固定资产投资增长较快,替代产业框架已基本形成

近年来,阜新市全社会固定资产投资持续大幅增加,由 2001 年的 29.2 亿元增

加到 2010 年的 350.7 亿元，10 年累计完成 1186.9 亿元，年均增长 28.2%；累计投资千万元以上项目已达 1200 个，一大批关系阜新市长远发展的建设项目取得重大进展。国家累计投资 46 亿元，安排阜新市的 23 个经济转型项目已陆续投产见效。这些项目的建成使阜新以煤电为主的单一产业结构发展成为食品及农产品加工业、新型能源产业、液压及装备制造业等优势产业为主的多元化产业结构。阜新市农产品加工业占规模以上工业比重，由 2001 年的 12.7%上升到 2010 年的 27.3%；煤炭工业占规模以上工业的比重，由 2001 年的 33.4%下降到 2010 年的 19.5%。

（三）改革开放取得重大进展，人们的精神面貌发生了显著变化

十年来，阜新市累计完成各类国有企业转制 326 户。不仅所有正常生产经营的地方国有工业企业全部实现转制，而且阜新市商贸流通、粮食及公用事业改革也已基本完成，全市金融机构全面实现扭亏增盈。同时，这十年也是阜新市民营经济快速发展的十年，阜新市民营经济的比重已由 2001 年的 27%上升到 2010 年的 64.8%。在利用外资方面，阜新市十年累计利用外商直接投资 2.4 亿美元，出口创汇达到 4.7 亿美元，年均分别增长 26.9%和 29.9%。阜新市的经济转型，不仅让广大人民群众分享到转型的成果，也让困境中的人们看到了希望，摆脱了贫穷所带来的焦虑、彷徨和困惑，真正从旧体制中形成"等、靠、要"的心理中走了出来。

（四）城乡居民收入大幅提高，城乡面貌发生了巨大改观

城市转型给阜新带来的最大收获，就是阜新城乡居民收入的显著提高。阜新市城镇居民人均可支配收入，由 2001 年的 4327 元增加到 2010 年的 12 711 元，年均增长 11.4%，增幅位列辽宁省第一；农民人均纯收入由 2001 年 1123 元增加到 2010 年 6372 元，年均增长 18.9%，增幅居全省第二位。不仅如此，阜新市城市建设也快速发展，十年累计投入城市基础设施建设资金 9.3 亿元，相当于"九五"时期的 4.1 倍；建成了锦阜、沈彰、阜铁、阜朝 4 条高速公路；实施了细河城市段治理、煤城路改造、引白水源工程建设、垃圾污水处理厂等一批重点工程；目前，城区绿化覆盖率已达到 39.6%，阜新市全部实现了柏油路和有线电视村村通。十年间，阜新市累计安排实名制就业 51.9 万人，城镇登记失业率由全省首位降到平均水平；22.8 万城乡困难群众享受到了最低生活保障。城市人均住房面积由 2001 年的 7.6m^{2}提高到了 2010 年的 23.7m^2。

（五）沉陷区治理效果显著，生态环境整体改善

十年来，阜新累计完成投资 14.4 亿元的采煤沉陷区治理工程，面积达到 132 万

m^2，4.3 万户居民得到安置。2005 年以来，陆续启动实施了 5 万 m^2 和 1 万 m^2 以上集中连片棚户区改造工程，拆除房屋 329 万 m^2，新建住宅 376.8 万 m^2，10 万多户居民得到安置，受益居民占市区的 1/4。在改善矿区生态环境方面，实施了海州露天矿和新邱矿区排土场复垦治理工程，矿区绿化面积达到 5 万多亩，昔日的人造荒漠变成了今日的绿洲。海州露天矿关闭破产后，其地质灾害治理和工业遗产旅游示范区以及露天大坑矿山主题公园工程已完工。城市空气质量达到国家二级标准天数由 183 天增加到 331 天。阜新市十年累计植树造林和封山育林 596.6 万亩，超过"九五"前全市林地面积的总和，全市森林覆盖率由 2001 年 21.7%上升到 2010 年的 32.1%，2009 年阜新市被国家列为循环经济试点市和循环农业示范市。

三 阜新市经济转型的主要经验与做法

（一）把解放思想作为转型的内生动力，为振兴凝聚强大的精神力量

阜新人深刻认识到资源枯竭带来的不仅是经济发展的落后与差距，更是人们的思想文化观念的落后。为此，阜新把解放思想、更新观念贯穿于经济转型的全过程，不断开展"面向新世纪，建设新阜新"、"突破阜新，我们怎么办"和"坚持科学发展，推进转型振兴"大讨论，以及以"保持发展激情，推进转型振兴"为主题的学习实践活动。通过一系列有针对性的思想解放活动，使广大干部群众变压力为动力，重新树立起自力更生、奋发图强、勇于探索、战胜困难的信心和勇气，特别是提升了全市干部和群众自主择业、自主创业的信心，为体制机制创新、推进国有企业以及行政体制改革创造了条件，为加快发展民营经济营造了良好的环境。

（二）把产业结构调整作为转型的核心，加快发展接续替代产业

一是继续大力发展煤电工业。通过深部找矿和提高煤矿开采率等措施，使原煤年产量稳定在 1000 万 t。在稳煤强电基础上，利用煤矿人员和技术装备，积极开发内蒙古白音华等外阜煤田，为转型赢得时间。现已完成装机容量 70 万 kW 的阜新发电公司三期技改项目、装机容量 60 万 kW 的金山煤矸石热电厂项目、大唐国际 600 万 kW 电厂和华电彰武 320 万 kW 电厂项目。同时，加快推进能源的综合开发利用步伐，煤矿瓦斯发电、生物质能源发电和地热开发等工作全面推进。利用阜新市列入全国循环经济转型试点市的机遇，加快淘汰落后产能，大力发展循环经济，推进风电和太阳能、生物质能等新能源产业的发展，180 万 kW 风电厂先后并网发电。二是加快推进煤化工基地建设。利用阜新市和蒙东地区的

煤炭资源，积极发展煤化工产业。阜新市煤化工产业已列入国家和省级发展规划。其中，总投资 245.7 亿元、年产 40 亿 m^3 的大唐国际煤制天然气项目已开工建设，其配套基础设施建设也全面展开，连接内蒙古锡林郭勒盟和阜新市的专用煤炭运输通道也已建成。三是大力发展农产品加工业。阜新市依托人均耕地多这一优势，积极发展农产品加工业和食品工业。几年来，阜新市共引进和培育包括双汇、伊利、辉山、六和、鲁花等一批国内外有实力的大型农产品龙头企业 256 户，其龙头企业产值占工业比重比转型前提高了 14.9 个百分点。龙头企业发展带动了农产品生产基地建设，目前已建成农业示范园区 100 多个、小区 500 多个，形成了生猪、乳业、肉驴、肉牛、白鹅、肉鸡、花生、食用菌等 16 条产业链。四是依托比较优势，加快"六大重点产业园区"建设。目前，阜新市液压产业园区，已引进项目 168 个，入驻园区的企业超过百户，其中规模以上企业 38 家；皮革制品园区，已引进开工建设项目 28 个；阜新市北方家具研发制造园区，彰武县家具制造、板材加工和配套原料生产等项目中已有 10 个项目竣工投产，30 个项目在建；阜蒙县和细河区的铸造产业园区、阜蒙县和海州区的氟化工产业园区以及太平区新型材料产业园区建设也正在进行中。

（三）把改善生态环境作为转型的重要环节，增强可持续发展能力

一是阜新市抢抓国家退耕还林的政策机遇，开展大规模植树造林建设。2001 年以来，阜新市已实施退耕还林 71 万亩，"三北"造林 112 万亩，荒山配套造林 137.8 万亩，并在城市周边建设了一条长 100km、宽 500m 的环城防护林带。不仅如此，阜新市还启动了封山禁牧工程，对 450 万亩幼林地和风沙地进行封禁。二是开展了"生态园林城市"和"清洁卫生城市"创建活动。在这两项活动中，分别实施了城市绿化、碧水、环保、靓化、基础、畅通、管护"七大工程"和整洁、清新、宁静、文明"四大行动"。完成了以细河城市段治理和九营子河治理的城市水系建设工程，建成了市垃圾处理厂和污水处理厂等一批设施项目，对 53 个老旧住宅小区进行了综合整治，完成了城乡路网建设改造。细河治理工程获"中国人居环境范例"称号，被住房和城乡建设部评为"水环境治理优秀城市"。三是加强矿区环境整治。目前，阜新市已完成了海州露天矿排土场和新邱东、西排土场等矿区矸石山复垦治理工程，建成集旅游休闲、科学普及、科研教学、爱国主义教育为一体的海州国家矿山公园，并成为阜新市特色旅游品牌。

（四）把创造就业机会作为转型的优先发展目标，着力解决民生问题

一是千方百计抓好就业再就业工作。阜新市始终把就业放在保障和改善民生

的突出位置来抓，通过大力发展民营经济、培育劳动密集型企业、扩大劳务输出和发展服务业等形式，拓宽就业渠道、创造就业机会。着重解决"零就业家庭"、采煤沉陷区治理搬迁失业人员、棚户区改造下岗失业人员、"4050"人员等就业困难群体的就业问题。二是加强社会保障和救助体系建设。阜新市利用国家完善社会保障体制试点的契机，加快构筑覆盖城乡的资金来源多元化、保障制度规范化、管理制度社会化的社会保障体系，使全市符合条件的9.8万名国有企业下岗职工全部实现向失业保险并轨。2010年阜新市养老、医疗、失业、工伤和生育保险参保人数分别达到28.9万人、47.2万人、22.9万人、14.2万人和6.4万人，16.7万城镇居民享受最低生活保障待遇，6.1万名贫困农民得到农村最低生活保障制度的救助，新型农村合作医疗参合率达到100%。三是积极改善城区居民生存条件。在城市转型过程中，阜新市始终把采煤沉陷区治理和棚户区改造作为改善群众生活条件的重点工程来抓，启动了辽宁省面积最大、任务最重、困难最突出的棚户区改造工程，这不仅从根本上改善了矿区居民的生活环境，也使转型成果充分惠及广大人民群众。

（五）把扩大对外开放作为转型的外在动力，依靠科技进步加速转型

阜新市始终把扩大对外开放作为促进城市转型的动力。一是阜新市实施全方位的"融入战略"，通过融入沈阳经济区、辽宁沿海经济带和蒙东经济区，形成了新的对外开放格局。二是突出项目招商，积极推进一批重大项目的合资合作，美国凯莱英、中意玻璃钢、日本住林木业、盛明热电、上海大昌铜业等一批投资上亿元的项目建成投产。三是创新招商引资方式，设计了招商引资的六个方面载体和十四条渠道，坚持小分队招商、高层推动招商等招商方式，每年组织近百批次"走出去"招商活动。转型以来，投资1000万元以上的项目中有70%是招商引资的成果。四是不断优化招商环境。在招商引资过程中，注重软环境建设，成立市中心和企业投诉中心，努力营造"成本最低、政策最优、社会环境最佳"的经济发展环境。五是把经济转型建立在科技进步基础上。目前，阜新市已建立市级工程技术研发中心33家、省级工程技术研发中心14家，已有省级高新技术企业24户。同时，与中国农业科学院、清华大学、中国农业大学、北京林业大学、辽宁省农业科学院等20多家高校院所建立了科技合作关系，初步形成了以科技研发、成果推广、人才培养等为主要内容的产学研一体化科技创新体制。六是积极搭建科技创新平台。为加快科技成果转化，阜新市实施千万元以上工业技改项目640个，在高新技术产业园区建立了胚胎移植等10个农业科技研发中心，在经济开发区建立了高新技术创新中心，并已经孵化和正在孵化科技企业250户，

为转型提供了强大的智力支撑。

（六）把科学编制规划作为实现转型的前提条件，切实落实《若干意见》

国务院《若干意见》下发后，阜新市委、市政府认真学习领会文件的实质，把握其核心和主线，针对文件中涉及的各项政策措施，积极与国家和省有关部门进行沟通衔接，并将相关的工作和任务分解到有关部门，责成专人负责跟踪落实。一方面，从项目立项、审批、拨付和使用等程序上，加强对转移支付资金的监督管理。为了确保中央财政专项转移支付资金的合理有效使用，严格按《若干意见》的要求，将转移支付资金重点用于完善社会保障、教育卫生、环境保护、公共基础设施建设和专项贷款贴息等方面。制定并下发了《专项转移支付资金管理和使用的意见》、《阜新市工业园区基础设施建设资金管理办法》。另一方面，阜新市积极做好发展和改革委员会专项项目筛选和申报工作。按照国家的意见要求，对阜新市吸纳就业、资源综合利用、发展接续替代产业的项目进行了认真筛选，依照项目建设时间进行梯次排队，建立了"项目储备库"，并编制了《阜新市经济转型接续替代产业发展规划》。

第二节　辽源市（煤炭）资源枯竭型城市转型的实践与探索

一　辽源市的基本概况

辽源市位于吉林省中南部，与长春市、通化市、四平市和辽宁省抚顺、铁岭两市相邻。1902 年设县，1953 年更名为辽源市，辖两县、两区和一个省级经济开发区，面积 5139km^2，人口 123.75 万人，城区人口 50 万人。辽源市煤炭开采已有百年历史，但随着煤炭资源逐渐枯竭，20 世纪 80 年代中期开始，以煤炭为支柱产业的辽源经济陷入衰退的境地。到 2001 年年初，辽源市整个经济进入最困难时期，全市地方财政收入不足亿元，下岗失业人数达到整个就业人口的一半以上，矿区人口十几万人，有 70%家庭因为下岗失业，家庭生活处于极度贫困状态。面对着"矿竭城衰"所带来的困难和挑战，在 21 世纪初，辽源市就开始探索城市转型，确立"解放思想、科学发展、加快转型、富民强市"的目标,尤其在被国家确定为首批资源枯竭型城市经济转型试点以来，辽源牢牢抓住政策机遇，真抓实干，创新求变，攻坚克难，凝心聚力，经济转型取得了显著成效。

二　辽源市经济转型取得的阶段性成果

（一）经济发展势头强劲，财政收入大幅增加

"十一五"期间，辽源市成为吉林省经济发展最快的地区之一。2000～2010年，辽源市GDP增长了6倍，达到410亿元，增速达到全国平均增速的4.4倍、东北地区的3.8倍、吉林省的4.4倍。2010年，辽源市人均GDP达到33 137元，超过了全国的人均GDP（29 762元）和全省的人均GDP（31 306元），略低于东北地区的人均GDP（33 866元）。而在2008年以前，辽源市人均GDP一直低于全省和全国平均水平。不仅如此，辽源市主要经济指标的增速也已进入吉林省的前列，其中地区生产总值、市本级地方级财政收入、城镇居民人均可支配收入三项指标增幅居吉林省第一。2010年，辽源市全口径财政收入完成28.1亿元，增长17.7%，其中，地方财政收入完成17.1亿元，增长18.3%。2000～2010年，辽源市地方财政一般预算收入增长6.9倍，高于全国、东北地区、吉林省的增速，被国家评为"最具发展潜力城市"。中国社会科学院《2009年城市竞争力报告》中，辽源市综合增长竞争力列全国地级市第5位。

（二）投资规模增长迅猛，结构调整成效显著

2010年，辽源市全社会固定资产投资完成542亿元，增长33%，其中，工业投资占全社会固定资产投资的68%，达370亿元。2000～2010年，辽源市固定资产投资增长29.3倍，高于全国、东北地区和全省的增速。2010年，辽源市规模以上工业总产值、增加值、利润分别完成592.6亿元、180.5亿元和14.6亿元，同比增长39.9%、30.7%和39%。规模以上工业产销率为97.5%，规模以上工业企业达到351户。产业结构不断优化，三次产业比重已由2006年的16.3∶49.1∶34.6调整到2010年的10.0∶66.5∶23.5，第二产业比重提高较快，提高了17.4个百分点。采掘业及原材料加工业在第二产业中的比重持续下降。2007～2010年，辽源市采掘业及原材料加工业产值占规模以上工业总产值的比重分别为 30.5%、28.3%、25.7%和21.9%；从业人员分别为3.77万人、3.16万人、2.61万人和2.5万人，分别下降6.9%、16.2%、7.4%和4.2%，占城镇职工比重分别为41.4%、35%、29.2%和28.6%，4年下降了12.8个百分点。

（三）企业规模持续扩张，民营经济活力显现

2010年，辽源市规模以上企业和产值超亿元企业分别发展到351户和165户，分别比2006年增加了101户和125户。2007～2010年，辽源市规模以上工

业总产值分别完成232.8亿元、313.1亿元、423亿元和592.9亿元,分别增长43.4%、35.1%、34.7%和26.7%,4年年均增长38.7%;规模以上工业总产值增长率分别高于全省7个、5.5个、15.7个和6.8个百分点,占全省比重从2006年的3.6%提高到2010年的5.9%。2010年,辽源市民营企业实现主营业务收入525亿元,同比增长36.4%;民营企业上缴税金达到11.2亿元,同比增长24.2%,占全市财政总收入的40%;私营企业户数达到3550户,同比增长28.6%。其中,规模以上企业达490户,同比增长6.5%;个体工商户达3.9万户,同比增长11.4%;民营企业从业人员达到18.5万人,同比增长13.5%。

(四)接续替代产业发展已初具规模

辽源市在2005年成为全国资源型城市经济转型试点以后,依托自身优势,依靠国家转型政策,初步形成装备制造、新材料、医药健康、冶金建材、纺织袜业和新能源六大产业。2010年,辽源市六大产业完成工业总产值占全市规模以上工业总产值的75%,拉动全市工业经济增长29.2个百分点,六个产业已成为辽源经济转型的重点接续替代产业。辽源矿业集团迈入年产1000万t大型煤炭企业行列。麦达斯铝业、利源铝业和在建的世捷铝业将形成轨道车体型材、工业及民用型材系列化产业链条,为辽源市打造高精铝加工基地奠定了坚实基础。锂源新能源、星源电池材料、彤坤新能源、鸿图纸业和汇丰电机等企业,围绕汽车新能源产品开发,初步形成了集锂离子电池、磷酸亚铁锂材料、锂离子电池隔膜和电机电控相配套的汽车新能源产业链。以博大制药、迪康药业、东丰药业等为代表的医药健康产业正在形成生物医药、现代中药、化学药为一体的医药产业集群。以辽源煤机、重型集团、华龙公司为代表的特种装备制造业发展势头良好,采掘设备、洗选设备、建筑塔机等在全国市场拥有一定份额。金刚集团在建成两条日产5000t水泥熟料生产线基础上,与中国建材集团组建中国建材集团北方水泥集团,正在东北三省及内蒙古东四盟建设19条水泥生产线。东北袜业工业园已经形成了研发、生产加工、销售、物流、金融服务等多功能为一体的现代产业园区,辽源市也因此被国家权威机构命名为"中国袜业名城"。

(五)城市承载功能显著提升

辽源市在全力推进经济转型的同时,确定了统筹推进城市转型的工作思路,通过推进经济转型带动城市转型,以提高城市的承载力和竞争力。从所处区位和未来发展需要出发,辽源市提出了加快建设辽源长春1小时经济生活圈的构想,积极融入长吉图开发开放先导区和长吉一体化发展格局。坚持高起点运作、高标准规划,与北京泛华集团、英国PA公司合作,系统编制了发展战略及产业、空间、融资、招商和新农村建设规划，拟与城市总体规划、转型总体规划统筹实施。多方筹措资金，实现基础设施升级改造。建成长辽高速、辽西铁路、营梅高速、吉草高速，即将开工建设长辽铁路、辽西高速、集双高速，规划建设辽源机场，使辽源成为吉辽两省的重要节点城市，打通东北腹地入海进关新通道。集中实施大规模的城市供热、供排水、燃气、道路桥梁、供电、通信等基础设施改造工程。竣工或基本建成向阳山公园、体育场、全民健身中心等工程，正在规划开发矿山地质公园、寒葱顶国家级森林公园等一批现代服务业大项目。辽源市连续4年实施城市美化、绿化、亮化工程，市容市貌明显改观。辽源市据此获住房和城乡建设部颁发的"中国人居范例奖"，入选美中经贸投资总商会等机构评选的"中国特色魅力城市200强"。

（六）民生状况得到明显改善

一是城乡居民收入大幅提高。自2007年以来，辽源城镇居民的收入就已超过了全省和东北地区的平均收入，2010年，辽源市城镇居民人均可支配收入为16 700元，高于全省的15 411元和东北地区的15 941元的平均水平，但落后于全国的19 109元的平均水平，比2006年净增6726元，增长67.4%；农民人均纯收入6324元，高于吉林省的6237元和全国的5919元的平均水平，但落后于东北地区的6435元的平均水平，比2006年净增2568元，增长59.4%。

二是城镇失业问题逐步缓解。2007～2010年，辽源市城镇新增就业人数累计达到17.2万人次，下岗失业人员再就业人数累计达11.8万人次，"4050"人员累计就业2.39万人次。2007～2010年，全市登记失业人数分别为97 520人、97 120人、91 236人和85 420人，城镇登记失业率分别控制在3.57%、3.56%、3.51%和3.55%。2010年，全市从业人员达到33.5万人，创历史新高，被人力资源和社会保障部列为全国"首批创建创业型试点城市"。

三是社会保障能力有所增强。2006～2011年6月末，辽源市累计征缴养老保险费22.8亿元，年均增幅10%；累计征缴失业保险费1.3亿元，年均增幅10%。截至2011年6月末，辽源市养老险覆盖人数达到21.7万人，其中新增养老保险5.7万人，失业保险参保人数达到6.9万人。养老保险基金累计滚存结余达到7.07亿元，可发放月数为9个月；失业保险基金累计滚存结余达到8318万元。累计发放养老保险金33.6亿元，累计发放失业保险40万人次，发放失业保险金9044万元。

四是城镇最低生活保障水平不断提高。辽源市利用新增财力和国家财力性转移支付资金，基本实现最低生活保障应保尽保。2007～2010年，辽源市最低生活保障人数分别为53 851人、60 480人、61 529人和56 645人。在地方财力比较紧张的情况下，辽源市连年提高城乡居民最低生活保障标准，城市居民最低生活保障由 2007 年的每人每月 115 元提高到目前的 228 元，农村居民最低生活保障补助由年人均 360 元提高到目前的 880 元，特殊困难家庭最低生活保障补助由年人均 500 元提高到目前的 1200 元。辽源市在全国率先实施采煤沉陷区综合治理、棚户区改造、煤矿棚户区改造、廉租房建设等保障性安居工程建设，累计完成居民房屋拆迁 232 万 m²，开工建设回迁住宅 338 万 m²，改造农村泥草房 8729 户，受益群众超过 5 万户。

五是教育文化、医疗卫生水平全面提升。"十一五"期间，辽源市农村教育、职业教育得到加强，办学条件显著改善，高中阶段教育毛入学率达到 92.6%。同时，文化产业发展取得重大进展，日军辽源高级战俘营旧址展览馆、显顺琵琶学校、扎兰芬围民俗园、东丰农民画基地等文化产业项目陆续建成。2010 年，辽源市有文化及相关单位 3557 个，资产达到 7.2 亿元，文化产业增加值达 2.4 亿元，文化产业以每年 11.1% 的速度增长。各级各类医疗卫生机构也得到了相应的改善和加强，服务资源数量高于全省平均水平，分层分级医疗模式初步形成。新型农村合作医疗实现了全覆盖，筹资标准和平均住院报销比例逐步提高，实现了门诊统筹，提高了封顶线，完善了大病补偿机制，受益人数达 162.9 万人，报销金额达 1.95 亿元。居民主要健康指标均处于全省同等或中上游水平。

（七）生态建设和沉陷区治理效果明显

矿山环境恢复治理、重点区域生态建设和环境保护，是辽源市转型的重点和难点。作为百年老矿区和东辽河源头的辽源，生态治理和环境保护任务十分繁重。为此，辽源提出"保护母亲河，建设生态市"的目标，系统整治东辽河、半截河，强力实施节能减排"十大重点"工程，关停了一批污染环境、技术落后的企业和项目。建成东辽河生态林带 14.1km，实施了上游 400km² 水土保持工程，完成退耕还林 19 万亩，全市森林覆盖率达到 32.3%。投资 2000 万元对太信采区进行综合治理，利用采煤沉陷区形成的沼泽，建设成经国家批准的矿山地质公园。投资 4000 万元对灯塔采区进行环境恢复治理。采取"大兵团"作战的方式，在矿区建设"百万亩人工林"。对煤炭采区土地实施复垦治理，恢复农田 4500 亩。对多年开采形成的 18.95km² 沉陷区、14.58km² 的采空区、15.66km² 的非稳定沉陷区实施复垦、植树等综合治理工程。2007～2010 年，辽源市矿山环境治理率分别为 3.2%、4.1%、5.3% 和 6.8%，2010 年较 2006 年提高 4.2 个百分点。目前，辽源市区空气质量达到国家二级标准，饮用水源地水质达到国家三类水标准。

三　辽源市经济转型的主要经验与做法

（一）以发展方式转变推进经济转型

辽源市始终把转变发展方式贯穿于转型的全过程，把发展方式转变作为经济转型的主线。在学习借鉴国内外资源型城市可持续发展的经验和做法的基础上，结合实际，明晰转型思路，探索转型路径，强调经济转型与城市转型要同步，统筹推进工业化、城镇化和农业现代化，使三者深度融合、互动发展，并把当前与长远、总量与结构、全局与局部、谋划发展与推动转变有机结合起来。在转型思路和路径上，辽源市提出以结构调整为重点，实施投资拉动、项目带动、创新驱动，着力实现由外延增长向内涵增长转变、由粗放型向集约高效型转变、由工业主导向三次产业协调发展转变、由投资拉动向兼顾消费和出口拉动转变的发展思路。在产业布局和项目建设上，实施差异化竞争战略，把培育战略性新兴产业和改造提升传统优势产业结合起来，积极发展现代服务业，把着力推进体制机制和科技创新作为目标。

（二）以经济转型促城市转型

在推进转型过程中，辽源市认识到资源枯竭型城市转型不仅仅是经济转型，更是社会、文化、生态的整体转型。因此，辽源市统筹谋划转型工作，坚持高位对接、高层次转型、高标准定位、高起点建设。把发展目标定位为打造长春卫星城，建设以优势产业为支撑，山水林城四位一体的经济发展、环境优美、人民幸福的吉林省中南部重要工业城市。在城市转型中着眼于增强城市承载功能，培育城市发展力、竞争力。从编制转型规划入手，全面系统制定转型的总体战略、目标、工作任务和措施。《辽源市经济转型总体规划》已编制完成，并通过国内有关专家论证及吉林省政府批复和国家发展和改革委员会认可，城市总体规划修编也已完成，拟与转型规划统筹实施。

（三）把扩大投资和项目建设作为转型的核心之举

扩大投资和项目建设是发展接续替代产业、重筑经济社会支撑体系的核心之举。几年来，辽源市在准确把握和理解国家政策的基础上，积极主动与国家政策接轨，先后共实施转型重点项目 330 项，总投资 1174 亿元，为未来发展积蓄了能量，建成投产的转型项目已成为辽源市经济的主要增长点。在构造产业链优势方面，也做了积极探索。目前，精品铝材加工产业链、水泥和新型建材产业链、纺织袜业产业链已经形成规模，新能源汽车产业链及农畜产品深加工产业链已基本形成，生物制药、鹿药系列产品加工产业链也已显现巨大的发展潜力。

（四）实施招商引资和资本运作的"双轮驱动"

目前，辽源市招商引资呈现良好的发展势头，在建重点项目和投资的 80% 左右来自域外或者境外。在资本运作方面，注重在金融创新、金融工具和衍生品利用方面下工夫，与国家开发银行等多家金融机构建立战略合作关系，获得超过 400 亿元的授信额度。市政府与相关机构和企业搭建的融资平台，在一定程度上缓解了项目建设、基础设施建设和企业流动资金的压力。与北京泛华、太平洋证券、亚洲资产等联手融资 15 亿元左右，用于城市基础设施改造，10 亿元企业债券成功发行。此外，金刚集团与中国建材、博大制药与南京先声等重组合作，促进了企业扩张发展，得亨重组、利源上市也为企业发展注入更大的活力。

（五）用好用活国家转型政策和资金

为最大限度地发挥中央财力性转移支付补助资金的作用，辽源市严格按照财政部"资源枯竭城市财力性转移支付资金要切实用于社会保障、环境保护、生态治理、公共基础设施和棚户区改造等方面"的要求，将这项 4.63 亿元资金用于社会保险补贴、居民险配套、供热改革补贴、环境保护专项治理、拖欠教师工资、矿区公共基础设施建设、培育发展接续替代产业、沉陷区和矿区棚户区改造地方配套贷款利息支出等方面，包括化解社会管理和公共服务等历史欠账，按轻重缓急分近期和远期两个目标，安排资金使用计划，并将各项指标进行具体量化。同时，制定了一系列规范管理措施，如《财力性转移支付补助资金管理暂行办法》，并对资金使用情况跟踪问效。为确保资金严格按照年初预算执行，在每一年度预算安排时，按上级告知数把资源枯竭城市财力性转移支付资金编入全年预算，同时报送给吉林省财政厅。按吉林省发展和改革委员会、财政厅的要求，每年从财力性转移支付资金中提取不少于 20% 的资金用于调整优化产业结构、工业园区与转型发展平台建设、企业创业引导资金等方面。

（六）积极营造转型发展的软硬环境

近年来，辽源市致力于打造与转型发展相适应的软硬环境，在实施一大批城市基础设施工程，使城市面貌、城市品位得到提升的同时，积极开展软环境综合整治，出台了软环境建设"四十条"，提高政府服务质量和办事效率，以政府诚信带动企业诚信、公民诚信和社会诚信。为让转型发展成果更多地惠及人民群众，辽源市连续四年实施系列民生工程，每年为群众办 70 件左右的惠民实事。民生工程的实施，让人民群众切身感受到转型带来的变化，从而激发人民群众支持转型、参与转型、全力推进转型的动力。此外，辽源市加强对资源勘查和矿业权的管理，认真开展探矿权受理调查工作。对 40 个探矿权进行了清理，保留并进行实地核查的探矿权 24 个（含新立项目 2 个），建议注销探矿权 16 个，有效打击了探矿权人以较低成本可以长期持有探矿权、炒买炒卖探矿权等行为。

第三节 伊春市（森林）资源枯竭型城市转型的实践与探索

一 伊春市的基本概况

伊春市位于黑龙江省东北部，地处小兴安岭腹地，属全国重点国有林区，素有"中国林都"、"红松故乡"之美誉。1948 年开发建设，1958 年建市，所辖 1 市（县级）1 县 15 个区，17 个林业局，行政区划面积 3.3 万 km^2，人口 132 万。伊春市"因林而建，因林而兴"，也因可采资源的枯竭而成为经济欠发达城市。自开发建设以来，累计为国家提供木材 2.4 亿 m^3，上缴利税和育林基金等近 70 亿元，相当于国家同期预算内投资的 5 倍，同时形成统配材差价 300 亿元，为国家经济建设做出了巨大贡献。但由于长期过量采伐，超负荷承担国家木材生产任务和各项上缴指标，育林跟不上采伐，导致伊春林区从 20 世纪 80 年代中后期开始，逐步陷入可采资源危机和经济危困的境地，形成了资源性、体制性、结构性、社会性的"四大矛盾"，严重制约着伊春市经济社会的可持续发展。

自 2005 年伊春市被国务院确定为林业资源型城市经济转型试点和首批资源枯竭城市以来，伊春市认真贯彻落实国务院《若干意见》，大力实施"生态立市、产业兴市"发展战略，紧紧围绕"在保护中加快发展，在发展中兴市富民"，加快资源型城市经济转型步伐，创造了生态恢复、经济增长、财政增收、职工收入增加的多赢局面。

二 伊春市经济转型取得的阶段性成果

（一）经济运行持续向好，财政收入逐年增加

2007~2010 年，伊春市地区生产总值分别实现 134.7 亿元、156.1 亿元、172.4 亿元和 200 亿元，同比分别增长 11.5%、12.4%、13.1%和 16%，地区生产总值平均增速为 12.8%，比前四年（2003~2006 年）提高了 0.3 个百分点，高于全省平均增速 1 个百分点。2007~2010 年，伊春市地方财政收入分别为 5.7 亿元、8.1 亿元、9.7 亿元和 12.3 亿元，同比分别增长 28.2%、43%、19.7%和 27%，财政收入平均增速达

到 29.4%，比前四年提高 19.6 个百分点，高于全省平均增速 14.1 个百分点。

（二）固定资产投资快速增长，工业增速大幅上升

2007~2010 年，伊春市固定资产投资分别为 50.1 亿元、69.3 亿元、102.2 亿元和 173.8 亿元，同比分别增长 30.5%、38.2%、47.6% 和 70%，固定资产投资平均增速达到 42.6%，比前四年提高了 14.6 个百分点，高于黑龙江省平均增速 10.4 个百分点。2007~2010 年，伊春市规模以上工业增加值分别为 26.4 亿元、30 亿元、35.7 亿元和 52 亿元，同比分别增长 13.2%、12%、20% 和 45%，规模以上工业增加值平均增速达 21.9%，比前四年提高 13.2 个百分点，高于黑龙江省平均增速 1.9 个百分点。

（三）外贸进出口走势平稳，社会消费需求日趋旺盛

2007~2010 年，伊春市外贸进出口总额分别为 1.4 亿美元、2.2 亿美元、2.2 亿美元和 2.9 亿美元，同比分别增长 47.1%、63.4%、0.5% 和 30%，外贸进出口总额平均增速达到 32.8%，比前四年提高了 21.2 个百分点，比黑龙江省平均增速高 16.5 个百分点。2007~2010 年，伊春市社会消费品零售总额分别为 33.3 亿元、41.4 亿元、47.7 亿元和 54.8 亿元，同比分别增长 15.2%、23.1%、15.2% 和 15%，社会消费品零售总额平均增速为 17.1%，比前四年提高了 16.1 个百分点。

（四）生态建设成果显著，民生状况明显改善

作为森林资源城市，2010 年，伊春市活立木总蓄积由 2006 年的 2.5 亿 m^3 提高到 2.6 亿 m^3，连续 5 年实现森林资源年净增 500 万 m^3 以上的良性循环。森林覆盖率由 2006 年的 80% 提高到 86%。万元 GDP 综合能耗由 2006 年的 2.2t 标煤下降到 1.8t 标煤。二氧化硫排放量由 2006 年的 1.3 万 t 下降到 1 万 t。化学需氧量排放量由 2006 年的 2.8 万 t 下降到 2010 年的 2.7 万 t。集中饮用水源地水质和二级空气质量达标率分别达到 100% 和 98.9%。伊春市城镇居民的人均可支配收入由 2006 年的 7416 元提高到 2010 年的 10 209 元，年均增长 7.9%。农民人均纯收入由 2006 年的 4135 元提高到 2010 年的 6507 元，年均增长 11.4%。2007~2010 年，伊春市城镇登记失业率分别为 4%、4%、4.3% 和 4.1%，分别低于省控指标 0.6 个、0.6 个、0.3 个和 0.5 个百分点。

三 伊春市经济转型的主要经验与做法

（一）成立专门领导小组，科学编制中长期转型规划

伊春市十分重视经济转型工作，成立了以市主要领导为组长的领导小组，市

委、市政府召开常务会议专题研究经济转型，出台了《关于加快伊春经济转型的决定》，明确把推进城市经济转型作为当前和未来一段时期内的工作重点。按照国务院《若干意见》要求，结合伊春实际，聘请国内专家学者编制了《伊春资源枯竭城市经济转型规划》，在规划先行指导下，制定转型计划和具体实施方案。在此基础上，通过资源枯竭城市经济转型研讨会等形式，邀请国内外专家、学者和专业研究人员为伊春市转型和接替产业发展把脉定位。同时，制定伊春市"两个机制"和"完善森林生态补偿制度"的政策意见，并形成了《关于完善森林生态补偿机制的建议》等相关文件。

（二）依托自然资源，大力发展接续替代产业

近年来，伊春市依托森林资源，大力发展以森林生态旅游、绿色能源、森林食品、冶金建材及矿产开发、木材精深加工为主的五大接替产业。2007～2010年，五大接续替代产业增加值平均增速为 19.2%，2010 年增加值达到 81 亿元，占 GDP 的比重达到了 40%。具体表现在以下四个方面。

一是发挥森林生态功能优势，加快伊春生态旅游业发展。依托媒体的宣传引领作用，在央视等国内各大媒体推出伊春旅游整体形象宣传广告，并举办了中国黑龙江（伊春）森林生态旅游节和五花山观赏节等活动。按照"提升夏季、突破冬季、拓展春秋"的思路，发展森林生态旅游。现已建成国家级和省级景区景点100 多处，包括滑雪场、漂流、国家级森林公园和地质公园，以及国家级自然保护区。汤旺河区被环保部和国家旅游局批准为全国唯一的国家公园试点。2010年伊春市接待游客人数达到 400 万人次，旅游收入 25 亿元。旅游业发展带动了房地产、交通、餐饮、森林食品、木制工艺品和文化体育等产业快速发展，并间接带动就业 8 万人次。伊春市也多次被国家授予"旅游竞争力百强城市"、"十佳避暑城市"等称号，2009 年被联合国国际交流合作与协调委员会评为"城市森林生态保护和可持续发展范例"，授予"绿色伊春"荣誉称号。

二是充分利用林下资源，发展食用菌、山野果、山野菜、矿泉水等特色产业。"有机、绿色、无公害农产品"认证总数已达 201 个，农产品地理标志登记认证总数达 6 个。建成不同类型的北药开发基地和药材保护区 70 多处，规模以上制药企业和北药加工企业 10 家，生产中、西成药 205 个品种。

三是利用国家发展新能源的机遇，开发利用小兴安岭风力、水利和太阳能资源。现已建成带岭大箐山、桃山小城山、金山屯大白山等 10 个风电场，总装机容量 37.2 万 kW，列入黑龙江省新能源和可再生能源产业发展规划的风场 34 个。已建成兴安湖水库、汤旺河等 9 座水电站，总装机容量 1.4 万 kW。建成沼气池3283 个，年产沼气约 100 万 m^3。光伏电池及组装厂 1 家，制造能力为 1 万 kW。

利用太阳能热水器，总集热面积达到 3 万 m²。

四是利用现有资源条件，加快冶金建材和矿产开发以及木材精深加工基地建设。通过技改，使西钢集团年产钢 350 万 t，浩良河水泥公司年产水泥达到 300 万 t，并相继建成多家新型墙体材料企业。在提升和壮大木材深加工方面，以光明家具、友春家具等知名骨干企业为核心，加快淘汰落后产能，实施产业整合重组，形成以名牌产品为纽带的产业链。

（三）把保护森林放在生态建设和环境治理的首位

作为黑龙江、松花江两大水系的重要支流源头，伊春林区生态功能地位十分重要，是东北乃至华北地区的天然屏障。为此，伊春坚持把保护资源、保护生态作为首要责任，提出了"再困难也决不向林子伸手，再困难也决不以拼资源换取暂时利益，再困难也决不以牺牲生态为代价换取经济增长"的口号。具体有以下几项措施。

一是强化了以杜绝超限额采伐为重点的森林资源管理，实施了一系列保护和培育森林资源的措施，坚决打击涉林涉木违法违纪行为，从源头上遏制了各种人为破坏森林资源现象的发生，已累计调减木材产量 1256.7 万 m³，封山育林 51.8 万 hm²，更新造林有效保存面积达到 1597.5 万亩。

二是积极开展保护红松等珍贵树种行动。在每年减少地方财政收入近两亿元的考验下，不惜牺牲眼前和局部利益，在全国率先停伐天然红松林，停伐了黄菠萝、水曲柳、胡桃楸等濒危珍贵树种，保护了世界珍稀树种和小兴安岭森林生态系统的完整性。对林蛙、蓝莓果等野生动植物实行了重点保护，已建成不同级别和类型的自然保护区 20 处共 62 万 hm²，形成了森林生态系统、湿地生态系统、濒危野生动物种群和珍贵树木分布密集的自然保护区网络。新青区白头鹤自然保护区和湿地公园被誉为"中国白头鹤之乡"。

三是积极开展生态移民和烧柴改革试点工作。已撤并拆迁林场（所）50 个，通过推广生物质半汽化炉、生物质燃气、生物质型煤等举炊、取暖节能新方式，每年直接减少木材消耗近 100 万 m³。

四是加强矿区生态治理与恢复工作，全面实行矿山地质环境影响评价制度，认真开展了探矿权、采矿权清查，启动了朗乡国家林业循环经济园区试点工作，加快推进伊春区、西林区、新青区、汤旺河区、南岔区循环经济园区资源—产品—废弃资源高效循环利用体系建设，围绕重点行业和重点耗能企业加大改造力度，加强对重点能耗企业的监控，使工业废水、烟尘排放达标率达到 90%，粉尘排放达标率达到 92%。目前，用于环境专项治理资金已累计达到 3.7 亿元。

（四）以改革开放为动力破解经济社会发展中的难题

一是伊春率先在全国推进国有林区林权制度改革。把国有林权制度改革作为破解国有林区深层次矛盾的突破口，调动和激发了承包职工投资造林和发展林下经济的积极性。通过改革建立起了责任、权力和利益相统一的森林资源管理新机制，使林业职工成为真正意义上的"大山主人"，有效解决了投入难、造林难、管护难、防火难等问题。2006 年完成了首批 8 万 hm² 试点林地承包任务，签订林地承包和林木流转合同 6623 户。为缓解职工后续经营资金投入困难问题，金融部门累计发放贷款 1753.2 万元。2007 年以来，伊春历史性地实现了森林年净增长的良性消长循环，区域内水土流失得到初步控制，累计完成退耕还林、还草、还湿 1.5 万 hm²，治理水土流失面积 3.7 万 hm²。目前，承包户共完成更新造林 10 817hm²，户均年增收 3500 元以上。所有承包经营林地内未发生一起林政案件和森林火情火警。伊春国有林权制度改革试点先后获得了"2006 年度中国改革十大案例奖"、"2007 年度中国地方政府创新奖"和 2008 年"中国改革开放 30 年创新案例奖"。

二是推进其他行业的国有企业主辅改制。西钢集团顺利实现了改制，带岭林业造纸厂完成了政策性破产。浩良河水泥公司股权成功转让西钢集团，晨明水泥厂、美溪建材公司实现了重组，一些多年的停产半停产企业和闲置资产被盘活，困扰光明集团多年的产权纠纷案依法得到解决。

三是进一步扩大对外开放，加强与俄合作和人员的贸易往来。嘉荫口岸过境突破万人大关，赴俄木材采伐、对俄劳务输出、口岸过货、对俄农业开发逐步形成规模。2007 年以来，伊春市招商引资到位资金达到 144.5 亿元，国电、华能等央企纷纷来伊投资兴业，北京德润天成、台湾新东阳集团、大连新世纪、哈尔滨惠佳贝等一大批新项目、新企业陆续签约落户伊春市。

（五）注重发挥中央财力性转移支付资金的引导作用

2007 年以来，伊春市得到了中央财力性转移支付 6.63 亿元的资金支持。按照资金使用范围的规定，伊春市注重发挥这项资金"四两拨千斤"的引导推动作用，按轻重缓急，科学合理地制定了使用总体计划。对已到位的资金，坚持统筹谋划、集中使用，全部投入到社会保障、就业、教育、卫生、环境保护、公共基础设施建设和专项贷款贴息等基本公共服务方面，解决了并轨企业职工工资配套、教学楼建设、医疗机构基础设施建设、经济转型项目基础设施建设等所需资金问题。相继建成了哈伊、鹤伊、伊嘉、金南等高等级公路和旅游公路及重要支线工程，实现了"一纵三横一环"、"两个半小时公路圈"的城市公路建设总体目标。实现了林都机场通航运营、兴安湖水库下闸蓄水，市中心区垃圾处理场、污水处理厂相继建成投入使用。完成城市道路改扩建及园林绿化景观工程、供热供水工程、农村林场饮水安全工程，以及与民众生活息息相关的标准化社区、街道卫生服务中心工程。目前，伊春市已完成棚户区改造 470 多万 m^2，建设廉租房 18 275 套共 90.6 万 m^2。城镇人均住房建筑面积达到 21.4m^2。累计投入近 3 亿元，新建、改扩建校舍 12.8 万 m^2，为大中院校、中小学校购置实验室及语音室、微机室、多媒体教室设备，为 177 所学校配备了远程教育设备。提高全市在职和离退休教师的工资标准，月均工资由 1931 元提高到 2478 元。对享受城市居民最低生活保障政策家庭的义务教育学生实行"两免一补"，对家庭经济困难学生给予中等职业教育助学金支持。完成了林业中心医院、市中医院的局部改造，形成了以市级为龙头，区级为主体，社区卫生服务机构、民营和个体医疗机构为补充的三级医疗服务和卫生防疫体系。目前，全市共有各级各类医疗卫生单位 959 个。

第四节　盘锦市（石油）资源枯竭型城市转型的实践与探索

一　盘锦市的基本概况

盘锦市位于辽宁省西南部，是一座典型的因油而建、因油而兴的沿海石油化工城市。1984 年建市，全市区域面积 4071km^2，下辖两县两区，总人口 128 万。作为以油气采掘业为主的资源型城市，从 1970 年辽河油田大规模开采以来，已累计生产原油 3.6 亿 t、天然气 490 亿 m^3，上缴利税和各种费用 1000 亿元以上，为国家做出了巨大贡献。但自 20 世纪 90 年代以来，盘锦石油生产进入递减的状态，原油产量由 1995 年最高峰的 1552 万 t 下降到 2006 年的 1206 万 t。由于全市经济发展过于依赖油气资源开采业，产业结构过于单一，这使盘锦市经济增速始终处于低位徘徊，GDP 年均增长率一直徘徊在 7%左右，经济低速增长带来的就业和生态环境等方面的压力日趋加大，严重影响经济社会可持续发展。

面对油气资源日益衰减的挑战，"九五"以来，盘锦市和辽河油田通力合作，利用沿海城市、交通枢纽的区域优势和石油化工的资源优势，借助国家实施振兴东北老工业基地、环渤海地区经济开发开放步伐加快和国务院批转《辽宁沿海经济带发展规划》实施，即"五点一线"沿海开发开放战略的重大历史机遇，围绕资源衰退带来的经济社会发展问题进行积极探索和尝试。特别是 2007 年盘锦被列为全国资源型城市转型试点市以来，盘锦市发挥政策的支持引导作用，认真贯彻落实国发[2007]38 号文件精神。经过几年的努力，盘锦市经济转型取得了明显成效，既是首批被国家列入资源型城市转型的试点城市，也是率先实现经济转型的资源型城市。

二　盘锦市经济转型取得的成果

（一）经济增长打破了长期低速徘徊的局面

2008 年，盘锦市地区生产总值增速十二年来首次突破两位数，比 2006 年增速提高了 4 个百分点。2010 年地区生产总值为 926.5 亿元，比上年增长 17.8%。第一产业增加值为 81.5 亿元，增长 6%；第二产业增加值为 618.9 亿元，增长 19.8%，其中，工业增加值为 569.7 亿元，比上年增长 19.6%；第三产业增加值为 226.1 亿元，增长 17.6%。三次产业比为 8.8：66.8：24.4。

（二）接续替代产业发展初具规模

2010 年，盘锦市六大产业集群实现增加值 365.82 亿元，比上年增长 38.6%，占规模以上工业增加值的比重为 61.4%。其中，农产品加工产业增加值为 20.7 亿元，增长 27.5%；石化及精细化工产业增加值为 253.8 亿元，增长 42.1%；塑料加工及配套产业增加值为 8.9 亿元，增长 67.5%；沥青及防水卷材产业增加值为 212.5 亿元，增长 36.8%；石油装备制造产业增加值为 55.2 亿元，增长 24.9%；船舶修造及配套产业增加值为 15.2 亿元，增长 50.8%。全市非油产业占经济的比重已超过 60%。

（三）经济持续发展后劲明显增强

2010 年，盘锦市全社会固定资产投资为 692.5 亿元，比上年增长 42.2%，同比增速比 2006 年提高了 25 个百分点。其中，城镇投资为 662 亿元，增长 44.2%；农村投资为 30.5 亿元，增长 9.4%；新增固定资产 563 亿元。全年基础设施建设完成投资 183.2 亿元，比上年增长 80%。2010 年，盘锦市六大产业集群投资 236.3 亿元，比上年增长 24.5%，占全部投资的比重为 34.1%。其中，农产品加工产业投资 21.6 亿元，增长 126.1%；石化及精细化工产业投资 146.5 亿元，增长 6%；塑料加工及配套产业投资 13.1 亿元，增长 119.1%；沥青及防水卷材产业投资 93.6 亿元，增长 45.8%；石油装备制造产业投资 31 亿元，增长 54.6%；船舶修造及配套产业投资 6.6 亿元，下降 21.1%。固定资产投入的大幅增加为盘锦市经济转型奠定了基础。

（四）专业园区和项目建设成效显著

目前，盘锦市规划建设的盘锦船舶工业基地、石油装备制造基地等 7 个重点专业园区，都已达到了企业入驻要求，总规划面积已扩大到 180km^2，是 2006 年年底的 3.2 倍；已入驻项目 262 项，是 2006 年的 4.5 倍。2010 年，盘锦市园区完成投资 377.5 亿元，比上年增长 91.8%；园区基础设施投资 127.3 亿元，比上年增长 87%。

（五）国内外贸易规模大幅增加

2010 年，盘锦市全年社会消费品零售总额 185.1 亿元，比上年增长 18.8%。外贸出口大幅增长，全年进出口总额 4.8 亿美元，比上年增长 27.9%，是 2006 年的 2.7 倍，其中，出口总额 3.7 亿美元，增长 25.4%。出口结构明显优化，船舶、钻机等地方产品所占比重提高到 94%，比 2006 年提高了 31 个百分点。在吸引外资方面实现了跨越式发展，仅 2010 年，盘锦市实际使用外商直接投资就达到 9.1 亿美元，比上年增长 202.7%。其中，第二产业使用外资 5.5 亿美元，增长 113%；第三产业使用外资 3.6 亿美元，增长 800%。

（六）地方财政和城乡居民收入快速增长

2010 年，盘锦市全年各项税收 167 亿元，比上年增长 44%。地方财政一般预算收入 80.6 亿元，比上年增长 49.7%，是 2006 年的 3.9 倍。2010 年，盘锦市城镇居民人均可支配收入达到 21 035 元，比上年增长 13.3%；农村居民人均纯收入 9750 元，比上年增长 15%。城镇和农民人均纯收入均高于全省、全国平均水平。城市居民家庭人均消费支出 13 923 元，比上年增长 3.2%；农村居民家庭人均消费支出 5007.2 元，比上年增长 8.7%。

（七）社会事业取得全面发展

2010 年，盘锦市新增实名制就业 6.1 万人，零就业家庭保持动态为零，城镇登记失业率控制在 3% 以下。2010 年，盘锦市城镇职工基本养老保险参保人数为 65.8 万人，比上年增长 29.6%。城镇职工基本医疗保险参保人数为 40.7 万人，比上年增长 0.8%；城镇居民基本医疗保险参保人数为 52.6 万人，比上年增长 192.3%；失业保险参保人数 26.2 万人，比上年增长 3.2%；新型农村合作医疗参合农民为 48.2 万人。3.2 万城镇居民和 1.9 万农村居民得到政府最低生活保障。城市居民最低生活保障月人均标准 319 元，月人均补助 160 元，比上年增长 5%。

农村居民最低生活保障年人均标准和月人均补助分别为 276 元和 121 元，比上年增长 100%和 30%。

三 盘锦市经济转型的主要经验与做法

（一）地方与企业联手，共同制定并实施"油地融合"的转型战略

在转型初期，盘锦市就认识到，要顺利实现经济转型，必须走产业复合发展之路，即在尽量延长油气采掘业相对稳产期的同时，加快培育和发展油气之外的多元产业。按照这一思路，盘锦市与辽河油田积极合作、紧密携手，实现优势互补，共同制定了"油地融合、企地融合"的转型战略，即地方政府在土地、基础设施、行政服务等方面给予油田企业全力支持，为辽河油田稳定油气采掘业创造良好环境；而辽河油田则主动担当起经济转型的主力军角色，积极拓展勘探开发领域，通过采用蒸汽辅助重力泄油等先进技术，大幅度提高油气采收率，为培育发展接续产业赢得宝贵时间。在延缓油气递减速度的同时，依托油气资源的勘探开发，积极发展上、下游延伸的关联产业；着力培育和发展石油化工、石油装备制造、船舶修造及海洋工程、沥青与防水材料、塑料加工、农产品加工等六大接续产业集群。其中，投资百亿元以上的大项目包括华锦集团乙烯扩建及石油化工项目、和运集团卤化丁基橡胶、宝来石化 150 万 t／年改性沥青等陆续建成投产；总投资 50 亿元的辽河海工基地被中石油集团确定为三大海工基地之一，也正在建设之中；总投资 20 亿元的辽河宝石公司钻机生产项目已完成投资 5 亿元，部分钻机产品已出口到多个国家。船舶制造业在零产业基础上起步，重点发展了 5 万 t 以下中小型船舶制造，现已形成 100 万载重吨／年的总造船能力。塑料加工、农产品加工等其他重点产业也都呈现良好的发展态势。

（二）依托企业科技创新，构筑多元化的产业体系

为解决盘锦市工业布局不合理、产业链短、企业规模小、实力弱等问题，盘锦市高度重视培育发展高新技术企业和科技型中小企业。通过政府推动与政策引导，加大对企业科技创新的投入，激发企业的创新热情。同时，依托国内外研发机构，分析技术发展趋势及最新成果，有目的地促进科研单位与企业对接，使最新研发的新产品、新技术和新工艺转化为现实生产力，这既解决了企业生产中技术攻关的问题，又提高了企业产品附加值。目前，盘锦市省级高新技术企业已达27 户，2010 年高新技术企业投入研发经费总额达到 1.2 亿元，平均占销售收入比例 5%以上。经过认定的科技型中小企业达到 750 家，其中从事开发、生产高新技术产品的骨干科技型中小企业达到 200 家以上，形成了电子信息、生物医药、

新材料、机电一体化、节能与环保等自主创新产业链。全市 75%以上的高新技术企业拥有自主知识产权或者开发新产品的能力，新产品占销售收入比重不断增加，省级以上企业技术中心年研发经费投入已占销售收入的 5%以上。企业自主创新体系建设不仅解决了炼油过程中的技术难题，而且改变了过去盘锦"一油独大"的经济格局，目前已经形成了以原油开采、石化加工、装备制造、塑料、建材、有机食品等多元产业共同支撑区域经济发展的格局，并且围绕精细化工、新材料、生物工程与制药、先进制造、节能与环保、现代农业等支柱行业，形成了石油钻采设备、高档沥青、长效尿素、新型涂料和防水材料、新型催化剂等一批生产规模较大、具有自主知识产权的企业。

（三）制定并出台一系列有利于经济转型的政策和措施

为吸引投资和鼓励全民创业，盘锦市出台了《盘锦市鼓励投资优惠政策》、《关于鼓励全民创业的若干规定》等相关政策规定，大力加强软环境治理，建立了产业发展基金、创业发展资金、小额创业贷款和中小企业贷款担保体系，积极降低创业门槛，搭建创业平台，重奖创业典型，营造创业氛围，促使土地、资金和人才逐渐流向重点产业和重点企业，有力地促进了经济转型。为缓解就业压力，盘锦市大力开展了"全民创业"活动，通过政策引导和优化服务环境，鼓励创办非公有制企业和各类经济组织，新上了一大批劳动密集型项目，有效带动和吸纳就业，城镇失业率明显降低。盘锦市不仅以优惠政策、优质的服务和优良的发展环境，吸引域外众多企业投资兴业，而且吸引中国石油将盘锦石油装备制造基地纳入其装备制造区域战略，使之成为中国石油确定的主要石油装备制造基地之一。同时，盘锦发挥中央财力性转移支付资金的作用，加快完善社会保障、环境保护、公共基础设施建设，以畅通沿海通道为主线，推进实施了盘锦海港、滨海公路、营（口）盘（锦）客运专线、盘锦船舶工业基地铁路专用线等交通建设项目，加快构筑了沿海开放的城市架构；推进了华润热电联产、华能风电、污水处理厂、街路改造、综合大学、综合医院等配套设施建设，使城市扩大开放的吸引力和转型发展的承载力不断增强。

（四）抓好专业园区和项目建设，创新招商引资形式

园区和项目是实现经济转型的重要载体。围绕着加速培育壮大接续产业，加强了园区项目建设，通过项目建设和产业集聚，拓展发展空间，精心打造了招商引资和产业集群发展平台。自 2005 年以来，盘锦市规划建设了船舶工业基地、石油装备制造基地、高新技术产业开发区、食品工业园、精细化工园等一批特色鲜明的专业园区，按照产业链—产业集群—产业基地的发展模式，积极吸引龙头

项目和配套项目、关联项目入驻。将创新招商方式作为主攻重点，将园区招商作为一项重要的招商引资方式，围绕盘锦经济开发区、船舶工业基地、高新技术产业开发区、食品工业循环经济示范区和盘山县经济开发区，突出集群招商。根据园区自身的产业发展方向和功能定位，通过完善园区基础设施和配套设施建设，搭建引资平台，有针对性地进行招商引资。将"走出去"与"请进来"相结合，瞄准重点地区客商和重点产业，上门招商，努力探寻与中国香港、长三角、珠三角及日韩的项目对接、企业对接乃至产业对接，通过产业集聚，形成产业集群和板块经济。

（五）加强对生态环境的整治恢复与治理力度

受油气资源长期开发的影响，盘锦市生态环境遭到破坏，特别是地下水长期超采造成的咸水体入侵等问题十分严重。近年来，盘锦市不断强化生态建设和环境保护意识。一方面，辽河油田在大力推广使用先进的油气开采技术、工艺和设备，努力提高油气采收率的同时，尽力减少物质能源消耗和污染物排放，特别是对因石油开采造成的地下水位沉降漏斗问题加大了治理力度，近几年每年直接回注的地下水量已达到 3000 万 t。2007～2010 年，辽河油田共投入环境治理和生态建设资金达 3 亿元。其中，投资 1.87 亿元建成污水深度处理站，自处理含油污水 1.2 万 m^3，年可节约新鲜水量 105 万 t；投资 3000 万元建设了泥浆无害化处理工程，共处理钻井废弃泥浆 45 万 m^3，处理达标率达到 100%。另一方面，盘锦市政府切实加强环保设施建设，使污水处理水平、垃圾处理水平、资源综合利用水平、城市绿化水平等逐年提高。同时，加大土地盐碱化、沙漠化等治理力度，使建设用地复垦还田速度达到了 300 亩/年。

第五节　白银市（有色金属）资源枯竭型城市转型的实践与探索

━ 一 白银市的基本概况

白银市位于黄河上游、甘肃省中部，距离省会兰州 69km。白银市"因企设市，因矿得名，因矿而兴，因矿而衰"，是一个典型的资源型城市。早在明朝洪武年间，官方设置采炼机构"白银厂"，有"日出斗金，积销金城"之记载。1956 年设立县级市，1958 年升为地级市。全市总面积 2.12 万 km^2，现辖三县两区，总人口 175.1 万人，其中城镇人口 61.6 万人。新中国成立后，国家"一五"计划时期 156 项重点项目有两项在白银市布局。在 50 多年的开发建设中，白银市为国家作出了巨大贡献，累计生产十种有色金属产品 569.9 万 t（其中铜产品 195.1 万 t），生产原煤 1.63 亿 t；累计实现工业总产值 2230 亿元，上缴利税 169.6 亿元，其中，有色工业累计实现产值 1019 亿元，上缴利税 96 亿元。但经过 50 多年的开发，白银市已探明的有色金属资源基本枯竭，经济社会发展陷入了困境。自白银市被国家列入资源枯竭转型城市后，白银市抓住这次历史机遇，把加快资源枯竭型城市经济转型作为全市中心工作，卓有成效地推动转型工作，经济社会保持了良好的发展势头，实现了资源型城市转型的良好开端。

二 白银市经济转型取得的阶段性成果

（一）综合实力显著提升，结构调整初见成效

2006～2010 年，白银市主要经济指标实现了翻番：生产总值达到 311.2 亿元，年均增长 12.5%；人均生产总值达到 17 680 元，年均增长 12.1%；工业增加值达到 144.1 亿元，年均增长 16.5%；五年累计完成全社会固定资产投资 615.7 亿元，年均增长 23.5%；社会消费品零售总额达到 85.9 亿元，年均增长 16.9%；一般预算收入达到 11.8 亿元，年均增长 20.3%。这六项指标均比"十五"末翻了一番。全口径财政收入达到 33.8 亿元，年均增长 14.1%；金融机构贷款余额比"十五"末增长了 2.4 倍；第三产业增加值达到 102.4 亿元，年均增长 9.7%。白银市的三次产业结构由"十五"末的 14.35∶50.52∶35.13 调整为 12.1∶55∶32.9。2010年，白银市城镇居民人均可支配收入达到 14 213 元，年均增长 12.4%；农民人均纯收入达到 3386 元，年均增长 10.9%；万元生产总值能耗降低 20.5%，超额完成"十一五"规划目标。白银市森林覆盖率由"十五"末的 5.5%提高到了 7.57%。城镇化率达到了 36%，比"十五"末增长了 5.9 个百分点。

2010 年，白银市规模以上工业增加值达到 128.3 亿元，年均增长 18.4%。新增有色金属生产能力 18 万 t，新增火电、水电、风电等发电能力 230 万 kW，以直喷式涡轮增压柴油发动机（TDI）为龙头的新型化工产业链条基本形成，机械、建材、农产品加工和高新技术产业已初具规模，技术创新能力明显增强。白银市被国家命名为全国科技进步先进市、全省产学研合作示范市，有色金属新材料及制品产业基地被纳入国家火炬计划，银光公司入选国家级创新型试点企业。

（二）基础设施日趋完善，城市转型稳步推进

"十一五"期间，国家给予白银市资源枯竭城市财力性转移资金共计 5.77 亿元，用于基础设施建设和主导传统产业改造提升。实施各类项目 2760 项，比"十

五"时期增加 450 项，投资总额是"十五"时期的 2.86 倍；白银市及市以下完成投资 363.1 亿元，年均增长 27.8%，投资兴建了一批事关长远发展的重大工程。白银公司与中信集团成功实现战略性合作，中材集团、大唐集团、中科宇能等国内知名企业落户白银市。园区建设步伐加快，白银市高新技术产业园成功晋升国家级高新技术产业开发区，入驻企业 85 家，新材料、精细化工等特色产业不断壮大。各类园区成为项目建设和产业聚集的重要平台。

"十一五"期间，白银市共完成交通投资 41.4 亿元，新增公路 2880km，比"十五"末增长 45%，其中新增高速公路达到 182km；新建改建农村公路 3963km，总里程达到 8474km，比"十五"末增长 88%。在推进城乡电网改造中，白银市电网输变电等级升至 750kV。同时，白银市在城市大气污染治理、城乡安全饮水、清洁能源和人居环境建设方面也成效显著。白银市城区空气优良天数由"十五"末的 191 天增加到 287 天；城市生活垃圾无害化处理率达到 88.7%，污水处理率达到 46.3%，燃气普及率达到 55.4%，集中供热面积达到 1029.9 万 m^2，城市供水综合日生产能力达到 46.8 万 m^3。目前，白银市主城区绿化覆盖率达到 24%，人均公共绿地 6.7m^2。新建改造市区道路 28km，城市建成区扩大到 54km^2。

（三）人民生活明显改善，社会事业全面发展

2006 年以来，白银市逐年加大民生投入，集中解决了一批群众关心的实际问题，城乡居民衣、食、住、行条件大为改善。通过实施整村推进、以工代赈、易地搬迁等扶贫工程，目前，已有 11.08 万农村贫困人口实现脱贫，贫困面由 27% 下降到 19%。在就业方面，白银市大力开展就业技能培训，实施全民创业工程，使城乡就业渠道不断拓宽，每年新增就业岗位 2 万个以上，输出劳务 28 万人。在社会保障体系建设方面，白银市加大投入，全市基本养老、医疗、失业、工伤、生育保险覆盖面不断扩大，城镇居民医疗保险覆盖率达到 99.3%，城乡居民最低生活保障人数分别达到 7.57 万人和 22.78 万人。住房公积金净归集余额达到 10.8 亿元，贷款余额 7.1 亿元。加大保障性住房和棚户区改造力度，城市人均住房面积由 19.7m^2 增加到 28.2m^2，农村人均住房面积由 20.1m^2 增加到 24.9m^2。开工建设棚户区改造 30 个片区，完成住房 19 976 套共 112.51 万 m^2。在教育、卫生等方面，白银市建立了义务教育经费保障机制，落实教育投入 9.2 亿元，新建改建校舍 78.7 万 m^2，师资队伍整体素质进一步提高，高中阶段毛入学率达到 82.8%。初步建立公共卫生服务、基本医疗保障、医疗救治服务和药品保障体系，新型农村合作医疗覆盖全部农村人口，社区卫生服务覆盖市区所有居民。建成了市广电、体育、文化中心和黄河石林书画院，实施了乡镇文化站、广播电视"村村通"、农家书屋等一批公共文化项目，人民群众精

神文化生活日益丰富。

（四）对外开放取得新突破，体制机制创新取得新进展

到"十一五"末期，白银市国有工业企业改制重组和产权多元化改革基本完成，粮食、流通等领域国有非工业企业改革加快推进，以县乡财政、义务教育、乡镇机构改革为重点的农村综合配套改革不断深入。稳妥推进政府机构改革和事业单位改革，农村土地流转、集体林权制度、水利工程管理体制等涉农改革取得重要进展，新一轮医药卫生体制改革有序开展。同时，白银市清理废止规范性文件311件，受理审结行政复议案件311件，行政行为更加合法有效。推进"信访积案化解年"等活动，突出问题得到有效化解。开展"行政效能建设年"等活动，实现政务大厅搬迁扩容，取消审批服务事项482项，减幅52%。建成市电子监察中心，发挥市长信箱和"政风行风热线"作用，损害群众利益的不正之风得到有效遏制。在对外开放方面，近几年，白银市积极扩大对外招商引资力度，对外合作取得了新进展，与亚洲开发银行、国家开发银行、中国农业发展银行及其他商业银行建立了良好合作关系，利用外资规模已达 8000多万美元。招商引资逐步成为白银市拉动投资和经济增长的新生力量。2010年年底，白银市签约招商引资项目677项，签约资金408亿元，比"十五"末分别增长54%和69%；竣工项目488项，完成投资186亿元。白银市对外影响力不断扩大，城市知名度显著提高。

三 白银市经济转型的主要经验与做法

（一）深入领会政策和文件精神，明确转型工作思路和重点

《若干意见》下发后，白银市委中心组多次组织专题学习，市级领导带头学习，全市县区主管部门以及各大中型企业分别以召开党委会、中心组学习会等形式，对文件精神进行了认真学习，并进行交流发言。为进一步解读和阐释文件精神，市委政策研究室起草了政策解读辅导材料，市直有关部门创办了《白银转型动态》、《多元支柱产业》、《项目白银》等简报，市县区党校把资源型城市经济转型相关政策纳入教学内容，邀请有关专家在白银市举办专题讲座，新闻媒体开辟了专刊专栏解读文件，从而形成了全市上下了解转型、支持转型、参与转型的氛围。通过学习，使广大干部群众充分认识到城市转型不仅是经济转型，也是社会、生态、文化的全面转型，更是落实科学发展观、实现以人为本的最好体现。在统一思想认识的基础上，明确了转型的发展思路、阶段性转型重点任务，并提出政府是转型的主导，企业是转型的主体，干部是转型的关键，群众是转型的基础，

项目是转型的载体，创新是转型的灵魂的思路。同时，编制了《白银市资源枯竭城市转型方案》。

（二）加强有关部门的衔接与沟通，具体落实分解转型任务

为更好地推进城市经济转型，白银市在政策、项目、资金等方面，加强与国家和省市有关部门的沟通和衔接。省政府出台了《支持白银市做好资源型城市转型工作的意见》，提出了六大重点任务和四项支持政策，并成立了工作领导小组，确定每年至少召开一次转型工作会议，专题解决转型过程中遇到的困难和问题。省财政对国家支持白银市转型的财力性转移支付按 1∶0.5 给予配套；白银市与农业发展银行甘肃分行签订了金融合作备忘录，为转型项目落实贷款。同时，白银市组织市内综合部门和区域内大中型企业，进行项目筛选储备。在省发展和改革委员会等有关部门指导下，白银市共凝练包括发展循环经济、节能减排、资源综合利用、能源建设、基础设施建设和重大民生项目以及解决历史欠账的转型项目等共 10 大类 543 项。现已上报国家和省级项目 46 项，落实资金 3.51 亿元，争取国债资金 2.24 亿元。白银公司成功实现与中国中信集团的战略合作，增资扩股 32.6 亿元，成为白银市最大的转型项目。在矿产开发和土地利用方面，报请国土资源部批准，调整了白银市工业用地出让最低标准价，白银区工业用地出让最低价由 168 元/m² 调整到 144 元/m²，平川区工业用地出让最低价由 144 元/m² 调整到 120 元/m²。落户白银区中小企业创业基地的企业，按新调整的工业用地出让最低价标准的 30%确定出让底价。

（三）在改造提升传统产业的同时，加快培育发展接续产业

从 2005 年开始，白银市重点培育有色金属及稀土新材料、精细化工、矿产和资源再生利用、能源和新能源、机械和专用设备制造、非金属矿物制品、特色农畜产品深加工和黄河文化旅游业等八大支柱产业。由分管副市长牵头成立了八个产业工作组，制定产业发展规划，确定产业发展项目，落实产业发展措施，并将其纳入政府目标责任考核。同时，以企业技术提升和产业链延伸为重点，建成和开工了稀土公司高性能稀土储氢合金粉、北方三泰公司年产 10 万 t 氯碱一期工程、聚银公司年产 5 万 tTDI、西北永新年产 12 万 t 有机溶剂、乌金峡水电站首台机组、大唐景泰风电场、平川捡财塘风电场、大唐景泰电厂一期工程、中材集团日产 4500t 干法水泥生产线、中科宇能兆瓦级风电叶片、水电三局风电塔架一期、中集华骏特种车辆、华惠麦芽二期扩建、雨润集团年屠宰加工 150 万头生猪产业化及万头种猪场等一批重大项目，年产 2 万 t 碳酸锂项目已经国家发展和改革委员会批复，总投资 3600 多万元世界银行贷款的黄河石林景区基础设施建设

项目也开工建设。目前，八大支柱产业完成增加值已占全市的 50% 以上。

（四）重视园区建设，加大招商引资力度

白银市把园区建设和招商引资作为转型发展的基础和关键。园区建设为项目搭建平台，招商引资为项目开辟领域。中国科学院白银高技术产业园是中国科学院与地方政府共同建设的第一家高新技术产业孵化基地，目前已有 55 个项目入驻，有 30 个项目投入运营，国家火炬计划"白银有色金属新材料及制品产业化基地"和"风电设备制造工业园"也在产业园挂牌。白银西区经济开发区、刘川工业集中区、平川中区开发区、白银区中小企业创业基地也初具规模，形成了"一园三区一基地"园区框架，成为支撑转型发展的重要平台。在招商引资方面，白银市引进了中信集团、中科宇能、大唐风电、在恩制药、南京嘉业、国投风电、中集华骏、湖南鑫大、北方三泰、西藏矿业、南京雨润、蒙牛乳业、福建盼盼等数十家知名企业。2005 年以来，白银市共实施投资 50 万元以上的在建项目 2300 个，完成投资 320 亿元；招商引资项目开工建设 515 个，建成投产 369 个，完成投资 90 亿元。

（五）加强城市基础设施建设，着力打造服务型政府

以增强城市的产业集聚、开发集约、能量集合功能为目标，白银市先后成立了土地储备公司、市政国有资产经营公司和鸿翔资产运营公司，开发荒山荒坡，收储城市规划内土地，将土地挂牌拍卖所得的增值部分用于市政建设。对城市公共设施实行实体化经营、市场化运作，变单纯服务型为经营服务型，盘活城市资产，对城市道路、桥梁、小区、广场、公园景点等设施的冠名权、广告权进行出让、拍卖，以增加城市资本积累，并利用亚洲开发银行贷款城市发展项目资金 6000 万美元，用于城市基础设施建设。同时，开展政府效能建设，制定了发展非公有制经济"四十条"，对市直部门的企业服务工作提出了"十不准"的要求，有效改善了非公有制经济发展的观念、体制和政策环境。推行政府机关"首问责任制"、"限时办结制"，对签约入驻的项目，由"一站配送式服务"逐步向"一键式"电子快速服务转变；对行政审批事项实行"审查保留制度"，设立"公务人员行政效能投诉中心"，接受社会各界和群众的监督。

（六）实施"四大民心工程"，改善人居生态环境

一是实施大气污染治理工程。在转型初期，白银市就把解决环境问题作为经济社会可持续发展的重大战略问题列入重要议事日程，在市财力十分困难的情况下，拿出 6000 万元，作为白银公司铜冶炼制酸系统改造的启动资金，带动了国

家和企业的投资。相继出台了《加强环境保护的意见》、《中小型企业污染整治方案》等措施。同时，加大节能减排力度，实行高耗能企业重点监控，争取国家投资超过 12 亿元，共实施污染治理重大项目 6 项。二是实施城乡安全饮水工程。开工建设了白银城区"引大入银"生活水源工程和白银公司重金属离子工业废水处理及再生回收一期工程；建成了会宁、靖远、景泰等县多处饮水工程，农村安全饮用水覆盖面达到 30%以上；会宁、靖远、景泰三县城区污水处理工程正在加紧实施。三是实施清洁能源建设工程。将天然气通入市区，开始向部分用户供气；新增农村沼气池 11 260 户。四是实施基础设施和生态环境建设工程。建设了体育、文化、广播电视中心和全民健身广场等项目，实施了城区大环境整治、金大沟综合治理和大坝滩综合开发，规划建设城市森林公园，规划设计科技馆、博物馆。城市功能不断完善，人居环境不断改善。

第六节　大冶市（黑色金属）资源枯竭型城市转型的实践与探索

一　大冶市的基本概况

大冶市位于湖北省东南部，长江中游南岸，距武汉 70km。大冶通江达港，交通便利，山川秀丽，境内的铜绿山古矿遗址被誉为"世界第九大奇迹"。全市面积 1566km^2，总人口 92 万，辖 10 个乡镇、2 个城区街道办事处、1 个省级开发区和 1 个国有农场。大冶因"大兴炉冶"而得名，有"百里黄金地，江南聚宝盆"的美誉，是华夏青铜故里、矿藏荟萃之乡和保健酒基地。虽拥有冶金、建材等工业基础较好的产业，但由于多年的高强度开采和原始粗放的滥采乱挖，铁、铜等主要矿产资源开采量比鼎盛时期下降了 45%以上。20 世纪 90 年代以来，大冶进入了矿产资源枯竭时期，资源枯竭带来了主导产业衰退、失业人口增多、地质灾害频发、生态环境恶化等一系列经济社会问题。

作为一个典型的资源城市，大冶市面临的资源逐渐枯竭、经济社会发展矛盾日趋突出。2006 年，大冶市委、市政府适时做出了"以经济转型为重点，摆脱资源情结，推动经济社会可持续发展"的战略决策，并开始了自发的经济转型。2008 年被列为国家首批资源枯竭型城市后，大冶市紧紧抓住这一历史机遇，把城市转型作为贯彻落实科学发展观最现实的载体，以新区建设为重点，以产业集群发展为主线，对全市产业结构进行战略性大调整。结合本地实际，制定了"依托资源而不依靠资源"的经济转型战略，即脱胎于矿业的钢铁延伸产业、依托于"劲牌"的食品饮料产业、新技术新工艺装备的新型建材产业等"多驾马车"并力驱动，围绕机电制造、饮料食品、新型材料、纺织服装、钢铁延伸加工、新型水泥建材等六大重点产业，引进重大项目，壮大核心企业，完善产业链条，打造精品名牌。经过几年的探索和实践，大冶市实现了由自发转型向国家支持推动的全方位转型的转变，转型的效果初步显现。

二 大冶市经济转型取得的阶段性成果

（一）经济快速增长，综合实力明显增强

2010 年，大冶市实现地区生产总值 251.1 亿元，比上年增长 17.1%，是 2005 年的 2.5 倍，完成"十一五"规划目标的 147.7%。第一产业增加值 24.6 亿元，增长 5.48%；第二产业增加值 150.7 亿元，增长 22.9%；第三产业增加值 75.8 亿元，增长 12%。2010 年大冶市人均 GDP 为 31 028 元，增长 31.6%，是 2005 年的 2.8 倍，完成"十一五"规划目标的 169.7%。2005～2010 年，采掘业占工业产值的比重从 45%下降到 35%，制造业占工业产值的比重从 49%增长到 59.2%，养殖业占农业产值的比重从 45%增长到 55%。2010 年，大冶市完成全社会固定资产投资 151.63 亿元，比上年增长 51.7%。"十一五"期间，大冶市累计完成投资 410 亿元，完成"十一五"目标的 141.4%。2010 年，大冶市完成财政收入 25.96 亿元（不含社会保障基金），比上年增长 40.2%，完成"十一五"目标的 144.2%。其中，各项税收收入 21.3 亿元，比上年增长 29.3%。大冶市地方财政一般预算收入 11.8 亿元，比上年增长 68.9%，完成"十一五"目标的 190.9%。

（二）规模以上工业企业效益不断提高，结构不断优化

2010 年，大冶市规模以上工业企业已达 250 家，比上年增加 58 家。年产值亿元以上企业 83 家，总计完成工业产值 317.7 亿元，占规模以上工业总产值的 82.2%。其中，产值超 2 亿元的企业有 42 家；产值超 5 亿元的企业有 16 家；产值超 10 亿元的企业有 4 家。全市工业增加值 140.1 亿元，比上年增长 22.1%；规模以上工业产值（不含黄金山开发区）386.3 亿，比上年增长 65.1%，完成"十一五"目标的 199.1%；完成增加值 118.5 亿元，比上年增长 37.9%，完成"十一五"目标的 169.3%。2010 年，大冶市规模以上工业实现主营业务收入 346.7 亿元，比上年增长 55.7%；实现利润总额 19.5 亿元，比上年增长 88.8%；实现利税 32.5 亿元，比上年增长 56.1%。规模以上工业经济效益综合指数 258.1%，比上年增加 47.8 个百分点。2010 年，大冶市四大产业集群共完成工业产值 364.4 亿元，占规模以上工业总产值的 94.3%。其中，纺织产业集群完成工业产值 7.81 亿元、新型建材产业集群完成工业产值 63.5 亿元、饮料和食品产业集群完成工业产值 57.3

亿元、机电制造产业集群完成工业产值 235.8 亿元，分别占规模以上工业产值的 2%、16.4%、14.8%和 61%。2010 年，大冶市规模以上矿产资源型、高耗能企业完成产值 259.7 亿元，占全部规模以上企业产值的比重比上年下降 0.62 个百分点，其中，采矿业下降 0.16 个百分点，黑色金属冶炼及压延加工业下降 1 个百分点。

（三）传统产业竞争力不断增强，新兴支柱产业迅速崛起

在改造提升传统钢铁产业方面，大冶市重点在抓整合、上水平、深加工、增效益、降能耗、保安全方面下工夫，依托新冶特钢、兴成钢铁等骨干企业，以发展无缝钢管、不锈钢管、精密铸件等延伸加工产品为重点，大力支持新冶特钢，通过技术改造和创新以及调整产品结构，延伸产业链。现已形成 150 万 t 特钢、万 t 无缝钢管、30 万 t 铸锻件的生产能力，无缝钢管已进入全国行业十强。通过改制把传统产业做大做强，例如，劲牌公司由原来一家国营小型酒厂成长为国内知名企业。依托劲牌公司狠抓配套项目，向上游发展基酒生产，配套发展制瓶、包装行业，向下游发展保健食品行业，使食品产业链条不断延长，带动了相关产业的发展。现已形成基地生产、配套制造、彩印包装、专业物流一条龙产业链。2010 年实现年销售收入 50 亿元，实现利税 10 亿元。劲牌公司实现了由中小企业向大中型企业、由传统制造向现代化生产、由地方知名品牌向行业强势品牌的"三大转变"。同时，加快培育新的支柱产业。以登峰公司、斯瑞尔换热器、徐风环保科技为龙头的高新技术产业，以利达纺织、伟嘉纺织、武汉一棉为龙头的纺织服装产业，以鹿山化工、楚天化工为龙头的化工产业，以祥尔、祥强公司为龙头的烟花爆竹业等一大批接续替代产业已初步形成。

（四）园区项目建设取得重大进展，招商引资成效显著

近年来，大冶市克服土地政策偏严、金融政策偏紧的不利条件，大手笔、大气魄地规划建设 20km^2 的科技型、生态型、环保型工业新区。投资近 9 亿元，拉开新区一期 9.1km^2 "三纵四横"的道路框架，水、电、气等配套设施已逐步完善。新区现已引进项目 45 个，利用域外资金 80 亿元，已到位资金 20 多亿元。灵成工业园是省级特钢、模具钢特色园区，目前已投资超过 5 亿元，建成"两纵三横"路网，"一心、二轴、五区"的园区格局基本形成，2010 年实现产值 20 亿元，园区项目建成后可实现产值 100 亿元，实现利税 8 亿元。同时，建立了在外人士回乡创业的回归园。在招商引资方面，大冶市先后引进了包括世界 500 强富士康、中国 500 强雨润集团、中国制造业 500 强武汉重冶集团、中国军工企业 500 强航宇集团和华东地区最大畜禽加工企业山东永惠食品公司等在内的一批知名企业。雨润集团由原来的肉鸡屠宰项目，发展到大冶城市综合体等多个项目，投资额由

1.5 亿元扩大到 18 亿元。武汉重冶集团在大冶组建了"大冶重型装备铸锻中心"，项目总投资 20 亿元，主要生产装备特殊材料、重型铸钢（铁、锻）件，三期工程全部建成后产值可达 100 亿元。同时，引进了航宇鑫宝管业、众鑫铜业、富峰特钢等企业，这些企业形成的联动效应，促进了资源的精深加工和再利用。2010年，利用域外资金项目 200 多个，其中，过亿元项目 17 个。在抓好对外招商的同时，大冶市注重启动市内资金和民间资本。2010 年，大冶市利用市外资金 34.6亿元；启动民间资本项目 168 个，累计到位资金 8.3 亿元，民间投资项目实际到位资金额占全市项目到资总额的 24%。劲酒公司、宏力铸造、群力机械等民间资本投资项目，已成为大冶市地方经济发展的重要推动力量。

（五）农业龙头企业带动作用明显，土地规模经营初见成效

一是依托农业资源优势，打造畜牧和水产大市。通过市场引导、龙头带动、农民参与、政策扶持以及一批投资亿元以上重大项目的引进，现已形成了"大金"、"铁贺"省道沿线的畜禽规模养殖带和以环绕保安湖为主体的名特优无公害水产养殖带。同时，大冶市财政每年专项列支 1000 万元，扶持规模养殖大户。现已建成万头猪场 8 个，生猪"150"模式 73 个，种禽场 5 家，肉鸡养殖小区和专业户 105 家。10 万亩标准化水产养殖基地，年生产"保安湖牌"螃蟹 50 万 kg、优质鱼类 2500 万 kg。大冶市畜牧水产两大农业主导产业，已成为推进转型、加快地方经济发展的一大新亮点。二是以知名企业为龙头，加快农业产业化进程。大冶市先后引进了福润 3000 万只肉鸡加工、永惠 3600 万只肉鸭加工、永大种鸡孵化、欧斯达 5 万头标准化养猪场、武汉敦煌种业公司等一大批国内外知名龙头企业，龙头企业建设带动农民近万户融入到产业链条之中。大冶市现有农产品加工企业 75 家，总资产达 30.8 亿元，年加工农产品总量 6.8 万 t，产值超过 10 亿元。三是土地流转速度加快。目前，大冶市流转面积累计达 10 万亩，占全市耕地面积的 20%；新增林地流转 4 万亩，占全市林地面积的 21.4%。发展农业规模经营大户 504 户，涌现了一大批规模经营典型。四是大冶市休闲农业成为发展现代农业的新兴产业。在加快发展东风农场为主体的标准化养殖和渔业精深加工产业，扶持楚天鱼面、"嘎子"窖鱼、黄金湖风味鱼等水产品加工企业做大做强的同时，大冶市积极吸收民间资本，引导保安湖流域养殖户开发集养殖、加工、垂钓、休闲于一体的特色休闲渔业，现已投资 6800 余万元，发展休闲、观光农业园区 7家，年接待游客 7 万人次。

（六）城乡居民收入持续增加，社会保障体系初步建立

2010 年，大冶市城镇人均可支配收入 15 020 元，比上年增长 14.9%，完成"十

一五"目标的 139.1%。城镇居民人均消费支出 9515.6 元，比上年增长 6.4%，城镇居民恩格尔系数为 39%。农民人均纯收入 6688 元，比上年增长 19.3%，完成"十一五"目标的 152%。其中，工资性收入 3867.58 元，比上年增长 27%；家庭经营纯收入 2515.8 元，比上年增长 5.1%；财产性收入 127.9 元，比上年下降 15.1%；转移性收入 176.92 元，比上年增长 209.1%。2010 年末，大冶市社会从业人员 58.6 万人，比上年末增长 0.57%。其中，第一产业从业人员 12.9 万人，比上年末减少 4.4%；第二产业从业人员 18.52 万人，比上年末增长 4.63%；第三产业从业人员 27.2 万人，比上年末增长 0.4%。2010 年，大冶市城镇企业职工基本养老保险参保人数为 7.32 万人，比上年末增加 0.46 万人，比上年增长 6.7%；参加城镇职工基本医疗保险的人数为 8.19 万人，比上年末增加 0.21 万人，比上年增长 2.6%。2010 年，大冶市参加失业保险的人数为 3.02 万人，比上年末增加 0.28 万人，比上年增长 10.4%。2010 年，大冶市参加农村合作医疗的人数 67.39 万人，比上年末增加 2.24 万人，增长了 3.4%。农村社会保障体系不断健全，参加农村养老保险的人数为 8.48 万人，比上年末增加 7.7 万人。

三　大冶市经济转型的主要经验与做法

（一）大力实施"开放先导"战略，以项目园区建设推动转型

在转型过程中，大冶市坚持以开放促转型，把利用外资、启动内资作为推进经济转型的强力引擎，依托大冶经济开发区和灵成工业园两个发展新平台，实施招大商引名商，不断拓宽招商思路，提高招商档次。改变过去单纯的就项目引项目，通过实施项目、产业、园区建设并举，实现招商引资大突破。同时，加大产业结构调整力度，用高新技术引导传统产业改造提升，支持新兴支柱产业集群式发展，接续替代产业快速集约跟进，实现资源型产业由地下向地面延伸，优势产业由中端向上下游延伸，主导产业由单一资源型向多元化延伸。华兴玻璃二期、晨茂铝材、鑫宝铸管、楚天化工等一批项目相继建成投产，使主导产业由"一矿独大"向多元化产业集群发展，促进经济结构优化升级。劲牌保健酒、登峰牌高效节能换热器获得了中国名牌产品称号，宏泰牌铝型材、晨茂牌铝型材获得国家免检产品称号。

（二）突出工业立市强市战略，以产业集群建设促城市转型

大冶市举全市之力构建两个发展新平台，将大冶市经济开发区打造成"产业先进、功能完备、设施健全、服务优质、环境优美"的工业新区，将灵成工业园打造成湖北省特钢、模具钢、重型机械制造加工基地，并把大冶市做成中国保健

酒基地、中部地区原材料工业基地、中部地区新型建材工业基地、武汉城市圈先进制造业配套基地、湖北省特色农副产品生产加工基地。现已形成四个产值过百亿的产业集群：2010年机电制造产业产值达到200亿以上，食品饮品产业、新型建材产业、纺织服装产业产值达到100亿元以上。在发展和壮大优势产业的同时，引进和培育新的支柱产业，现已形成机电制造、新型建材、饮品食品和纺织服装四大产业聚群。同时，运用高新技术对钢铁、建材等传统产业进行改造，关闭不符合国家政策的高耗能、高污染的企业，形成了30万t铝型材、1100t新型干法水泥的生产能力。

（三）"三化统筹"，大力推进城镇化和农业现代化

大冶市在经济转型实践中，坚持把城市转型与统筹推进工业化、城镇化、农业现代化有机结合起来，有效解决经济发展中出现的各种问题。根据大冶市农业人口占总人口60%的特点，确立以经济转型带动农业和农村经济发展的思路，使经济转型与农业农村经济发展同步推进。通过项目和园区建设，为农村剩余劳动力向城镇转移提供大量就业岗位，加速农村人口向城镇聚集，有力地促进了农村土地流转和规模经营的实现，加快推进了大冶市的城镇化和农业现代化进程。2007年大冶被列为湖北省集体建设用地流转试点县（市）以来，先后出台了一系列加快农业规模经营的优惠政策。每年安排专项资金，对流转面积连片达1000亩的规模经营大户采取以奖代补的方式给予奖励，极大地提高了规模经营户的生产积极性，带动一批种养能手和工商企业主积极参与到流转土地以及发展高效种养业以及农业规模经营、集约经营中来。

（四）以深化行政管理体制改革为动力，优化转型发展环境

大冶市把优化投资发展环境、提高政府工作效能作为行政管理体制改革的突破口。加强对招商引资和项目建设的管理力度，采取"一个签约项目，一名领导牵头，一个部门负责，一套班子服务"的工作机制，加快在建项目建设速度；实行投资者与周边村民、管理部门的"两个隔离"，优化项目周边环境；推行重点项目"保姆式"服务，为投资者提供更加优质的服务；严格实行服务承诺制和责任追究制，及时处理影响经济发展环境的案件；出台了《大冶市招商引资优惠政策若干规定》、《外商投资项目入园管理办法》和《市政府投资工程建设资金管理办法》，编制了《大冶市涉企行政事业性收费目录》和《大冶市"三制"挂牌保护民营企业收费明白卡》，进一步优化了投资环境；积极探索失地和被征地农民的补偿新机制，解决了被征地农民的后顾之忧。同时，建立健全资源开发补偿机制、衰退产业援助机制和投融资机制。强化生态环境建设，推进节能减排工作，

加强地质灾害和环境污染综合治理，以及资源勘察和矿产权管理。

第七节　白山市（混合型）资源枯竭型城市转型的实践与探索

一　白山市的基本概况

白山市位于吉林省东南部、长白山腹地，与朝鲜隔鸭绿江相望。全市共有 3 县 1 市 2 区，即长白朝鲜族自治县、抚松县、靖宇县、临江市、八道江区、江源区。全市面积 1.75 万 km²，总人口 133 万，其中，农业人口 41.7 万人，非农业人口 88.3 万人，林矿区人口占全市非农业人口的 52.4%。白山市的林木、煤炭、矿产等资源丰富，属典型的依托资源而建立的城市。白山市与其他资源型城市不同，它是混合型的资源型城市，具有煤炭、森林、铁矿等资源型城市的所有特征，其中，森林采伐和煤炭开发、开采有百年以上历史。20 世纪 50 年代，国家陆续投资建设通化矿务局、省属六大林业局、通钢集团下属的板石铁矿、大栗子铁矿等一批国有大中型企业。经过近 60 年的开采，这些企业分别累计为国家生产原煤 2.34 亿 t、木材 1.6 亿 m³ 和铁矿石 7000 多万 t，上缴利税分别达到 9.9 亿元、30 亿元和 8 亿元，为国家发展做出了巨大贡献。

然而，到了 20 世纪 90 年代，白山市煤炭、森林和铁矿资源都已进入枯竭期。随着已探明矿产资源和森林资源的日渐枯竭，以及国家实施天然林保护工程后木材采伐量锐减，白山市的林、煤、矿产等资源型主导产业出现大幅度的萎缩，加之接续替代产业尚未超前谋划发展，白山市的地方经济发展陷入了困境。资源枯竭所带来的产业衰退与企业破产倒闭以及新旧体制转轨和社会转型，在时间和空间上的重叠与相互交织所带来的诸多矛盾和问题，更加剧了地方经济和社会问题，使白山市的生存发展出现了严重的危机。具体表现在经济发展停滞不前，地方财政收入困难，城镇居民收入水平大幅下降，下岗失业人员剧增，经济发展出现的停滞状态所带来的民生保障短缺与社会稳定问题十分突出，长期资源掠夺式开发开采不仅缩短了资源的可开采时间，而且造成了严重的生态环境破坏。在这种条件下，探寻白山市转型发展之路已迫在眉睫、刻不容缓。

2006 年 6 月，在国家和吉林省的鼎力支持下以及白山市积极努力争取下，白山市被国家确定为煤炭、森工、矿产综合资源型城市经济转型试点城市。2008 年又被国家确定为首批 12 个资源枯竭城市之一。自被确立为国家资源枯竭型城市经济转型试点市以来，白山市以科学发展观为统领，确立了生态立市、产业强市的发展战略，坚持以解放思想为先导，以推进经济转型为主线，让城乡居民生活越来越好为宗旨，积极发展接续和替代产业，推进经济结构调整和经济发展方式的转变，全面构筑资源转型的经济社会支撑体系，使得白山市的经济和社会各项事业步入发展的快车道。经过几年的努力，白山市上下呈现出经济发展、民生改善、政治安定、社会稳定的良好局面，步入了速度快、质量好、效益优、人民群众幸福指数明显提升的新阶段。

二 白山市经济转型取得的阶段性成果

（一）经济增长速度较快，综合实力不断增强

2003～2011 年，白山市地区生产总值分别为 110.6 亿元、131.8 亿元、160.5 亿元、191.9 亿元、237.5 亿元、300.4 亿元、370.4 亿元、433.2 亿元和 531.4 亿元，同比分别增长 8.8%、15.1%、17.8%、18.1%、21.8%、19.9%、21.5%、17.2%和 16.6%，分别高出全省当年增速-1.4 个、2.9 个、5.8 个、3.1 个、5.7 个、3.9 个、7.9 个、3.5 个、2.9 个百分点；自实施老工业基地振兴战略以来，白山市 GDP 年平均增速为 17.4%，比全省平均增速高 3.8 个百分点。2011 年，白山市地区生产总值实现 531.4 亿元，增长 16.6%，增长幅度位居全省第 2 位，人均 GDP 达到 4 万元，地区 GDP 和人均 GDP 分别是 2005 年的 3.3 倍和 3.4 倍，年均增长 19.2%和 19.8%。2003～2011 年，白山市规模以上工业完成增加值分别为 30.7 亿元、34.3 亿元、50.2 亿元、66.2 亿元、91.1 亿元、124.8 亿元、173.3 亿元、216 亿元和 291.9 亿元，同比增长 8.5%、2.5%、31.4%、24.2%、25.6%、18.7%、31%、27.9%和 29.9%，分别高出全省当年增速 9.4 个、19.5 个、20.4 个、5.7 个、2 个、0.1 个、14.2 个、8 个和 11.1 个百分点。2011 年，白山市完成一般预算全口径财政收入 57.99 亿元，同比增加 14.74 亿元，增长 34.1%。其中，市本级完成一般预算全口径财政收入 34.29 亿元，同比增加 7.39 亿元，增长 27.5%。全年完成地方级财政收入 35.53 亿元，增长 40.6%。其中，全年完成税收收入 24.09 亿元，增长 39.4%。全市完成财政支出 127.38 亿元，增长 27.3%。

（二）发展活力进一步增强，接续替代产业初见成效

白山市不仅是资源枯竭型城市，而且具有东北老工业基地的所有弊端，存在国有企业比重偏大、包袱重、富余人员多、体制机制僵化、竞争力不强、经营困难等问题。为此，在城市转型过程中，白山市始终把体制和机制创新作为全市工作的重点，全力实施企业改革攻坚。到 2010 年末，全市国有企业全部完成改制任务，实现了混合制经营。同时，积极扩大对外开放，大力发展民营经济，坚持"走出去"与"请进来"相结合、企业主导与政府推动相结合、大型活动与专业

对接相结合、引进内资与外资相结合、引资与引智相结合，不断加大招商引资力度。相继引进了娃哈哈、农夫山泉、康师傅等一批国内知名企业，引进了中国华能、大连万达、泛海集团、亿利集团、一方集团、未来趋势国际集团、修正药业、天津天士力、上海大山合等一批战略投资者。经过几年的努力，白山市传统的资源型经济格局发生了深刻变化，工业由过去以能源、林产、矿产冶金三大资源开发为主导向清洁能源、林木精深加工、矿产新材料、现代医药、绿色食品五大接续替代产业转变，由过去以原材料输出和高耗能、高污染、高排放为主，向资源精深加工和低碳经济方向改善，规模以上工业企业中，资源型工业占 68%，比 2006 年下降 7 个百分点。以旅游为牵导，商贸流通等服务业迅猛发展。长白山国际旅游度假区成为全国最大单体旅游项目，江源区松花石（砚）获国家地理标志产品保护。目前，白山市已成为东北最大的松花石（砚）集散地，拥有省级标准制定权。不仅如此，近年来，白山市文化创意产业也初步成型，各类文化服务、文化产品研发机构发展到 300 余家，且成立了长白山演艺有限公司。此外，靖宇物流园区、长白山特产城、欧亚商场等一批商贸流通项目加快推进。

（三）固定投资规模快速扩大，产业结构调整凸显成效

2003～2011 年，白山市固定资产投资分别完成 35 亿元、45.1 亿元、75.1 亿元、130.7 亿元、211.9 亿元、300.2 亿元、406.7 亿元、542.8 亿元和 422.9 亿元，同比分别增长 23.4%、28.9%、66.4%、74.1%、62.1%、41.7%、35.5%、33.5%和 31.8%，高出全省当年增速 3.5 个、8 个、12.6 个、18.5 个、19.3 个、1.6 个、6.1 个、1 个、1.5 个百分点；白山市固定资产投资占全省的比重由 2002 年的 3.5%提高到 2011 年的 5.7%，平均每年递增 0.24 个百分点。不仅如此，近年来，白山市的投资环境也有较大改善，政策效应已经开始显现，招商引资吸引力逐年增强，吸引国内外投资的"洼地"效应日益凸显。从投资结构来看，白山市固定资产投资主要集中在国家重点发展的产业和基础设施建设方面，符合国家的产业政策。2011 年，白山市现代服务业和新兴产业投资比重分别达到 46.5%和 21.3%。目前，白山市已开工建设 3000 万元以上项目达到 468 个，其中，亿元以上项目 225 个。484 个城市转型项目加快推进，投资比重占固定资产投资总额的 43%。2003～2011 年，白山市第三产业增加值分别完成 34 亿元、44.3 亿元、52.1 亿元、60.5 亿元、75.2 亿元、96.3 亿元、121.1 亿元、128.4 亿元和 165.6 亿元，同比分别增长 10.8%、20.6%、15%、13.2%、20.7%、27.7%、17.8%、8.3%和 8.7%。三次产业比重由 2005 年的 16.2∶51.4∶32.4 调整为 2011 年的 9.1∶59.7∶31.2。在发展现代农业方面，白山市全面推进"退粮进特"战略。2011 年，白山市大力调整农业结构，新增经济作物 16 万亩、蔬菜 2 万亩，新建标准棚膜 3400 亩，粮经菜比例由 7∶2∶1 调整到 6∶3∶1。

（四）城市基础设施建设取得重大突破，生态环境治理效果明显

近年来，白山市通过利用国家和省里财政转移支付资金支持、本级地方财政收入、政府举债等形式，累计投资上百亿元，重点用于城市基础设施建设、安居工程、环境整治与生态保护等事关老百姓生活的重大民生工程，其中，集中改造城市棚户区、煤矿棚户区、采煤沉陷区面积达到 700 多万 m^2，安置棚户区居民 10 万余户。按照《白山市城市总体规划》要求，不断完善市区市政基础设施，投资数十亿元加大路桥建设，使城市路网结构得到优化，并完成了浑江干流左岸堤防 10km 维修加固工程，达到 50 年一遇的防洪标准。完成供水管网改造、供热管网改造、燃气管道主管线铺设、庭院管线铺设、污水处理厂建设和城市污水管网工程，铺设污水管网 2.5 万 m，使白山市的日污水处理能力达到 5 万 t，达到国家二级排放标准。"十一五"期间，白山市累计完成交通建设投资 80 多亿元，是"十五"期间的 1.5 倍，全市公路通车总里程达到 6425km。448 个行政村通沥青（水泥）路，村屯覆盖率达 89.2%，长白山机场实现通航，宇辉铁路、鹤大线沿江至万良公路、沈长线白山至临江老岭段、环长白山旅游公路、长白至三道沟边防公路、市区南北连接线等重点项目相继建成通车。三道沟至集安界边防公路、靖宇至松江河铁路开工建设。营城子至松江河高速公路、东岗至长白公路续建工程顺利实施。加大对矿山地质环境恢复治理和松花江流域水污染防治的力度，特别是重点对矿山地质环境、金矿尾矿、采煤塌陷层等矿山地质环境进行恢复治理。完成了三北四期防护林生态造林 11.2 万亩，退耕还林 5.5 万亩。生态造林 4.9 万亩，市区森林覆盖率稳定保持在 82%以上。治理小流域 50 余条，浑江干流堤防建设和浑江流域水污染防治工作初见成效，近年来白山境内松花江出境水质一直保持国家 2 类水体标准，鸭绿江、浑江干流达到国家 3 类水体标准。总占地面积为 $104km^2$ 的板石国家级矿山公园成为我国 28 家矿业公园之一。抚松县的矿尾矿、铅锌矿污染治理及生活饮用水源地保护、城市污水处理和靖宇县的饮用水污染治理等 5 个项目，列入松花江流域水污染防治规划项目。目前，白山市中心区空气优良级别天数达到 325 天。生态城镇化建设加快，松江镇、兴参镇二道沟村等一批村镇通过国家级生态乡（镇）、生态村专家组验收。白山市城镇化率达到 68.6%。

（五）民生与社会事业全面发展，人民生活水平不断提高

"十一五"期间，白山市着力解决与老百姓生活息息相关的民生问题。一是全力解决就业与再就业问题。白山市累计投入资金 5 亿多元，安置就业和再就业人员 8 万多人次，基本解决了零就业家庭的就业问题。同时，市财政在非常紧张情况下，投入 1 亿元开发公益性岗位 5000 多个，解决了部分文化低、技能差、

年龄大的"4050"人员的再就业问题。城镇新增就业人数由 2002 年的 2.6 万人提高到 2011 年的 5.5 万人，转移农村劳动力由 2007 年的 1.4 万人提高到 2011 年的 1.7 万人。2011 年，全市城镇实现新增就业 55 184 人，城镇失业人员再就业 18 896 人，城镇登记失业率 3.7%。二是社会保障体系进一步完善。白山市按照"广覆盖、保基本、多层次、可持续"方针，累计为 17.3 万人发放养老金 16.2 亿元，为 21 895 人发放失业保险金 4492 万元，为 93 054 人发放最低生活保障金 5.27 亿元；投入资金 5 亿元，解决 5 万多人的城镇居民医疗保险问题，7 万多人的城镇职工基本医疗保险，使城镇职工医疗支付限额由 2.8 万元提高到 3.5 万元。发放破产企业离退休人员、城镇居民最低生活保障取暖费近亿元，城镇参加基本养老保险人数由 2002 年的 22.6 万人提升到 2011 年的 35.1 万人。2011 年，全市居民最低生活保障月发放标准达到 221 元，农村居民最低生活保障年发放标准达到 1144 元。新型农村合作医疗参合率由 2008 年的 80.6%提高到 2011 年的 98.9%。三是积极化解国有企业改制成本。"十一五"期间，白山市累计投入资金 20 多亿元，用于缴纳转制企业人员养老保险和解除劳动关系经济补偿金、偿还拖欠工资、化解企业债务；解决企业分离办社会的问题，接收分离办社会在职职工及离退休职工 3 万多人；为厂办大集体改革中的 1 万多人发放经济补偿金。四是加强教育、卫生、文化建设。"十一五"期间累计投资 4 亿多元，落实国家"两免一补"政策，完善了 93 所义务教育阶段中小学校、8 所中等职业教育学校和长白山职业技术学院的建设；完成了中心医院和矿务局医院住院大楼、市急救中心、疾病预防控制中心、卫生监督所、中医院、传染病院建设以及社区医疗服务站、农村乡镇卫生院的新建、改扩建工程；建设和完善了图书馆、文化馆、社区文化活动站等设施和 90 个农家书屋。2011 年，白山市所有乡镇建有综合性文化站，60%的村建立文化室，形成覆盖市、县、乡（镇）、村四级公益文化工作网络。新建了功能设施完善的广电大楼，实现了广播电视节目无线覆盖，完成了广播电视"村村通"建设和维护工程。五是居民收入持续增加。2011 年，全市城镇居民人均可支配收入达到 18 483 元，农民人均纯收入达到 7334 元，分别比 2006 年增长 89.1%和 98.5%；2011 年白山市城镇恩格尔系数为 34.7%，农村恩格尔系数为 39%。

三　白山市经济转型的主要经验与做法

（一）坚持可持续发展战略，突出产业结构调整在转型中的核心地位

作为典型的综合性资源型城市，白山市经济转型的产业发展总体思路是坚持依托资源而又不依赖资源的发展理念，走产业延伸和产业更新复合模式的转型之路。在资源枯竭型城市经济转型过程中，白山市始终把产业结构调整置于资源型

城市转型的核心位置，以产业结构调整带动城市转型，以市场为导向，以科技为动力，运用差异化竞争战略，高起点发展接续替代产业，促进主导产业由单一化向多元化发展。在处理传统产业与新兴产业关系方面，白山市以技术创新为支撑，尽可能延长老矿区的服务年限，通过科技进步延长煤炭、木材、矿产品产业链条，提高产品附加值。同时，改造提升机械、轻纺、建材等传统产业。在发展新兴产业方面，采取产业发展多元化方针，一是通过实施赤松核电站项目、临江花山风电项目、煤矸石电厂（循环经济）项目和松江河梯级电站工程，发展清洁能源产业。二是通过进口俄罗斯木材，建设以杨木为主的速生丰产林基地，利用木材剩余物等资源发展木制品精深加工产业。三是围绕丰富的硅藻土资源、白云石资源和硅石资源，发展矿产新材料产业。四是以长白山旅游度假区为龙头，不断完善旅游基础设施，提升旅游接待服务，打造精品旅游路线，建设顶级的中国优秀旅游城市。五是发挥经济动植物资源优势，发展现代医药产业。六是发展绿色食品产业，建设中国白山国际矿泉城和中国绿色食品城。

（二）坚持以人为本，着力解决民生和社会保障问题

在转型过程中，白山市始终坚持以人为本，紧紧围绕提高社会基本公共服务水平，建立适应市场经济要求的社会保障体系，以经济转型带动社会整体转型，每年新增财力的70%都用于改善民生，以保障民生稳定和顺利实现转型。在解决民生方面，一是把解决就业放在政府工作中的重中之重，千方百计扩大就业，建立并完善"市场引导就业、政府促进就业、劳动者自主择业"的灵活就业机制。二是加快完善社会保障体系，建立适应市场经济要求的新型劳动保障制度，扩大养老、失业、医疗、生育保险以及最低生活保障制度的覆盖面，稳步提高实施标准。三是加快矿区沉陷区和林区棚户区改造，改善人们的生产生活环境。重点解决在矿区范围内密度大、建设使用年限久、基础设施配套不齐全、消防隐患大的危旧楼房和边民住房。四是深化社会事业管理体制和运行机制改革，加大教育、文化、卫生等社会各项事业的投入。大力发展职业教育，提高长白山职业技术学院办学水平，为经济和社会发展培养更多实用人才。完善覆盖城乡居民的公共卫生医疗和重大疾病防控体系，推动文化、体育、广电事业的发展，丰富群众精神文化生活。同时，加强社会治安综合治理，创建平安白山。

（三）坚持以改革为动力，以体制机制创新促转型

白山市按照"要转型、先转制"的思路，遵循市场经济规律，深化体制机制改革，为经济、社会、生态等方面的转型提供保障。一是采取主业与辅业分离、加工业退出国有、辅业剥离经营、社会职能移交等形式，全面推进改革进程。二

是以产权制度改革为核心，采取租赁经营、资产重组、主辅分离、民营参股和对外合作等多种模式，全面深化地方公有制企业改革，实现投资主体多元化，打造新型企业。三是深化农村各项配套改革，积极争取国家和省里政策、资金支持，推动社会公共资源向农村倾斜、公共设施向农村延伸、公共服务向农村覆盖。四是积极推进行政管理体制改革，提高政府公共服务水平。在体制机制建设方面，白山市建立健全开发补偿机制和衰退产业援助机制。按照国家和吉林省有关政策，完善了矿产资源有偿使用制度，落实探矿权、采矿权有偿取得制度和矿山环境治理保证金制度，努力形成资源的开发、保护、补偿、修复的良性循环利用。加快衰退产业援助机制建设，通过项目、资金及财税政策的引导和扶持，支持接续替代产业的发展，实现转型发展目标。

（四）坚持经济转型与城市发展并重战略，加快完善城市功能

白山市坚持经济转型与城市发展并重战略，以工业化带动城市化，以城市化促进工业化，把全面提升城市功能作为城市转型的重点，提出了"显山露水、依山就势、错落有致、城在林中、林在城中"的城市规划建设新思路。大力实施"扩容提质"战略，实现城市全面发展。一是坚持中心城市、县城和重点城镇并举的方针，按照统筹城乡布局、节约生态环保、分类区别推进、以大带小的原则，加快推进生态城镇化建设，着力打造生态城镇化空间发展格局。二是加快城市扩容步伐，将城市周边以工业为主导的六道江镇、七道江镇、砟子镇等扩容进城区，建成 60 万人口规模的区域性中心城市，通过扩大城市规模，加快人口和生产要素集聚。同时，加强同周边城市的互动与联系，搭建完善的人流、物流、信息流平台，推动区域分工与协作，推进城乡一体化。三是加大生态环境整治和保护力度，抓好矿山植被破坏生态恢复。按照国家和省主体功能区规划要求，加大天然林和防护林保护力度，突出长白山地域特色。积极稳妥推进迁村并点和生态移民，促进农村、林区人口向中心城镇集中，为集聚城市要素奠定基础。四是加大城市基础设施建设力度，提升城市承载功能。加快安居工程和城市服务业建设，实施城区绿化美化工程，优化城市生态和人居环境，建设宜居城市。

（五）坚持招商引资战略，推行项目承载招商模式

白山市把增加新项目、培育新企业作为全市经济转型的落脚点，组织开展了"项目促进年"、"项目落实年"、"项目突破年"、"工业项目年"等活动，以项目带动资源型城市转型。一是依托资源优势和产业基础，搞好重大项目包装设计，推出新能源、矿产新材料、技术创新、长白山人参医药、长白山生态旅游、长白山绿色食品、长白山生态恢复、循环经济园区、基础设施建设、民生建设等"十

大工程"。二是瞄准国内外 500 强和行业龙头，研究其投资动向，主动加强洽谈合作，通过"资源吸附、政策吸引、项目承载"等方法，积极承接国内外产业和资本转移。三是联合科研单位，加强项目论证深度，积极争取国家项目。

第八节　新兴煤炭资源型城市可持续发展的实践与探索
——内蒙古霍林郭勒市

我国资源型城市有一半以上正处于资源开采的繁荣期，还有近 1/3 属于新兴的资源型城市。因此，应避免这些新兴城市重蹈覆辙，打破"资源诅咒"的怪圈，走出一条科学的可持续发展之路。为此，本节专门介绍内蒙古自治区霍林郭勒资源型城市可持续发展的成功实践与探索，以此给其他资源型城市可持续发展之路提供借鉴与启示。

一　霍林郭勒市的基本情况

霍林郭勒市始建于 1985 年，是一座因煤而建的新型能源工业城市。它位于内蒙古东部的通辽市境内，北枕大兴安岭、南临通辽市、西依兴安盟和锡林郭勒盟、东接东北三省，距中蒙边界直线距离 120km，距北京 1116km，距沈阳 596km，距长春 616km，距通辽市 330km。全市总面积为 585 万 km^2，总人口为 11.03 万人，下辖五个街道办事处，居住有蒙、汉、满、回、朝鲜等 17 个少数民族。霍林郭勒市资源丰富，环境优美，素有"塞北明珠"的美誉。境内和周边地区拥有储量丰富的腐殖酸、食盐、硅石、石灰石等优质矿产资源，市内至今还保存有完整的原始草原，从春秋战国至大明盛清，一直是我国北疆少数民族的游牧圣地。霍林河煤田总面积为 540 万 km^2，现已探明优质低硫褐煤储量 119.2 亿 t，是全国五大露天煤矿之一。2010 年，霍林郭勒市已被国家发展和改革委员会列为全国 13 个重点发展的亿吨级煤炭基地之一，以及能源接续基地和 200 万 t 甲醇生产基地，是国家"十二五"时期重点发展的十六大煤电基地之一。

二　"十一五"以来霍林郭勒市的可持续发展成效显著

作为煤炭资源型城市，霍林郭勒虽然建市历史较短，但发展较快。尤其是进入 21 世纪以来，霍林郭勒市抢抓国家政策机遇，充分利用国内外产业转移和升级的有利时机，大力实施能源转换战略，积极调整优化产业结构，大量吸引域内外资金，围绕煤炭资源做文章、上项目，经济社会驶入了科学发展的快车道。

（一）主要经济指标实现历史性突破，工业化进入加速发展时期

纵观霍林郭勒市整个发展历程，"十一五"期间发展的速度最快、效益最好，且各项主要经济指标都已进入自治区的前列，经济总量实现了历史新突破。2010年霍林郭勒市实现地区生产总值 202 亿元，年均增长 49.9%，人均地区生产总值达到 23.5 万元，分别是"十五"末期的 7.6 倍和 6.5 倍；三次产业结构比例更趋合理，三次产业结构由"十五"末期的 2.3∶71.7∶26 优化为 2010 年的 1∶64∶35；产业之间关联度更为紧密，工业内部结构更趋合理；城镇化率由"十五"末期的 81.3%提高到 86.7%，基本实现了工业化和城镇化。为了适应工业化、城市化发展的需要，霍林郭勒市根据实际情况，围绕工业发展农业和第三产业，为主导产业提供有力支撑。大发展以煤炭物流为代表的生产性服务业，总投资 10 亿元的 8 个物流园区已开工建设，形成了煤炭、汽车、再生资源等多样化、综合性物流企业，物流集散能力达到 3000 万 t，成为蒙东区域重要的物流节点。

2010 年，霍林郭勒市全口径财政收入达到 30 亿元，地方本级财政收入达到 12.94 亿元，人均财政收入达到 36 385 元，分别是"十五"末期的 9 倍、6.9 倍和 8 倍。2010 年，霍林郭勒市城镇居民可支配收入达到 24 000 元，农牧民人均纯收入达到 14 000 元，分别是"十五"末期的 2.6 倍和 3.8 倍，均高于全区和全国平均水平。2010 年，霍林郭勒市县域经济竞争力排在全国第 115 位、西部百强县第 12 位，荣膺"中国中小城市科学发展百强"、"最具区域带动力中小城市百强"和"最具投资潜力中小城市百强"，成为蒙东和东北地区的重要能源接续基地。目前，霍林郭勒市工业园区已成为内蒙古自治区区级循环经济示范园区，跻身全区十强。

（二）统筹城乡发展取得实质性进展，城市面貌焕然一新

在经济社会呈现出突飞猛进发展的同时，霍林郭勒的城镇面貌日新月异。为了推进城乡一体化进程、拓展城市发展空间，霍林郭勒结合自身发展实际，在全市范围内实施了农民转市民、乡镇转街道办事处、嘎查村转社区的战略举措。813户 2846 名城郊农牧民实现生产入园、进城上楼。基于全市耕地面积不足 2 万亩、全年无霜期不足 90 天的区位和气候条件的实际，将设施农牧业作为第一产业的发展重点，改善农村环境、增加农牧民收入，为工业化、城市化发展做好配套服务。目前，全市设施农业面积达到 2200 亩，规模养殖户达到 130 户，各项配套设施建设全面完善，设施农牧业园区载体服务功能明显增强。

在城市建设管理方面，以着力培育特色鲜明、功能完善、民族风情浓郁的现

代化区域中心城市为目标，从城市规划入手，聘请新加坡国际裕廊集团等知名机构，完成主城区及河东新区、"一区五园"和旅游、物流等多个领域及层面的城乡发展总体规划，确立了城市"东进、南跃、西控、北联、中优"的发展方向，形成了"一轴一环四片区"的发展架构，形成了新老城区互动发展、内涵提升与外延并重的城市建设新格局。按总体规划要求，"十一五"期间，霍林郭勒市累计投融资 30 亿元，加快城市基础设施建设，包括新城区地下管网和路桥、老城区美化、亮化、硬化、绿化等工程建设 200 余项，建城区面积达到 23km^2，全市供热、供水、排污覆盖率分别达到 95%、95%和 80%。人均住宅面积达到 35m^2，人均拥有道路面积达到 18m^2。2010 年，霍林郭勒民用机场项目已经国务院讨论通过，霍林河水库、鲁霍运煤专用通道、通霍铁路复线改造、霍沙 500kV 输电走廊等一批重大基础设施项目也相继实施和完成。在城市管理方面，从建立市容市貌环境卫生管理长效机制入手，更加注重体制机制创新，突出制度建设，实现了城市管理的规范化、精细化和长效化，使城市的承载力、辐射力、带动力显著增强，并成功创建自治区卫生城市、七星级文明城市。目前，霍林郭勒市已成为蒙东地区最具发展潜力、最具竞争力的区域性中心城市。

（三）民生福祉不断提升，民生和社会事业全面发展

为了使发展成果最大限度惠及于民，霍林郭勒市把改善民生作为衡量县域经济社会发展质量的重要指标，切实解决人民群众最关心、最直接、最现实的利益问题。"十一五"期间，全市民生投入累计超过 30 亿元，占财政总支出的 53%，投入总量与增长幅度均处于全区领先水平，民生保障工作步入全区、全国前列。与此同时，全市实施惠民工程 40 项，建立起改善民生的稳定的长效投入机制，规定每年用于改善民生资金不低于当年可用财力的 20%。通过加大民生投入，建立了"大投入、广覆盖、高受益"的社会保障体系，实现了医疗保险、养老保险的全覆盖，城镇职工基本医疗保险最高支付限额和大额医疗保险统筹基金最高支付限额分别提高至 22 万元和 10 万元。目前，霍林郭勒市已实现了早期教育、学前教育、义务教育、高中教育的 18 年免费教育。在保障房建设方面，霍林郭勒市累计建设完成保障性住房 20 万 m^2，解决了 3096 户低收入家庭住房问题。在解决就业和增加收入方面，全市累计发放小额担保贷款 5820 万元，创造就业岗位 4376 个。2010 年，霍林郭勒市在岗职工平均工资收入达到 42 152 元，比"十五"末期增加了 2.1 倍。通过实施城乡居民最低生活保障一体化、生育补贴、新型农村合作医疗财政"埋单"、困难学生补助、老年人生活补贴、免费乘坐公交车、殡葬补贴等弱势群体常态化救助新举措，初步建立了从出生到终老的社会保障体系，实现了"老有所养、病有所医、住有所居、

劳有所职、学有所教、难有所助"。

同时，社会事业健康快速发展，公共服务能力显著增强。区域教育中心城市地位基本确立，教育教学质量全面提高。医药卫生体制改革稳步推进，公共卫生体系逐步完善。文化事业蓬勃发展，基层文化载体建设进一步加强。荣获"自治区双拥模范城"四连冠和全国计划生育工作优质服务先进市、科技进步先进市等称号。扎实推进"平安霍林郭勒"建设，在全区首创市民诉求服务中心，深入开展社会矛盾排查化解专项整治行动，巩固和保持了社会和谐稳定的大好局面。

三 霍林郭勒市可持续发展的主要做法

（一）确立并实施产业延伸、资源就地加工转化增值的发展战略

从内部发展因素看，霍林郭勒市之所以在较短的时间取得显著成就，主要是按照内蒙古自治区"十五"期间确立的能源就地转换发展战略，充分利用本地煤炭资源优势，坚定不移地走煤炭资源就地转化增值、延长产业链条的科学发展之路。即以劣质煤发电、低价电炼铝、铝后深加工为特征的煤电铝产业，以煤提质、褐煤干馏为代表的煤化工产业和以工业硅、单晶硅生产为基础的煤电硅产业，以矿山机械设备加工、新能源等战略性新兴产业为主的循环经济产业链，实现了由"一煤独大"向"多元支撑"的转变，初步形成以能源产业为核心，煤炭、电力、冶金及化工等四大主导产业链条相互延伸、相互支撑发展的新格局。目前，煤炭、电力、冶金、化工四大主导产业已占全市生产总值的54%，利税占财政收入的60%。

在壮大煤炭产业方面，始终把壮大煤炭产业规模作为霍林郭勒立市发展的基础。一方面，着力推进大型露天矿扩大产能，支持霍林河1号、2号露天矿2300万t扩能改造；另一方面，全面加快地方中小煤矿技改整合步伐，提高资源开采效率。目前，霍林郭勒市煤炭产量稳步增长，2010年累计产销原煤5700万t，基本上占据了东北地区煤炭市场缺口的1/3左右。在煤转电方面，近年来，霍林郭勒市全力壮大电力产业规模，利用褐煤发电，实现资源就地转化，全面推进自备电厂、上网火电和风力发电建设进程，实现煤炭资源就地转化增值和产业链的延伸升级。现已投产电力装机268万kW，其中，火电装机为250万kW，风电装机为18万kW。预计到2015年，霍林郭勒市火力发电装机将达到500万kW，年发电总量实现300亿kw·h以上，成为蒙东乃至东北地区重要的能源转化基地和能源输出基地。

在延伸产业链条方面，霍林郭勒市利用煤电优势，遵循低成本运作、高效益产出的发展思路，积极发展以电解铝和多晶硅为主的冶金产业。通过使用低成本

的褐煤发出廉价的电，再用廉价的电生产出高附加值的电解铝、多晶硅。在逐步扩大原铝产能的同时，深入发展原铝的下游产业。铝后加工基本形成了"铝锭—精铝—电子铝箔—化成箔、铝锭—铝扁锭—铝板带箔、铝锭—铝轮毂、铝锭—铝型材"四条产业链。2010 年，生产铝锭 44 万 t、铝后产品 26.4 万 t。依托丰富的电力资源和境内与周边地区丰富的硅石资源，深入发展硅及硅的下游产业。积极向"多晶硅—单晶硅—电路级硅片和太阳能级硅片—太阳能电池和组件"的产业路线靠拢，全力推进三氯氰硅、单晶硅等项目招商，积极推动硅的中下游产业发展。目前，霍林郭勒市已成功引进了昌峰 3000t 单晶硅、昌盛 3000t 单晶硅和宏宇 1500t 多晶硅等 3 个硅产业项目。预计到 2015 年，电解铝总产能将突破 200 万 t，铝后加工产能达到 100 万 t，成为全国重要的铝产业基地和百万吨铝加工基地；年产工业硅 6 万 t 及系列产品 2 万 t，构建内蒙古东部地区重要的太阳能光伏产业集群。

不仅如此，在发展煤化工产业方面，霍林郭勒市也迈出了坚实的步伐，现已引进褐煤转化项目 11 个，主要工艺路线包括褐煤提质、褐煤干馏、褐煤制取液体燃料。现已有 5 家提质煤企业、1 家褐煤干馏企业投产运营，煤化工生产能力达到每年 300 万 t。同时，为推进煤化工产业规模化发展，2008 年，启动建设了褐煤综合利用研发中心，与中钢集团鞍山热能进行产品研发和生产。国家已将霍林郭勒列为 200 万 t 煤制甲醇生产基地。

（二）抢抓并充分利用了国内外发展的战略机遇期

从外部发展环境看，霍林郭勒市之所以取得上述的成绩，主要有两方面原因：一是得益于"十五"以来国家宏观政策调整所带来的红利，即国家实施的西部大开发战略、振兴东北老工业基地以及加快少数民族地区发展等一系列优惠政策。这些政策措施的出台，为霍林郭勒市经济社会发展提供了强大的政策支持。加之，霍林郭勒市是改革开放后建立的，没有历史包袱和遗留问题，体制优势也比较明显。二是抓住了国内外经济结构调整和产业转移升级以及加快发展新兴产业的历史性机遇。特别是进入 21 世纪以来，利用我国工业化和城镇化，以及向重工业化迈进的加速发展时期，建材、冶金、钢铁、电解铝等高耗能产业的迅速扩张造成煤电油运全面紧张及所带来的煤炭工业繁荣，国家工业化进程加快所带来的对能源需求的大幅增加和能源价格持续上涨，给资源富裕地区煤炭工业带来了新的发展空间。

（三）在开放带动和跨区域合作中实现合作双方互惠共赢

改革开放以来，霍林郭勒市顺应新时期我国对外开放的新特点、新趋势，利用全球化带来的难得机遇，充分利用地缘和资源优势，大力实施互利共赢的开放战略，努力完善内外联动、互利共赢、安全高效的开放型经济体系。在充分利用国内外两个市场、两种资源的基础上，加强与毗邻旗县的战略性合作，率先融入东北经济区、环渤海经济带，以及山东、长三角等产业溢出区，形成资源共享、优势互补、互利共赢、协作发展的新格局。在对外开放和招商引资中，一是坚持把承接产业转移与促进产业多元、产业延伸、产业升级结合起来，深入开展专业化招商，引进一批能够优化本地产业结构、加快发展方式转变的大项目、好项目。在立足于提升本地煤炭产业规模、档次和水平的基础上，突出抓好产业对接，加强与国内外有实力大企业的合作，发展煤电、冶金、煤化工等项目，推动资源优势向开放优势和经济优势转变。二是把承接产业转移与吸引要素流入结合起来。在大力承接非资源型产业转移的同时，做好对技术、装备的引进和吸收。同时，优化政策、法制、人文等软环境，着力打造商务成本"洼地"、投资兴业"宝地"、要素集聚"高地"，以此构筑多元产业支撑的现代化工业体系，实现合作双方的共赢。

四　霍林郭勒市可持续发展的主要经验

（一）坚持以改革创新为动力，以科学发展观统领经济社会发展全局

多年来，霍林郭勒市委、市政府坚持以执政能力建设和先进性建设为主线，扎实开展深入学习实践科学发展观和创先争优活动，通过学习，使全市上下对科学发展观的认识有了新的飞跃，并把学习成果应用于实践中，通过深化改革，破除体制机制障碍，增强经济发展活力，形成了有利于科学发展、富民强市的体制机制，把激活内力与借助外力紧密结合，建立又好又快发展的工作导向、利益导向和考核导向，使各级党组织的创造力、凝聚力和战斗力显著增强，真正把科学发展的要求贯穿于经济社会发展的全过程，落实到工作的各个领域和各个方面。

（二）坚持把加快转变发展方式作为经济结构调整的重中之重

近几年来，霍林郭勒市之所以在经济结构调整和产业转型升级、构筑具有较强竞争优势的多元产业体系方面取得了重大成就，关键就是抓住加快转变发展方式这条主线，牢固树立转型升级意识，持之以恒，以更大的决心和力度推进经济结构调整和发展方式转变，既没有因经济形势变化而动摇，也没有因经济增长压力加大而松懈。

（三）坚持走符合霍林郭勒本地实际的特色发展之路

在探索资源型城市可持续发展过程中，始终坚持以资源为依托，以新型工业化为目标，按照建设现代化区域中心城市、打造国家重要的绿色能源重化工基地的战略定位，形成能源产业、新兴产业、非资源产业共同发展的新型产业多元化格局，走出一条经济发展速度快、群众富裕程度高、生态环境质量优，既体现时代特点，又富有霍林郭勒特色的资源型城市可持续发展之路。

（四）坚持把保障和改善民生这个目标作为一切工作的出发点

任何发展的目的都离不开人，发展的根本目的是为了让城乡居民生活得更加美好。为此，霍林郭勒市各级领导干部牢固树立民本意识，坚持发展为了人民，坚持富民与强市并重，坚持民生第一、富民优先，千方百计增加居民收入，提高广大群众生活水平，不断满足人民群众日益增长的物质文化需要，让改革与发展的成果最大限度地惠及人民。

（五）坚持"艰苦奋斗、开放兼容、敢为人先"的霍林郭勒精神

霍林郭勒市委、市政府高度重视精神文明建设，通过对城市发展历史的深入挖掘，归纳总结概括出"艰苦奋斗、开放兼容、敢为人先"的霍林郭勒城市文化。通过各种形式的宣传，凝聚广大干部群众加快发展的强大精神动力，激发改革发展的旺盛活力，使广大干部群众的创业热情高涨，形成各级领导干部勇于开拓、求真务实、创先争优，人民群众各显其能、放手创业、勇争一流的生动局面。

（六）坚持加强各级班子和干部队伍的执政能力建设

多年来，把提高党的执政能力作为首要任务，创新领导体制和工作机制，提高在复杂环境下领导科学发展的能力。通过建立健全民主公开、竞争择优的干部选拔任用机制，使干部选拔任用的公信力和满意度得到明显提升，形成了"行重于言、埋头苦干"的干事创业氛围。同时，启动实施党政高层次人才培养和"521"职业技能培训工程，在全区成立首家旗县级"院士专家工作站"。扎实推进惩治和预防腐败体系建设，深入开展机关效能建设，从严查处违法违纪案件，营造风清气正的良好发展环境。

五 国内新兴煤炭资源型城市实现可持续发展需要关注的几个问题

通过对新兴资源型城市霍林郭勒市的实地调研，我们认为，国内煤炭资源型

城市要实现经济转型和可持续发展，需要做好以下几点。

（一）充分发挥煤炭资源优势，搞好煤炭资源的综合开发与利用

作为煤炭资源型城市，如果盲目增加煤炭产量，无序扩张产业规模，必然使其陷入资源优势陷阱之中而不能自拔。要想发挥和拓展煤炭资源优势，需要做到以下几点：一是实行煤炭、焦炭以及其他资源性产品的产能控制，坚决淘汰浪费资源、缺乏生产安全保障的小煤矿生产，通过资源型产业的改造提升，巩固和增强煤炭生产优势。二是以高起点、高标准建设安全高效的现代化大型煤矿矿井为目标，整合煤炭资源，推进大型煤炭企业的发展壮大，整顿焦炭产业，提高产业集中度。改善市场秩序，提升煤炭、焦炭产品在国际国内市场的话语权。三是实行煤炭资源的综合开发，限制单纯的煤炭开发项目，按照煤—电—建、煤—电—铝、煤—铁—钢、煤—焦—化等产业链群的发展要求，大力发展煤炭的后续加工和相关产业，形成多元化的产业链群体系。四是引进战略投资主体，通过战略合作、相互参股、价格捆绑、长期贸易等形式，与国内外能源巨头合作开发煤炭资源及相关产业，以防范煤炭价格异动，降低资源开发风险，保障煤炭开发权益。五是重视煤炭开采利用的技术创新，大力开发煤炭开采、清洁高效利用、加工转化、综合利用的新工艺和新技术，使煤炭资源优势向技术领域扩展，创新煤炭技术服务模式和技术贸易机制，塑造煤炭技术和煤炭技术服务的新优势。

（二）实行"企业—园区—产业"互动发展战略

资源型产业的转型发展涉及多个层面，不同层面需采取不同的转型策略。一是依托煤炭资源，拓展企业转型发展空间。借助煤炭生产这个资源型基础产业，根据上下游产业的关联关系，按照产业链发展模式，发展前向和后向连锁的关联项目，或通过与具有纵向关联特点的企业建立战略联盟、相互入股参股等方式，实现纵向一体化。对多数企业来说，煤炭—焦炭—化工、煤炭—焦炭—钢铁、煤炭—电力—铝业等都是可选的纵向一体化方式。对于煤炭枯竭型企业，应在关闭破产的同时，依托企业的核心资产和人力资本，借助转产安置政策，发展新兴接替产业或转向其他产业领域。二是依托园区发展平台，推动产业集聚、集群和链群发展。明确"技术创新基地、经济增长点和城市化支撑点"三位一体的园区功能定位，高标准建设园区基础设施，实行"一站式"封闭管理制度，提供优质服务。优化园区环境，加快招商引资步伐，使园区成为人才、技术、知识密集，生产要素高效配置的产业投资热土，成为科技型中小企业的成长乐园，成为传统产业升级改造的重要基地。三是建立和完善资源型城市转型、煤炭企业转产的资金投入机制。在煤炭可持续发展基金中拿出一定比例资金，用于资源型城

市建设以煤炭深加工为主的循环经济园区、转产开发园区和重大转产转型项目。在发挥煤炭、冶金、焦炭、电力等传统产业优势的同时，大力扶持非煤产业，下大力气培育煤化工、装备制造、新型材料、旅游文化、农畜产品加工、生物制药、现代服务业等新的支柱产业，使煤炭资源型城市经济重心转向更具竞争优势的产业领域。

（三）加快培育煤炭资源型城市的内生发展机制

实践证明，持久发展的地区正是那些拥有创新企业、具有创新能力和拥有良好创新环境的地区，这些地区经济增长方式实现了由粗放型向集约型的转变。因此，煤炭资源型城市经济转型能否取得成功，关键在于是否能培育出内生发展动力机制，即经济增长动力由资源驱动向人力资本、技术创新驱动的转型。内生发展机制的培育，一要着眼于实施技术创新引领工程，切实解决资源对创新活动的挤出问题，培育创新与资源的兼容、共生乃至激励机制，努力改善创新环境，不断增强创新能力。二要积极支持企业科技创新机构建设。在优势企业建立健全技术开发、工艺设计、产品研制、质量检测一体化的企业技术中心。鼓励大型企业兼并、收购科研机构或建立自己的技术开发中心。支持产学研联合共建企业技术中心。三要加大科技中介服务资源整合力度，建立科技创新协调联动机制，促进科技创新体系的横向联合和纵向协调，为资源型城市经济转型提供强有力的科技支撑和全方位的科技服务。四要实施技术导向型的产业竞争战略，从企业技术特点和投入能力出发，合理确定企业的核心技术，有重点地培育能够长久保持某一领域技术垄断地位并能实施战略性技术创新的能力。依托国内大专院校和科研院所，借助高新技术开发区及其他经济开发区，通过产学研一体化发展、政府投资扶持和产业政策支持，增加 R&D 的投入规模，实施重大科技专项，形成组织化与制度化的产业技术创新机制与技术成果扩散系统。

（四）尽快建立并实行绿色开发和生态重建的有效机制

资源损耗、环境污染、生态衰退等外部不经济行为，是国内所有煤炭资源型城市的典型特征。为此，新兴资源型城市在资源繁荣期要尽快建立绿色开发和生态重建的有效机制。具体来说，一是按照环境友好、资源节约、清洁生产和循环经济的要求，从发展战略、制度和管理入手，实行绿色开发策略，推进外部不经济内部化，促进矿区生态重建和环境保护。在未来很长一段时间内，解决外部不经济问题，必须依靠政府介入和政策规制，通过内部化的办法加以解决，即构建补偿机制，使外部成本内生化。二是实行清洁生产制度，推广清洁生产技术，支持企业生产清洁化。积极开展和推广煤气化联合循环发电技术和其他煤炭清洁燃烧、清洁利用技术。推广末端治理、回收利用、源头控制和全过程控制等污染防治实用技术。三是制定和完善环保产品技术标准，定期淘汰落后环保装备。加强企业清洁生产审计，探索和推广高污染企业封闭管理方式和闭环生产技术体系。针对产业和企业特点，研究和开发清洁型替代材料、替代产品、替代工艺、替代技术，大幅度减污降耗，推动产业转型发展。四是增强企业的社会责任感，强化企业的环境义务。大幅度提高重污染工作岗位的劳保标准，加快重污染、高消耗产业的外部成本内部化步伐。在国家严格控制税外收费的大背景下，地方政府可以直接出面或委托民间机构，代表公众向重污染企业提起环境损害赔偿诉讼。赔偿费要集中使用，专项用于生态环境的恢复与整治。五是大力发展循环经济，提高资源可持续开发利用水平。按照"开发与保护并重"、"节约与高效同步"的思路，加大产业改造力度，提高资源利用效率。大力调整产业结构，扶持资源节约型产业发展，降低国民经济的整体资源消耗强度。积极推行循环经济模式，促进资源的再生利用，提高资源可持续利用水平。六是重点抓好共生矿、废弃物、污染物，特别是污水的再生资源化和综合开发利用。变废为宝，化害为利，促进资源循环利用。积极争取国家和国际社会支持，在新型能源和工业基地的主要产业领域，建立一批资源综合利用和循环利用示范园区或示范工程，建设一批资源开发区生态环境恢复治理示范工程。利用园区和工程的示范效应，推进技术和工艺扩散，走资源可持续利用道路。

（五）加大人力资源开发与利用的投入力度

建立以人力资本开发为主体的投资结构和以人力资本为主导的资本匹配结构，是煤炭资源型城市可持续发展的关键。资源型城市在资源繁荣期内，地方财力比较充裕的情况下，应未雨绸缪，更多地考虑城市的未来发展。在具体实际工作中，需要做到以下几方面。一是在制定地方发展战略时，不能忽视具有竞争力的劳动密集型制造业的发展，应坚持"劳动-技术"需求扩张型的道路。人力资本的需求演进表现为从以低技术水平劳动力为主到以中等技术水平劳动力为主，再到以较高技术水平劳动力为主的过程，这将形成合理的教育回报率分布，刺激包括贫困阶层在内的家庭教育投资。尽管具备资源繁荣的优势，资源充裕地区也应给劳动密集型制造业部门相对于高资本密集度部门更公平的发展环境，而不应给高资本密集度部门以更多的优惠政策，从而造成制造业部门的萎缩。二是利用财税手段降低在资源部门可能形成的过高的工资溢价。过高的工资溢价的长期存在，主要是劳动力市场分割和劳动力市场没有内部化造成的，表现在一些本应由企业承担的成本，却由外部承担。因此，应积极促进劳动力市场的一体化，尽可能避免行业间劳动力市场的分割。只有统一的劳动力市场才能解决个别行业或部门长期维持过高工资的溢价问题,才能从根本上解决人力资本与部门和行业之间不匹配的问题。考虑到我国的现实情况,即煤炭企业所获采矿权的价格并没有真正体现煤炭资源的价值,也没有考虑到资源开采过程中形成的诸如环境污染等负外部性,在煤炭价格日趋市场化的今天,应当进一步提高采矿权的价格,将外部性内部化,以此避免相关企业在没有承担相应成本的情况下获取不合理的高利润。三是在资源繁荣期内增加地方财政在教育方面的支出比重。因为政府在教育方面的投入可以降低私人人力资本投资的成本,在其他条件不变的前提下,可激发私人的人力资本投资。增加财政的教育投入,不能仅限于硬件设施的改进等"立竿见影"的投入,更要注重软件方面的改进。例如,通过与东部发达地区的交流等方式,提高教师的素质和教学技能;引进先进的管理模式和教学方式,切实提高教育质量。四是重视职业技术教育,对制造业企业劳动力培训和技术升级进行补贴。对于资源衰竭型或者即将进入衰竭期的地区而言,应加大对资源部门从业人员转业的技术培训和智力支持。

第七章

我国资源型城市经济转型的回顾与展望

第一节　我国资源型城市经济转型回顾

一　我国资源型城市转型工作概述

进入 21 世纪以来，我国资源枯竭型城市经济转型由选取个别城市试点到全面铺开历经十余年，这期间可分为两个阶段。

（一）2001~2006 年资源型城市转型试点阶段

2001 年，国务院把阜新确定为全国第一个资源枯竭型城市转型试点，由此拉开了我国资源枯竭型城市转型的序幕。2002 年 11 月，党的十六大报告明确提出"支持资源开采型城市和地区发展接续产业"，这是在党中央文件报告中第一次提出加快资源型城市转型的要求。2003 年 10 月，中共中央、国务院颁布《关于实施东北地区等老工业基地振兴战略的若干意见》中，第七部分"推进资源型城市经济转型"明确提出资源型城市实现经济转型是东北老工业基地调整改造的一个重点和难点，同时提出要加大对采煤沉陷区治理的支持力度，继续做好辽宁省阜新市经济转型试点工作，总结经验，加以推广；研究建立资源开发补偿机制和衰退产业援助机制，促进资源型城市经济转型和可持续发展。

继阜新之后，2005 年 5 月，国务院振兴东北地区等老工业基地领导小组第二次会议，决定将资源型城市经济转型试点范围扩大到大庆、伊春、白山、辽源和盘锦等 6 个不同资源类型的城市，通过试点实践、边探索、边总结，以此探索具有中国特色的资源型城市经济转型之路。在此期间，国家有关部门多次赴东北及国内其他地区资源型城市，就矿山破产引发群体上访、采煤沉陷区治理、棚户区改造、接续替代产业发展和"零就业"家庭等问题进行专项调研。同时，组织专家学者展开"我国资源型城市和资源枯竭城市界定"、"建立资源开发补偿机制和衰退产业援助机制"等课题研究，并多次向中央和国务院提交调研报告与政策建议。在此基础上，根据国务院领导的要求，会同有关部门研究起草制定了《国务院关于促进资源型城市可持续发展的若干意见（代拟稿）》（以下简称《若干意见（代拟稿）》）。

2006 年 4 月，国务院常务会议决定在山西省开展煤炭工业可持续发展政策措施试点工作。同年 6 月，温家宝总理主持召开的国务院振兴东北地区等老工业基地领导小组第三次全体会议审议了《若干意见（代拟稿）》，并提出要将这个文件覆盖全国。按照会议要求，在集中听取山西、辽宁等 7 个涉及省区意见基础上，与财政部、税务总局就给予资源枯竭型城市的财政支持问题进行多次协商，对《若干意见（代拟稿）》进行最后修改，经国务院审议批准于 2007 年 12 月正式发布了《若干意见》。这个文件从起草到正式出台经历了 4 年的时间。《若干意见》是我国资源型城市可持续发展工作的第一个综合性的指导性文件。过去单独对煤矿、石油资源也都有一些指导文件，但如此全面的文件还是第一个。它不仅适用于东北地区，也适用于全国。

（二）2007 年至今转型全面启动推进阶段

2007 年 10 月，党的十七大报告明确提出要"帮助资源枯竭地区实现经济转型"。同年 12 月，国务院发布了《若干意见》，提出到"2010 年前，资源枯竭城市存在的突出矛盾和问题得到基本解决"，"2015 年前，在全国范围内普遍建立健全资源开发补偿机制和衰退产业援助机制，使资源型城市经济社会步入可持续发展轨道"。《若干意见》明确了资源枯竭型城市经济转型的目标、方向、重点和政策措施，是我国促进资源型城市经济转型的纲领性文件。《若干意见》出台后，资源型城市可持续发展工作纳入《国务院 2008 年工作要点》，并专门召开了贯彻落实工作会议，国家有关部门和相关省市认真落实文件精神，成立由主要领导牵头的领导小组办公室，并相应调整机构，在国家发展和改革委员会设专门机构负责资源型城市可持续发展工作。按照《若干意见》的要求，国家有关部门在调研和征求各方面意见的基础上，确立了资源枯竭型城市的确定原则，并综合考虑相关指标，2008 年 3 月 17 日经国务院批准，正式确定东北地区的阜新市、伊春市、辽源市、白山市、盘锦市、大兴安岭区，中部地区的焦作市、萍乡市、大冶市，西部地区的白银市、石嘴山市、个旧市，共 12 个城市和地区正式成为首批转型试点城市，并要求其编制转型规划（表 6-1）。

表 6-1　全国首批 12 个资源枯竭型城市经济转型试点名单

类型及分布	数量（个）	名称
东北地区典型资源枯竭型城市	5	阜新、伊春、辽源、白山、盘锦（市）
西部地区典型资源枯竭城市	3	石嘴山、白银、个旧（县级市）
中部地区典型资源枯竭城市	3	焦作、萍乡、大冶（县级市）
典型资源枯竭地区	1	大兴安岭地区

　　随后，财政部对第一批资源枯竭型经济转型城市和地区下拨财力性转移支付资金 8.32 亿元，这 12 个城市和地区成为 38 号文件有关政策的最早受益者。对于历史遗留问题尚未根本解决、可持续发展能力较弱的辽源、阜新等 11 座城市（盘锦市已实现转型），国家决定延长中央财力性转移支付年限至 2015 年。2009 年 3 月 5 日，国务院确定第二批 32 个资源枯竭型城市（表 6-2）。各有关省区积极落实文件精神，研究制定本省区促进资源型城市经济转型和可持续发展的实施意见，加强对资源型城市转型和可持续发展工作的领导。许多省市建立了"资源枯竭城市可持续发展工作联席会议制度"，对转型工作作出具体部署，并相继出台了关于促进资源型城市可持续发展的实施意见。

表 6-2　全国第二批 32 个资源枯竭型城市名单

类型	数量（个）	城市名称
地级市	9	山东枣庄市，湖北黄石市，安徽淮北市和铜陵市，黑龙江七台河市，重庆万盛区，辽宁抚顺市，陕西铜川市，江西景德镇市
县级市	17	贵州铜仁万山特区，甘肃玉门市，湖北潜江市和钟祥市，河南灵宝市，广西合山市，湖南耒阳市、冷水江市和资兴市，辽宁北票市，吉林舒兰市和九台市，山西孝义市，四川华蓥市，黑龙江五大连池市（森工），内蒙古阿尔山市（森工），吉林敦化市（森工）
市辖区	6	辽宁葫芦岛市杨家杖子开发区，河北承德市鹰手营子矿区，辽宁省葫芦岛市南票区，云南省昆明市东川区，辽宁省辽阳市弓长岭区，河北省张家口市下花园区

　　2009 年 7 月，国家发展和改革委员会在吉林省辽源市召开全国资源型城市可持续发展工作会议，对下一步转型和可持续发展工作作出部署，并强调要研究制定促进资源枯竭型城市经济转型的相关政策措施。2010 年 6 月，伊春、焦作等 8 个资源枯竭型城市（地区）的转型规划通过了国家发展和改革委员会的审查论证，并进入实施阶段。

　　2010 年，国务院批准了由国家发展和改革委员会、国家林业局会同有关部门编制的《大小兴安岭林区生态保护与经济转型规划（2010～2020 年）》（以下简称《规划》）。《规划》提出了支持林区生态保护与经济转型的一系列政策措施，其中重要一条就是"大小兴安岭森林生态功能区范围内森林覆盖率高于 70%的县（旗、区）参照执行资源枯竭城市财政转移支付政策"。为落实这一政策，国家发展和改革委员会会同国家林业局、财政部，对《规划》范围内大小兴安岭森林生态功能区 42 个县（市、旗、区）的森林覆盖率情况进行了认真核实，除被国务院列为资源枯竭型城市的大兴安岭地区、伊春市、阿尔山市等 23 个县（市、区）已经享受资源枯竭城市财政转移支付政策外，决定对嘉荫、牙克石等 9 个森林覆盖率高于 70%的县（市、旗、区）参照执行资源枯竭城市财政转移支付政策。2010 年 12 月 1 日，经国务院同意，国家发展和改革委员会正式批复设立"山西省国家资源型经济转型综合配套改革试验区"。这不仅是我国设立的第 9 个国家级综合配套改革试验区，也是唯一一个全省域、全方位、系统性的国家级资源型经济转型综合配套改革试验区。《若干意见》的出台和山西省获批成为国家级资源型经济转型综合配套改革试验区，标志着资源枯竭型城市经济转型和促进资源型城市可持续发展进入了新阶段，不仅从理论研究探讨层面上升为国家实践操作层面，也从局部省区的一些城市试点面向全国所有资源型城市。

为进一步加大对资源枯竭型城市的支持力度，2011 年，经国务院批准同意，国家发展和改革委员会、国土资源部、财政部又确定了第三批 25 个资源枯竭型城市。同时，根据《规划》，国家发展和改革委员会、财政部确定了大小兴安岭林区 9 个县级单位参照执行资源枯竭城市财政转移支付政策。到目前为止，已有69 个城市和大小兴安岭林区 9 个参照享受政策城市被列入国家资源枯竭型经济转型城市支持范围（表 6-3）。

表 6-3　第三批资源枯竭型城市名单

25 个城市（区）	大小兴安岭林区参照享受政策 9 个城市
河北井陉矿区，山西霍州市，内蒙古乌海市、石拐区，吉林省二道江区、汪清县，黑龙江省鹤岗市、双鸭山市，江苏贾汪区，江西新余市、大余县，山东新泰市、淄川区，河南濮阳市，湖北省松滋市，湖南省涟源市、常宁市，广东省韶关市，广西平桂管理区，海南省昌江县，重庆市南川区，四川泸州市，云南省易门县，陕西省潼关县，甘肃红古区	内蒙古牙克石市、额尔古纳市、根河市、鄂伦春旗、扎兰屯市，黑龙江省逊克县、瑷珲区、嘉荫县、铁力市

资料来源：国家发展和改革委员会网站

二　《若干意见》的主要内容与不足之处

（一）《若干意见》的主要内容

《若干意见》共分三大部分。

1. 明确了"促进资源型城市可持续发展的指导思想、基本原则和工作目标"，并提出两步走的目标

第一步，到 2010 年前，资源枯竭型城市存在的突出矛盾和问题得到基本解决，大多数资源型城市基本建立资源开发补偿机制和衰退产业援助机制，经济社会可持续发展能力显著增强。这一目标目前已基本实现。第二步，在 2015 年前，在全国范围内普遍建立健全资源开发补偿机制和衰退产业援助机制，使资源型城市经济社会步入可持续发展轨道。

2. 提出了促进资源型城市可持续发展的五大任务

一是建立健全资源型城市可持续发展的长效机制，即建立资源开发补偿机制

和衰退产业援助机制，以及完善资源性产品价格形成机制，并规定中央和省级财政要加大对资源枯竭型城市的一般性和专项转移支付力度。2007~2010 年，设立针对资源枯竭型城市的财力性转移支付，增强资源枯竭型城市基本公共服务保障能力，重点用于完善社会保障、教育卫生、环境保护、公共基础设施建设、专项贷款贴息等方面。通过设立针对资源枯竭型城市的财力性转移支付，帮助资源枯竭型城市休养生息，使这些城市轻装上阵，赢得平等参与竞争的机会。二是提出以市场为导向，以企业为主体，大力培育发展接续替代产业。三是着力解决就业等社会问题，消除贫困，维护社会稳定。四是加强环境整治和生态保护。五是加强资源勘查和矿业权管理。

3. 提出了促进资源型城市可持续发展的六大具体政策措施

一是设立针对资源枯竭型城市的财力性转移支付。二是改革资源税制度，完善资源税计税依据，调整资源税负水平，增加资源开采地区的财政收入。三是尽快建立资源型企业可持续发展准备金制度。四是鼓励金融机构在防范金融风险的前提下，设立促进资源型城市可持续发展专项贷款。五是安排部分国债资金和中央预算内建设资金，集中扶持东北地区资源型城市的可持续发展。六是财政部门加大中央转移支付的支持力度，以帮助解决东北地区和中西部地区资源枯竭型城市的历史遗留问题和厂办大集体等问题。此外，文件明确指出，资源型城市的可持续发展工作由省级人民政府总体负责。

（二）《若干意见》的特点

《若干意见》的最大特点是从制度建设入手，突出以人为本的理念，统筹规划，远近结合，标本兼治，把当前与长远、治标与治本、政策制定与制度建设结合起来，提出了许多针对性较强的政策措施，并突出了中央对资源枯竭型城市财税支持力度。具体包括以下几点。

第一，针对资源枯竭型城市地方财力不足问题，提出从改革资源税制度、完善资源税计税依据、调整资源税负水平入手，增加资源开采地区的财政收入。国务院已原则上同意财政部等部门提出的资源税改革方案，将会择机出台。

第二，着重解决现阶段大多数资源枯竭型城市就业困难、环境污染和生态破坏严重、经济结构失衡、产业基础薄弱等现实问题。为解决资源型城市就业等民生问题，提出设立资源型城市可持续发展专项资金，包括国家在重大建设项目布局时，要先向资源枯竭型城市适当倾斜，帮助其加快培育建立新产业，并专门安排部分国债资金和中央预算内基建资金，集中扶持东北地区资源型城市建设一批能够充分吸纳就业、综合利用资源和发展接续替代产业的项目。

第三，针对现阶段资源型城市政府和企业转型普遍面临资金不足的难题。提出设立促进资源型城市可持续发展专项贷款，鼓励金融机构在防范金融风险的前提下，根据资源型城市特点，加大对资源型城市和企业的资金支持力度。同时，提出对地方政府专项贷款给予一定贴息优惠，以此鼓励银行设立专项贷款。

第四，从制度层面建立可持续发展准备金制度，为建立资源型城市可持续发展的长效机制奠定了基础。这既是健全资源开发补偿机制和衰退产业援助机制的重要内容，也是确保资源型城市可持续发展的制度保障。可持续发展准备金由资源型企业在税前按一定比例提取，并列入成本，资金主要用于环境恢复与生态补偿、发展接续替代产业、解决企业历史遗留问题和企业关闭后的善后工作等。

第五，明确国家与地方及企业各自应承担的责任。基于历史、经济发展现状和不断提高的市场化程度，《若干意见》明确指出资源型城市可持续发展工作由省级人民政府负总责。国务院有关部门的主要职责是研究落实配套政策措施，帮助资源型城市解决历史遗留问题和经济社会发展及生态环境建设中的突出矛盾和问题，并要求国家各部门加强协调配合，建立协商机制，发挥合力，共同推进资源型城市经济转型工作。同时，明确开采企业是资源补偿、环境保护与修复的责任主体，提出了"谁开采、谁保护，谁受益、谁补偿，谁污染、谁治理，谁破坏、谁修复"的原则，使资源开采企业的责权利得到有机结合，切实把建立健全资源开发补偿机制落到了实处。

（三）《若干意见》的不足之处

就《若干意见》实施整体情况看，它只是一个短期、应急、粗线条、原则性的文件，由于它是为缓解和解决当前资源型城市面临的突出矛盾和问题而制定的，因而，它与法律法规的正式程度还有相当大的差距。表现在：一是对资源已枯竭型城市可持续发展关注较多，对正在开发的资源型城市关注较少。二是《若干意见》尚需进一步细化。尤其是与各部委的配套政策以及具体措施至今尚未出台，增加了资源型城市执行落实政策的难度，降低了《若干意见》的可操作性和指导作用，如"两个机制"的建立和"一个完善"没有细化。

第二节　我国资源型城市经济转型取得的阶段性成果

一　首批 12 个资源枯竭型城市经济转型初见成效

首批试点城市在国家、省、市有关部门大力支持和协同配合下，在试点城市广大干部群众的共同努力下，转型试点取得了重大进展。特别是《若干意见》出台后，各有关省区市和试点城市认真贯彻落实文件精神，及时调整工作思路和工作部署，迎难而上，把城市转型作为统领经济社会工作的重中之重，增强推进转型的紧迫感和使命感，在理清转型思路和科学编制转型规划基础上，加快培育接续替代产业，全面推进城市转型工作，试点城市经济发展呈现良好势头，资源枯竭型城市的历史遗留问题得到初步解决，产业转型取得了较大进展，城市自我发展的内生动力逐步增强。

（一）经济增长打破了长期低速徘徊局面，地区经济增长速度稳步加快

"十一五"期间，首批 12 个资源枯竭型城市的地区生产总值年均增长 10.5%，略高于全国平均水平。城市资源开采及初加工"一业独大"和产业单一的局面有所改变，采矿业占地区生产总值的比重由 2006 年的 18.3% 下降到 2010 年的 12%，非传统产业比重不断上升。从最早列入试点城市的情况看，近年来，在国家政策的有力支持和地方政府的努力下，地区经济增长速度不断加快，尤其是阜新、辽源和白山等市呈现快速增长态势。2001～2008，阜新市生产总值由 70.33 亿元跃升到 233.91 亿元，年均增长率达到 16.4%，而该市"九五"期间年均增速仅为 2.1%。在"十一五"前四年（2006～2009 年），辽源市生产总值年均增长率达到 21.1%，白山市达到 20.3%。

（二）人们的思想观念和精神面貌发生巨大变化，体制机制创新迈出了重要步伐

各资源枯竭型城市以经济转型为契机，通过组织理论中心组学习、召开班子领导联席会和转型动员大会等方式，解读国家有关政策措施，并利用多种媒体开展转型宣传动员工作，使广大干部群众看到了转型的希望，增强了转型的信心，扭转了颓势，从焦虑、彷徨的情绪中走出来，振奋精神，埋头苦干，形成人人关心转型、人人支持转型、人人参与转型的良好氛围。与此同时，各资源枯竭型城市以改革为动力，有效破解了多年来积累的深层次体制和机制性矛盾。以改革促转型，通过深化国有企业产权制度改革，转换了企业经营机制，实现股份制混合经营，使企业焕发了生机。以阜新市为例，在 376 户各类国有企业中，已有 292户国有企业实行了产权制度改革，完成全部应改制国有企业的 80%。至 2008 年末，全市正常生产经营的国有工业企业改制已经全部完成；国有商贸、交通企业大部分完成了改制；国有粮食企业（不含仓储企业）的改制完成了 80% 以上。辽源市在 2005～2007 年，改革国有企业 463 户，卸掉债务 68 亿元，95% 以上的改制企业已经启动生产并扩大规模。在国有企业改制的同时，各资源型转型试点城

市大力发展民营经济，激发人民群众的创业积极性，使民营经济成为资源型城市新的经济增长点。

（三）产业结构调整初见成效，接续替代产业已初具雏形

各资源枯竭型城市因地制宜，把产业结构优化升级作为可持续发展的根本出路，以市场为导向，以企业为主体，在提升和延伸传统产业的同时，大力发展接续替代产业，在推动现有要素整合和并购重组基础上，积极引进域外资金和知名企业，加快装备、食品、纺织服装、现代生物、电子信息、新材料等新兴产业发展，并利用矿山遗址发展旅游业。阜新市自 2001 年被确定为首个经济转型试点市后，在国家支持及地方政府的努力下，转型的主导产业及装备制造业正在做大做强，产业结构日趋多元化。2007 年，阜新市非煤产业的比重已上升到近 90%。2008 年，在阜新市规模以上工业增加值中，除能源工业外，装备制造、农产品加工和原材料工业所占比重已分别达到 15.4%、13.9%和 11.4%。辽源市也是如此，产业结构也由一煤独大开始向新材料、新能源、装备制造、冶金建材等新兴产业转型。2009 年，在辽源市工业增加值中，煤炭开采和洗选业所占比重已下降到 11.9%，而农副食品加工、非金属制品、通用设备制造、专用设备制造、纺织等行业所占比重提升到 42.7%。

（四）民生状况得到一定程度的改善，生态环境治理效果明显

各试点城市把实现好、维护好、发展好最广大人民群众的根本利益为出发点和落脚点，充分利用地方新增财力和中央财力性转移支付资金，着力解决失业、沉陷区治理、棚户区改造和社会保障体系，以及企业拖欠职工工资等诸多实际问题，使广大人民群众在转型中得到实惠，城乡居民收入大幅提高，社会保障水平不断提高，教育文化、医疗卫生服务水平全面提升。12 个试点城市五年间沉陷区搬迁、棚户区改造累计完成建筑面积 1423 万 m^2，约 30 万住房困难家庭居住环境得到改善。如阜新市从 2002 年开始，先后进行了采煤沉陷区治理和棚户区改造，目前已有 30 万名群众搬进了总建筑面积近 400 万 m^2 的新房。2005~2007年，白山市区共完成煤矿棚户区改造工程投资 5.3 亿元，24 栋住宅楼开工建设，采煤沉陷区治理工程开工建设 53 万 m^2，安置居民 7835 户，人民群众的住房条件得到了明显改善。伊春市 2008 年完成棚户区改造面积 54.9 万 m^2，棚户区改造拆迁 9280 户，改造面积相当于过去 10 年的总和。在社会保障体系建设方面，目前，阜新、伊春、辽源等市已初步建立以养老保险、失业保险、医疗保险和城镇最低生活保障等为主要内容的社会保障体系。伊春 2009 年有 26.2 万人参加养老保险，有 12.1 万职工参加失业保险，有 54.3 万职工参加基本医疗保险，比 2005

年增长 136%；有 13.6 万城镇居民得到最低生活保障救济，人均月补助 162 元，比上年提高 67 元；救灾、救济和居民最低生活保障资金到位率为 100%，新型农村合作医疗参合率达到 95.9%，参合覆盖率为 100%。在生态环境治理方面，各资源枯竭型城市加强矿山环境治理恢复，累计完成治理面积 2.29 万 hm^2，复垦耕地 $1719hm^2$。通过加大对生态环境恢复治理的投入，加强地质灾害和环境污染综合治理，不仅减少了物资能源消耗和二氧化硫等污染物的排放，而且提高了城市绿化覆盖率，使城市生态环境和人居环境得到整体改善，人民生活质量显著提高。

（五）资源有偿使用改革试点推开，矿产资源的开采利用得到进一步规范

近年来，国家加快资源有偿使用方面的改革，陆续出台了支持地方探索建立资源规范化开发及利用的各项政策。特别是国务院对煤矿集中的山西省给予了特殊政策，允许探索其建立资源有偿使用机制并给予鼓励和支持。以 2004 年率先在全国开展煤矿采矿权有偿使用试点的临汾市为例，试点工作开展后，取得了显著的成效：一是明确了责任主体。先后有 450 座煤矿的采矿权转让给了个人，解决了乡村煤矿层层转包、责任主体混乱的状况，实现了采矿权和经营权的高度统一。二是维护了国有资源的权益。对明晰了产权的煤矿收缴了资源价款，实现了对已取得采矿权煤矿补交资源价款的突破，充分体现了国有资源有偿使用的原则，有效维护了国有矿产资源的所有者权益。三是减少了资源浪费，实现了煤炭资源的科学、合理、高效开采。四是遏制了私开滥挖。合法煤矿对自己的矿区范围实行严格看管，采取一切措施，协助政府及时查处本矿区范围内的私开滥挖行为。五是确保了安全生产。煤矿重特大死亡事故得到有效遏制，煤炭百万吨死亡率大幅下降，由改革前 3 人/百万 t 下降到 1.79 人/百万 t，2005 年后又下降到 0.93 人/百万 t，首次降到 1 人/百万 t 以下。

二　资源型城市经济转型政策支持体系初步形成

随着《若干意见》的贯彻落实和相关配套政策的出台，政策效应已初步显现，资源枯竭型城市经济转型和促进资源型城市可持续发展的政策支持体系也建立起来，许多政策措施正在发挥着作用，体现在以下几方面。

（一）建立了针对资源枯竭型城市经济转型的中央财力性转移支付制度

截至 2011 年年末，国家已分三批界定了全国 69 座资源枯竭型城市，确定了

大小兴安岭林区 9 个县级单位参照执行资源枯竭城市财政转移支付政策。中央财政累计下达财力性转移支付资金 303 亿元，其中 2011 年下达资金达 135 亿元，重点用于完善社会保障、教育卫生、环境保护、公共基础设施、专项贷款贴息等方面，这对资源枯竭型城市进一步加快化解社会管理和公共服务等方面的历史欠账、推动经济转型、增强资源枯竭型城市公共保障能力发挥了重要作用。同时，全国 10 多个省（区）也相应出台了地方配套政策，内蒙古安排 18 亿元专项建设资金用于资源型城市可持续发展；甘肃省、宁夏回族自治区、江西省、辽宁省等对国家确定的资源枯竭型城市给予了配套财政资金支持，如江西省批准了萍乡市征收资源型城市可持续发展准备金。同时，按照"科学规划、细化预算、严格审计"的原则，国家制定出台中央财力性转移支付补助资金管理办法，以加强对国家财力性转移支付资金使用情况的跟踪审计与监管。

（二）煤矿棚户区、林业棚户区和工矿棚户区的改造全面铺开

在环境整治和沉陷区治理方面，2002 年以来，国家率先对东北地区 15 个原国有重点煤矿采煤沉陷区进行治理，目前已累计安排中央投资 41 亿元。在东北地区中央下放地方煤矿棚户区改造试点的基础上，启动了中西部地区中央下放地方煤矿改造，以及林业棚户区和工矿棚户区改造，并给予了政策和资金支持。国家发展和改革委员会在 2005 年批准了山西省 9 个国有重点煤矿采煤沉陷区的治理方案，总投资 69 亿元，用于解决沉陷区居民住房问题。在棚户区改造的同时，国家先后投资 12.2 亿元用于资源型城市密集的东北地区棚户区改造配套的基础设施、学校和医院建设补助。在 2008 年 11 月新增的 1000 亿元中央投资中，国家就安排 18.5 亿元用于中央下放地方煤矿棚户区改造试点和中西部中央下放地方煤矿和林业棚户区改造。此外，国土资源部加大了对资源型城市的矿山环境治理资金支持力度。

（三）设立了接续替代产业转型专项资金和可持续发展专项贷款

为贯彻落实《国务院关于促进资源型城市可持续发展的若干意见》精神，国家发展和改革委员会决定，在 2009～2013 年安排部分中央预算内基本建设资金，设立资源型城市充分吸纳就业、资源综合利用和发展接续替代产业专项资金，并已累计安排中央预算内资金数十亿元，安排支持项目若干个，促进了资源型城市经济转型和可持续发展。为加快东北地区培育接续替代产业，2009 年 6 月，国家发展和改革委员会下达了 2009 年首批东北地区资源型城市吸纳就业、资源综合利用和发展接续替代产业项目预算内资金投资计划。本次中央预算内投资计划 1 亿元，涉及项目 19 个，项目总投资 11 亿元，为东北地区资源型城市下岗矿工、林

业工人、厂办大集体职工提供约 1.3 万个就业岗位。同时，在振兴东北老工业基地国债资金支持项目中，国家发展和改革委员会于 2006 年先后两批下达了资源型城市经济转型农产品深加工项目投资计划。此外，国家发展和改革委员会还与国家开发银行合作设立了资源型城市可持续发展专项贷款项目。目前，已有 8 个资源枯竭型城市签署了《开发性金融支持资源型城市转型和可持续发展合作备忘录》，并选择部分资源枯竭型城市先行试点，包括枣庄市、承德市鹰手营子矿区、北票市、淮北市、萍乡市、景德镇市、黄石市和个旧市。其中 6 个城市与开发银行签订的融资总额已达到 320 亿元。

（四）建立了促进资源型城市可持续发展的政策和法律法规体系

在《若干意见》的基础上，有关部门在大量调查研究、多方征求修改意见的基础上，完成了《资源型城市可持续发展准备金管理试行办法》，《资源型城市可持续发展条例》也列入国家立法规划，并开展了立法前期研究。资源税改革试点已在新疆等西部地区率先实施。资源税改革方案已经国务院原则同意，将择机出台。同时，协调推动省级人民政府出台配套政策措施。山西、甘肃、江苏、内蒙古、陕西、山东、重庆、湖北等省（区市）相继出台了支持本区域资源型城市可持续发展的政策法规。

（五）建立了资源枯竭型城市经济转型成效考核评估机制

从 2009 年以来，国家组织有关单位和专家学者，对首批资源枯竭型城市经济转型成效情况进行评估。根据评估结果对处于不同发展阶段的城市给予分类支持，建立分类指导、滚动推进、有进有出的财政支持机制。同时，启动全国资源型城市可持续发展规划的编制工作。按照国务院《若干意见》和《关于编制资源枯竭城市转型规划的指导意见》的要求，国家发展和改革委员会组织有关专家对部分资源枯竭型城市转型规划进行了审查论证。目前，经国务院批准的前两批 44 个资源枯竭型城市的转型规划审查论证工作已全部结束。

③　促进资源型城市经济转型的工作机制初步建立

经过几年的实践与探索，我国已逐步建立起国家有关部门推动、省级人民政府负总责、资源型城市为主体的上下联动、协调配合的工作机制。

（一）国家设立了专门机构具体负责资源型城市经济转型

2008 年国家发展和改革委员会东北振兴司首次设立了资源型城市发展处，此机构具体负责资源型城市转型与促进资源型城市可持续发展的日常工作，并牵头研究制定和起草相关政策法规，负责协调财政部、国土资源部、国家林业局、劳动就业和社会保障、住房和城乡建设、人民银行、工业、科技、教育、人口和计划生育、银行业监督管理委员会等各部门在各自领域对资源型城市可持续发展工作给予的大力支持，以形成推动全国资源型城市可持续发展的合力。

（二）相关省（市）自治区和资源型城市建立专门的组织机构

按照省级政府负总责的要求，许多省、市建立了由主要领导牵头的工作领导小组或工作联席会议制度，并相继出台了促进资源型城市可持续发展的综合性政策文件，明确了具体工作目标和任务，把转型工作纳入重要议事议程，具体负责协调推进，统筹研究和解决资源型城市可持续发展的重大问题。一些省市在重大战略实施、重大项目布局、重大改革试点等方面向资源型城市倾斜。各资源型城市也相继成立以市委市政府主要领导为组长的转型工作领导小组，设立了转型办公室，具体负责转型方案的制订与实施，确保转型工作有序推进。

第三节　我国资源枯竭型城市经济转型的基本经验与启示

一　资源枯竭型城市经济转型的基本经验

（一）把深化改革作为推进城市转型的强大动力

作为正处于经济和社会转型发展中的大国，无论是资源型城市，还是非资源型城市，若要破解其经济社会发展的诸多矛盾和难题，都需要通过深化改革来实现。尤其对于资源枯竭型城市来说，其长期制约城市经济社会发展的体制性、结构性、社会性的矛盾和问题，更需要通过深化改革来加以解决。所以，必须要解放思想，坚定不移地把改革创新精神贯彻到经济转型的各个环节，加快重要领域和关键环节的改革步伐，通过推进体制机制创新，破解经济社会发展中的诸多难题，增强资源枯竭型城市可持续发展的活力和内在动力，构建充满活力、富有效率、更加开放、有利于科学发展的体制机制。体制机制创新是经济转型的强大动力，只有实现制度创新，主导产业的转换替代和产业结构调整才能实现。在经济转型中，要坚持结构调整和体制转型的同步进行。既要实现主导产业的转换替代，又要不断完善社会主义市场经济体制，并使二者相互联系、相互促进。

（二）把转变发展方式作为城市转型的主线

资源枯竭型城市的转型不仅是经济转型，也是社会、文化、生态的整体转型。转型的本质是如何实现科学发展。资源枯竭型城市发展之所以不可持续，关键是缺乏科学的发展理念和发展方式。因此，要把转变发展方式贯穿于城市转型的全过程，从主要依赖不可再生资源逐渐转移到主要依赖知识、技术、人才等可再生资源上来；从主要依赖物质资源逐渐转移到主要依赖非物质资源上来。重视资源的合理开发、整体开发、深度开发、综合利用，提高资源利用效率和效果，减少资源的损失浪费。以发展方式转变推进城市经济转型，把城市转型与统筹推进的信息化、工业化、城镇化和农业现代化有机结合起来，把培育战略性新兴产业和改造提升传统优势产业结合起来。正确处理当前与长远、总量与结构、全局与局部之间的关系，把谋划发展与推动转变结合起来，着力实现由外延增长向内涵增长转变、由粗放型向集约高效型转变、由采掘业和资源开采为主导向三次产业协调发展转变。

（三）把着力解决就业等民生问题作为城市转型的重点

维护和满足城市人民群众的生存权、发展权，是转型城市人民群众的根本利益之所在。就业是资源枯竭型城市的最大民生问题，解决好转型时期资源型城市下岗失业人员再就业问题，不仅是经济转型的重中之重，也是经济转型的出发点和落脚点。就业问题与广大人民群众的切身利益息息相关。因此，必须采取一切可能的形式和渠道，实现劳动力转移和再就业。同时，要认真解决好城市弱势群体及部分生活贫困家庭的住房问题、医疗问题、最低生活保障问题，使他们与其他城市居民同样享有生存与发展的权利，这不仅是实现经济转型根本目标的必然要求，也是维持城市社会稳定、形成宽松良好的经济转型环境的重要保证。从国内实践看，解决就业问题既需要大的龙头企业，也需要能够充分吸纳就业的中小企业，尤其民营中小企业是解决就业问题的最佳途径。所以，要大力发展民营经济。而发展民营经济和实现全民创业的前提是要依靠广大人民群众，把尊重和发挥群众自主创业精神作为资源型城市经济转型的源泉和动力，通过政策引导和优化服务环境，带动"全民创业"活动的开展，鼓励创办非公有制企业和各类经济组织，积极发展中小企业，以此有效带动和吸纳就业。只有放手调动一切力量，才能真正做到转型为了人民、转型依靠人民、转型成果由人民共享。

（四）发挥中央财力性转移支付资金在转型中的引导作用

就现阶段来看，国内绝大多数资源枯竭城市完全靠自身财力是很难走出困境的，必须要借助于外力，需要中央和省级政府给予一定的资金支持。特别是中央财力性转移支付资金会起到"四两拨千斤"的引导和推动作用。实践证明，许多试点城市在中央和所在省政府资金支持下，根据本地实际，按轻重缓急，合理安排资金使用，按国家资金使用要求和范围，集中投入到了最需要的地方，这不仅有效化解了社会管理和公共服务等历史欠账和遗留问题，解决了长期拖欠的职工和教师工资、医疗和社会保险费用，也为维护资源枯竭型城市的社会稳定、促进城市的可持续发展发挥了不可替代的作用。

（五）重视转型规划的编制工作，发挥规划的引领作用

资源型城市经济转型是一项复杂的系统工程，转型能否成功在一定程度上取决于规划编制是否科学、是否符合本地实际。因此，必须重视转型规划的编制工作。规划编制要统筹安排，着眼于未来城市的可持续发展，在充分认识市情、把握国内外发展变化趋势和规律的基础上，全面科学制定转型的总体战略和目标，明确各阶段重点任务。规划编制由省、市两级政府作为规划组织者提出总体框架，广泛听取各方面意见，聘请专业机构和多方面专家学者包括市民在内参与制定，凝聚各方面的智慧和力量。最后通过立法的形式加以确定，并委托专门的执行机构根据相应的法律条款严格执行。

（六）抓住选择、培育和发展接续主导产业这个核心

资源型城市经济转型的实质，是基于主导产业转换基础之上的城市产业结构的一次根本性调整。城市经济转型的好坏，取决于接续主导产业的选择、培育和发展情况。国内外实践证明，凡是接续主导产业选择好的地方，城市转型就成功。因为主导产业的快速发展对其他产业发展的强劲拉动和带动作用，是确保实现资源型城市经济转型的根本保证。选择培育好接续替代产业，既可以发挥资源型城市的集聚功能，也可以发挥城市的辐射功能，并以主导产业的成长带动产业结构的调整，以产业结构调整带动就业结构、技术结构、企业组织结构的调整，最终带动其他产业和产业整体的发展，实现产业结构的升级。因此，在经济转型中，要全力解决好接续主导产业的选择、培育和发展问题，城市的人力、财力、物力等生产要素和经济资源要重点配置在接续主导产业及其相关产业，实现资源的合理配置、优化配置。在抓好接续主导产业培育的同时，要重视稳定和发挥原有资源型产业在一定时期、一定范围内的积极作用。

（七）把实施对外开放和招商引资作为促进城市转型的外力

封闭产生落后，发展源于开放，要把经济转型和城市开放有机地结合起

来。牢固树立"市外即外"的大开放理念，以开放促转型，减少转型成本，缩短转型周期，加快转型发展的步伐。通过开放，学习别人的长处，弥补自己的不足，认真研究自身的比较优势，以项目园区建设和产业集聚区为重点，打造基础设施完善、要素集聚能力强的接续产业发展平台。同时，加强全社会的诚信建设，以政府诚信带动企业诚信、公民诚信、社会诚信，从而激发人民群众支持和参与转型的热情与动力。在此基础上，不断拓宽招商思路，改进招商方式，将过去单纯的就项目引项目改为有针对性地实施集群式招商或产业链式招商，将承接产业转移与打造自身优势产业紧密结合，形成一批支撑城市转型的企业和集团。此外，要依靠科技进步加速实现转型，不断增强创新对城市转型的支撑力。

（八）把环境整治和生态建设放在转型工作的突出位置

整治环境、保护生态不仅是资源型城市可持续发展的重要内容，也是提高人民生活质量、促进经济增长方式转变的必然选择。因此，要重视生态环境的修复、治理和保护，修复资源开采造成的生态环境污染和破坏。树立绿色理念，发展绿色经济和循环经济，实现经济、人口、资源、环境的统一，造福子孙后代。从制度建设上入手，大力推进生态环境整治，坚持"谁开发、谁保护，谁污染、谁治理，谁破坏、谁恢复"的原则，建立资源开发项目生态环境影响评价制度、矿山建设与资源开发生态环境保证金制度和监督检查制度等，从开发利益链的根源上加以严管，从根本上摒弃先污染后治理、先破坏再恢复的传统工业化老路。同时，大力发展循环经济，推动节能减排，走可持续发展之路，构建资源节约型、环境友好型社会，提高资源环境对转型的承载能力，以实现生态与经济、生产与环保协调持续健康发展。

（九）把扩大投资和项目建设作为城市转型的重要载体

扩大投资和项目建设是资源型城市发展接续替代产业、重筑资源型城市经济社会支撑体系的核心之举。任何资源型城市，无论处于资源开发的鼎盛时期，还是在资源衰退时期，都要防止产业空心化问题。资源枯竭型城市传统产业改造与提升，以及接续替代产业发展离不开投资和项目建设。扩大投资和项目建设必须借助于外力。借助外力的重点是要坚持对外开放，把利用外资、启动内资作为推进转型的外力，通过招商引资、市场运作和实施项目、产业、园区建设并举等措施，实现招商引资和项目建设的大突破。同时，整合政府投融资平台，实现政府资源、金融资本、社会资本的有效对接，为转型提供资金保障。

（十）把文化建设和营造良好的外部环境作为转型的关键环节

在资源型城市转型发展中，国家的支持和援助固然重要，但这只是外部条件，能否转型成功的关键还是要看内生发展动力或能力，这种内生动力不仅取决于城市的物质基础和资本、技术、人力资源、知识积累等生产要素状况，更取决于城市人文精神和发展理念，这既是资源型城市生生不息的发展动力和源泉，也是支持城市长久发展的文化内核。如果一个城市具备穷则思变、脚踏实地、顽强拼搏、开拓创新、昂扬向上的城市理念和人文精神，这个城市就会有持续不断的发展动力。内生发展动力的提高能为经济转型提供强大的精神力量。投资发展环境好坏是能否实现资源型城市招商引资大突破的关键。因此，在加强"硬"环境建设、提升城市品位的同时，要加强"软"环境建设。要以深化行政管理体制改革、转变政府职能、提高政府工作效能为突破口，通过取消和下放审批权限，开展软环境综合整治，提高政府服务质量和办事效率，为投资者提供更加优质的服务，并加强对招商引资和项目建设的管理，严格实行服务承诺制和责任追究制，及时处理影响经济发展环境的案件；推行"首问负责制"、"限时办结制"等措施，为外来投资者提供全方位、全过程的"保姆式"、"一站式"服务，为打造集聚和发挥各类生产要素合力的平台、增强外来投资的吸引力创造条件。

（十一）把统筹城乡协调发展理念贯穿城市转型的全过程

实现资源型城市与农村协调发展，是资源型城市经济转型题中应有之义。要看到，在现有行政区划管理体制下，我国的资源型城市不仅是地区行政管理中心，也是地区经济社会发展中心；它既涵盖城市本身，又包括广大的农村。农村经济是城市区域经济的组成部分。城市经济和农村经济有着千丝万缕的联系。农村不仅为城市提供大量的农产品和工业原料，也为城市第二、第三产业发展提供大量的劳动力。没有农村的发展，就不会有城市的发展；没有农民的小康，就不会有全国人民的小康。无论是城市经济转型，还是城市的经济结构调整和产业结构的升级与优化，包括未来主导支柱产业的选择，都要考虑城市周边或区域内的农村。只顾城市而不考虑农业和农村的发展，势必加剧二元经济结构，给资源型城市经济长期持续发展埋下隐患，也无法获得经济转型的成功。所以，必须把统筹城乡协调发展理念贯穿城市转型全过程，把城市转型与发展现代农业有机结合起来，发挥城市的辐射作用和带动作用，在地区经济产业布局、企业分布、生产要素配置、农业产业化经营中，充分考虑城乡的协调互动式发展，实现信息化、工业化、城镇化和农业现代化同步发展。

二　资源枯竭型城市转型试点实践的启示与借鉴

（一）未雨绸缪，把握最佳的转型时机，是预防和避免资源型城市"矿竭城衰"的最佳选择

国内外理论和实践表明，在资源型城市发展的成熟阶段主动转型，可以比较平稳地、以较小的代价实现资源型城市的可持续发展。同时，要科学认识资源、配置资源。在利用资源为人类服务过程中，既要充分发挥市场配置资源的作用，又要统筹协调，提高资源配置效率。在此基础上，科学开发资源，最大限度、最佳效能地发挥资源对经济的驱动作用，特别是在资源开采处于成长期或成熟期的城市，利用资源优势，大力发展上下游产业，以资源驱动项目、以项目驱动资本、以资本驱动产业、以产业驱动发展，依托资源来延伸产业链条、优化产业结构，把资源优势转化为产业优势和经济优势。这一经验对于正在开发、尚处于成长期的国内其他资源型城市，有着积极的借鉴和示范作用。

（二）因地制宜，科学选择和培育接续主导产业，是确保资源枯竭型城市可持续发展的前提

资源型城市经济转型核心的是产业结构的转换，转型能否取得成效的关键在于接续主导产业的选择。接续主导产业选择既要充分考虑资源型城市的具体特点和特殊性，又要充分考虑国民经济的地域分工和产业布局；既要符合产业发展的一般规律，又要找准城市在整个国民经济及区域经济中的发展定位。只有选择好接续主导产业，才有可能利用各种调控手段、政策工具扶持其快速成长和发展。所以资源型城市必须要从国情、市情出发，清醒地认识自己的资源禀赋和自身优劣等各方面条件以及所处的发展环境，以发挥自身的比较优势和后发优势为前提，以接续主导产业的快速发展带动其他产业的发展。

（三）加大人力资源的开发与利用，注重培养和引进各类人才，是实现资源型城市经济转型的基石

产业转型必须注重各类人才的培养。在资源型城市经济转型实践中，许多城市也希望在资源以外的产业方面有所发展，但往往苦于人才的匮乏，最终又发展起了资源型产业。实践表明，经济发展落后地区要想摆脱困境、实现快速发展，不是取决于物质资本，而是取决于人力资本。人力资源是城市资源中最特殊的资源，无论是加快城市转型，还是发展接续产业和新兴产业，都需要有与之相匹配的人才体系作为支撑。因此，政府要营造良好环境，广泛吸引人才，通过各种渠道挖掘和培养不同类型的人才，把发展职业教育同发展劳务经济、扩大城乡就业、吸纳外来劳动力资源有机结合起来。

（四）统筹协调，调动多方力量形成合力，是实现资源枯竭型城市经济转型的重要保障

资源型城市可持续发展牵涉面广，涉及复杂的利益格局调整，需要各方面的共同努力，只有各方面互相配合、形成合力，才能为资源城市经济转型提供有力保障。资源枯竭型城市经济转型固然离不开国家政策资金的有力支持，但不能仅停留在依靠国家资金和政策支持上，必须要调动各方的积极性，特别是要调动所在地央企的积极性，促使央企在项目安排、机制体制创新、接续替代产业发展、社会资源整合等方面对地方给予更大的支持。同时，对于面临诸多问题的资源枯竭型城市而言，国家的政策措施和国家各部门的积极配合，是资源枯竭型城市走出困境的有力支撑，而这些政策措施也必须通过资源型城市自身不懈的努力，才能取得良好的效果，因此，要把自力更生、艰苦奋斗和国家与各部委的支持结合起来，只有国家、地方、企业、居民携手共同努力，才能取得转型的成功。

（五）正确处理资源与人类生存的关系，树立科学的资源观，是确保资源型城市可持续发展的长远大计

国内资源枯竭型城市之所以出现资源枯竭、环境污染严重、生态系统退化的问题，就是对自然资源认识肤浅，缺乏正确的资源观和发展观，过于强调资源优势，把自然资源优势等同于产业优势、经济优势，往往以开采资源、出售资源作为加快本地区经济发展的主要途径，没有认识到自然资源的有限性和不可再生性，使城市的生存与发展过度依赖于自然资源的开采。正是这种狭隘的资源和发展观，导致人类对自然资源采取了掠夺式的开采，加速了自然资源的枯竭，破坏了生态环境，影响了可持续发展。应该看到，资源的主要价值或存在意义在于为人类生存服务，人是资源与人类生存关系中的主体。但是，资源本身又是一种客观存在，有着自身的运动规律，是独立于人的主观意志之外的东西。人在自己的活动中，即使需要资源为自身生存服务，也必须尊重资源自身的运动规律，而不可以将主观意志强加给资源并干扰其运行或变化。人类为了自身生存，必须爱护和保护资源，以维护提供资源的自然界与人类社会的和谐发展。因此，必须树立科学的资源观，增强敬畏自然、善待自然、珍视自然、保护自然的生态文明理念和意识，摒弃人定胜天的思维定势和传统做法，使资源有度使用、永续循环利用，

实现自然资源分配的代际公平。

第四节 我国资源型城市经济转型存在的问题及面临的挑战

一 我国资源枯竭型城市经济转型存在的主要问题

（一）试点转型实践中的主要问题

1. 经济总体实力不强，产业结构调整和转型步履艰难

由于资源枯竭型城市经济结构调整和发展接续替代产业是一个长期的艰难的过程，因此，许多资源枯竭型城市的资源开发仍是经济增长的主要动力。这些城市不仅经济总量小，而且三次产业结构比例严重失衡，资源型产业的增加值占全部工业增加值的比重仍然保持较高水平，现代服务业占比较低，经济发展对资源产业的依存度过高，非公有制经济发展缓慢，民间资本规模较小。资金短缺、可持续发展能力弱是当前资源枯竭型城市存在的共性问题。然而，提升和改造传统产业、发展接续替代产业都需要大量的资金，加之产业转型和结构调整要受到节能减排、低碳、环保等产业政策及市场等不确定性因素影响，这无疑增加了转型成本和产业升级的难度，使多数资源枯竭型城市不可能依靠自身的资本积累实现经济转型，因而延缓了转型的进程。同时，人才、资金、技术等的缺失，导致创新等发展要素集聚不足，抑制了企业的发展和产业层次的提升。

2. 接续产业层次较低，生产要素集聚能力弱

由于许多资源型城市是依托特定的自然资源而发展起来的，因而长期以来形成了对资源的依赖，由此也造成对其他自然资源的利用尚处于低层次水平，城镇之间的要素流动不频繁，导致其他相关产业的乘数效应较弱。特别是以煤炭、冶金为主的资源型城市，由于上游产业层次低、产业链条较短，经常面临国内外市场价格变动的冲击和国家调控政策的影响。尽管有些城市接续替代产业发展势头良好、成长性强，但仍未摆脱对传统支柱产业的依赖。即使有些项目实现了投产见效，也不可能发挥立竿见影的辐射带动作用。大多数资源枯竭型城市接续产业总体层次和产品附加值较低，高新技术和高附加值产业不多，缺乏行业领军企业，接续替代产业所占规模以上工业增加值比重依然较低，产值超亿元企业、称得上立市企业或支柱性企业的屈指可数。许多新兴产业尚处于起步阶段，对经济发展拉动作用小，能支撑经济长期发展的接替产业集群尚未形成。此外，发展接续替代产业、推动产业结构优化升级，需要大批优秀的专业技术人才和管理人才。然而，人才资源匮乏与流失、科研经费投入不足是多数资源型城市发展接续产业中存在的普遍问题。缺乏强有力的人才支撑和有效的科技支撑，导致这些城市产业创新能力不强。

3. 支撑城市转型的地方财力严重不足，政府债务负担较重

这是所有资源枯竭型城市面临的共同问题。由于多数资源枯竭型转型试点城市的财力有限，地方财力难以支撑接续替代主导产业的发展投入，更难以解决城市基础设施建设、沉陷区治理、煤矿棚户区治理以及环境生态治理等方面的投入，这就不得不使地方政府大量举债。例如，2009 年末，辽源市政府性债务就已经超过 38 亿元，其中社会保障、国有企业改制、城市建设、政府主权外债等政府债务 33 多亿元，财政挂账 5.2 亿元。负债建设的项目大多为公益项目，没有经济效益，每年需偿还的债务本息都在 2 亿元左右。辽源矿务局西安矿、泰信矿破产后，企业移交地方办社会职能的运行费用、统筹外费用、工伤经常性费用等，每年在 0.7 亿元左右，而国家给予的破产运行转移支付等每年 0.5 亿元左右，0.2 亿元左右的资金缺口需要地方财政消化。2009 年白山市本级全口径财政收入 23.6 亿元，地方级财政收入仅为 10.6 亿元，负债 45 亿元，负债是地方级财政收入的 4.25 倍，每年需还本付息 7 亿元之多；市本级财政供养人口 31 303 人，每年行政经费支出 10.3 亿元，本级财力仅能维持个人开支，属典型的"吃财政饭"，正常运转困难，债务本息只能是借新还旧。同时，中央和省级政策的地方配套资金压力大，使白山市财政面临财力和资金双缺的压力，每年财力缺口高达 10 多亿元，已无力承担继续保障民生、解决遗留问题、经济转型所需的资金。

4. 社会与民生等问题依然突出，就业压力仍然较大

由于历史欠账较多，目前许多转型试点城市社会与民生问题十分突出，包括失业人员的安置、下岗人员和伤残人员的城镇医疗保险以及破产企业离退休人员、城镇低保户取暖费等问题依然存在，尤其是国有矿山企业厂办大集体的养老和社会保障问题十分突出。矿区和林区生产和生活条件困难的局面没有太大改观，基础设施建设仍旧滞后。资源保护与人的发展之间的矛盾仍未得到根本解决，城市承载能力不强。由于许多城市是在先有矿、后设市的基础上建立起来的，城区和矿区混为一体，导致城市基础设施先天不足，欠账较多，尤其是矿区道路、供电、供水、供热等设施破损严重，改造任务异常艰巨。随着资源枯竭和企业改制步伐的不断加快，资源型产业自身能够容纳的劳动力数量也在急剧减少，一些配套工厂被迫关停，造成大批职工下岗。有些失业人员年龄较大，知识、技能单一，就业竞争力较弱，再就业更为困难，加上有些城镇新增劳动力就业、农村富余劳动力转移就业、高校毕业生就业、农民工就业、复员退伍军人就业"五峰叠加"效应，就业形势更加严峻。

5. 矿山生态环境破坏严重，治理难度大、成本高

由于我国资源利用补偿机制的长期缺失，许多资源枯竭型城市在生态环境治理方面欠账太多，矿区内残垣断壁、沟塞岸塌、断桥盲路、土地荒芜、积水池沼、残砖碎瓦、满目疮痍、矿山地质、生态和人居环境亟待改善。特别是煤炭采空区地面塌陷，造成房屋倒塌，交通、电力、商业等基础设施严重受损。据不完全统计，辽源煤矿地下采空区面积 14.58km²，地面塌陷面积 18.95km²。经调查，地面塌陷幅度较大，破坏较严重的为太信、灯塔和西孟三地，塌陷幅度最大为 15m，大小积水池沼 14 处，导致农田、道路、机关、工厂、学校、城建设施、民宅等不同程度被毁，生态环境严重破坏，灾区居民被迫搬迁，直接经济损失达 13.8 亿元。作为混合型资源枯竭型城市的白山市也是如此，区域内的铁矿、煤矿和森林等资源经过长期开发，也积累了诸多环境问题，采煤沉陷区不仅造成区内公共基础设施、农田、生态环境等毁损和破坏，而且煤矸石堆放侵占、毁坏了农田和林地，采煤形成的矸石山的雨季污水严重污染了鸭绿江支流浑江的水质，同时造成区域地下水污染；非煤矿区的开采及塌陷造成小流域内山体滑坡，特别是过度采伐后的林区，水土流失相当严重。据统计，白山市本级矿山沉陷区面积达 41.18km²，尚有数百个废弃的小煤窑、小矿山，治理恢复矿区环境每年需要投入资金 2.6 亿元。生态恢复虽刻不容缓，但恢复林矿区生态环境及治理难度大，治理工作任重道远。

6. 目前缺乏从事资源型城市经济转型的专门人才和队伍

要看到，资源型城市转型是一门科学性很强的工作，它所涉及的领域和学科众多，涉及经济、社会、文化、生态等诸多方面，包括城市产业选择、下岗职工的就业再就业、城市规划和市政管理以及生态环境保护与治理等，需要有相关的专业知识和技术人才，特别是复合型人才。然而，从目前国内情况看，从上到下，从事这项工作的人员普遍不具备相关专业背景。从国外经验看，从事资源型城市经济转型工作的专业人员需具备三个方面的知识和技能：一是劳动和社会保障方面的知识；二是项目管理方面的知识；三是区域经济方面的知识。而我国国内高校目前还没有资源经济类和资源型城市问题相关专业，更没有相应的硕士点、博士点。所以，必须加快资源型城市转型方面的人才队伍建设，以确保我国资源型城市转型顺利进行。

（二）政策实施效果的不足之处

1. 促进资源型城市经济转型的法律法规体系和政策援助机制尚未完善

在欧美发达国家，衰退产业区都是按照"立法—规划—治理"的程序进行援助和治理的，相关区域政策都是立法先行，然后才是对衰退产业区的规划和治理。而我国对资源型城市的援助则缺乏法律依据，政策的实施具有较强的暂时性，政策的实施效果是否达到预期目的也缺乏法律标准。因此，推动资源型城市援助政策和措施法制化，明确资源型城市援助政策的法律地位，将是资源型城市实现经济转型和可持续发展的重要保证。从政策层面看，按照中央提出的建立起资源枯竭型城市衰退产业的援助机制和资源型产业的补偿机制的要求，目前，资源生态环境补偿机制和衰退产业援助机制尚未有效建立，转型发展的政策支持尚显不足。尽管近年来国内一些资源型城市在这方面已经进行了有益的探索，但国内还没有形成完善的促进资源型城市经济转型和可持续发展的政策体系，有些只停留在文件和领导讲话中，尚未形成法律化、制度化、规范化的东西，缺乏可以长期见效的、能够保障资源型城市顺利转型的制度体系，即促使资源型城市顺利转型和可持续发展的长效机制。现已出台的许多政策主要是针对各个具体问题而展开，且多限于"一事一议"，缺乏从城市综合体角度的系统考虑。事实上，资源型城市经济转型是一个巨大的系统工程，其所涉及的产业发展、就业安置、社会保障体系完善、生态环境改善和基础设施建设等方面，都是相互联系和相互制约的。例如，解决就业问题需要强化产业支撑，而产业发展又需要培育良好的环境。因此，促进资源型城市转型需要制定一揽子的综合政策措施，即各种政策工具的有机组合。

2. 缺乏宏观层面的全国资源枯竭型城市经济转型的总体规划

虽然国家确定的资源枯竭型城市都在积极开展本地转型规划编制工作，但从总体上看，全国资源枯竭型城市经济转型的总体规划却一直没有出台。缺乏宏观层面的全国总体规划指导所带来的负面问题就是上下衔接不畅通，没有在国家大的宏观背景下，发挥各自优势，突出地方特色，反而导致地方利益与国家整体利益的冲突以及目标和标准的不一致。因此，加快编制《全国资源枯竭城市转型规划》，明确资源枯竭城市转型的目标、实施阶段、方向、重点领域和政府援助政策十分必要。

3. 中央、省、市三级政府的职责分工尚需进一步明确

促进资源枯竭型城市经济转型既是中央的责任，也是资源型城市所在省和市的责任。然而，在扶持和促进资源枯竭型城市经济转型过程中，哪些城市需要由国家来扶持，哪些领域需要中央政府援助，哪些应由地方政府买单，哪些交给市场来解决，这些问题尚未明确，特别是中央与地方的职能边界、政府与市场的边界始终模糊不清。在实际操作中，把本该由市场解决的事情推给了政府，把本该由地方政府买单的推给了国家，这不利于最大限度地发挥政府和市场的合力。同时，过分强调中央政府的作用，不仅容易滋生地方"等、靠、要"的依赖思想，而且会加重中央财政负担，使援助政策难以持续下去。

4. 城市转型专项资金使用的监管体系和转型评估机制尚未建立

近年来，中央和地方政府都加大了对资源型城市的资金支持力度。然而，对这些资金的具体用途、使用效果等，目前还缺乏有效的监督机制和完善的管

理制度，缺乏专项综合审计、监督机制。为提高资金的使用效率，保障援助资金不被挪用，应尽快建立行之有效的监督管理体制。同时，缺乏对资源型城市援助政策及实施效果的评价体系，亟待建立资源型城市经济转型的中期和后期评估制度。

二　我国资源型城市经济转型与可持续发展面临的挑战

尽管近十年来我国在资源型城市转型和可持续发展的实践与探索过程中，取得了一定成绩，积累了一些经验，资源枯竭型城市的突出问题和矛盾得到一定程度的缓解。但制约资源型城市经济转型和可持续发展的体制性和机制性等深层次矛盾和问题仍然没有从根本上得到解决，未来资源型城市转型和可持续发展依然任重道远。

（一）大量的历史遗留问题还需相当长一段时间来化解

我国资源型城市的形成与发展是与我国的基本国情分不开的，特别是资源枯竭型城市积累的大量历史遗留问题，是不可能通过一两个政策就可以解决的。要看到，城市转型是一个漫长的过程，不可能一蹴而就。尤其是对我国来说，资源型城市长期积累的问题和矛盾要比国外复杂得多，既有资源枯竭所带来的问题，也有政策体制变化带来的问题，诸多因素相互叠加、相互影响、相互作用，使解决问题的难度超乎想象。就目前情况看，由于转型基础条件不一样，加之区位优势、资源禀赋等不同，各城市转型发展水平差异较大。除个别城市已步入可持续发展轨道外，大部分城市的历史遗留问题尚未得到根本解决，与国务院《若干意见》确立的目标还有较大差距。例如，产业结构单一，产业层次较低，承载产业接续和替代的能力不强，服务业相对滞后，资本短缺等问题；资源枯竭衰退带来的就业和再就业压力巨大，大量失业带来城市困难群体增加、收入水平下降及所呈现出的贫困集聚和代际传递问题；社会保障历史欠账多，分离企业办社会职能的矛盾较为突出，基础设施建设滞后，大量的棚户区需要改造，而财力有限，负担过重，自身发展能力弱等问题；资源过度开发带来的区域生态条件恶化，如采煤沉陷、植被破坏、环境污染等问题；大量堆积的金属尾矿、煤矸石及深部采空区、大型矿坑等存在严重的安全隐患，威胁着人民的生命财产安全等，解决上述这些问题，单靠资源型城市自身实力是不现实的，也是不可能的。作为发展中大国，在工业化尚未完成的阶段，在财力有限条件下，也不可能拿出大量资金来解决上述问题。因此，要彻底解决资源型城市的历史遗留问题，还需要相当长的一段时间。

（二）探索具有中国特色的资源型城市转型之路依然任重道远

由于国情不同，我国资源型城市转型无现成经验可循，事关我国资源型城市转型和可持续发展的一些重大问题至今尚未破题。包括"两个机制"的建立，即如何建立资源开发补偿机制和衰退产业援助机制，促使资源价值得以实现并在各利益主体之间合理分配；如何加快资源性产品价格改革，逐步形成能反映资源稀缺程度与市场供求关系、环境治理与生态修复成本、代内与代际公平的资源性产品价格形成机制；如何加快资源税费制度改革，实现对各方特别是资源型城市的合理补偿等涉及一些重大利益格局的调整；如何尽快建立可持续发展准备金制度及相关管理办法和条例；如何建立健全自然资源资产产权制度、健全国家自然资源资产管理体制、完善自然资源监管体制；如何完善市场体系、宏观调控体系，加快行政管理体制、财税体制改革等，这些重大问题至今尚未破题，仍需我们在今后实践中不断探索，以改革创新、大胆实践、勇于探索的精神去面对，用新思路、新机制、新体制去解决。

第八章

建立东北资源型城市经济转型
政策扶持体系的理论依据

纵观国内外资源型城市转型的实践，无论是发达国家，还是发展中国家，凡是资源枯竭型城市转型取得成效的国家和地区，政府都发挥着不可替代的作用。特别是成熟市场经济国家的中央和各级地方政府，对资源型城市转型干预与资金支持力度大、范围广，也是目前所有发展中国家难以做到的。这些国家之所以对资源型城市转型采取积极干预政策，是因为市场失灵导致市场机制在资源型城市转型中难以发挥作用。然而，在我国，资源枯竭型城市出现的问题相对国外来讲更加复杂，除了市场失灵因素外，还有体制和机制等方面因素，包括经济制度和发展模式的选择、资源产权制度设计以及经济转型和社会转轨时期出现的各种问题等，这些内在和外在的制度性与非制度性因素对整个资源型城市的发展都将产生重大影响。因此，本章将从导致并影响我国资源枯竭型城市发展的制度性和非制度性因素分析入手，探寻我国资源枯竭型城市形成的内在机理，通过对我国资源枯竭型城市形成的内在因素分析，寻找建立我国资源枯竭型城市转型政策扶持体系的理论基础与实践依据。

第一节　市场失灵与政府干预

如何高效率地配置资源是任何社会都必须面对和解决的问题。在市场经济中，资源配置一般都是通过市场机制的自发调节实现的。但市场机制自动实现最优资源配置，需要具备严格的假定条件，而这在现实经济生活中是不存在的，因为现实中的市场机制存在着自身无法克服的缺陷，即"市场失灵"。例如，市场无法有效地提供公共物品、无法使经济生活中普遍存在的外部性内在化、无法自我克制以避免垄断、无法有效地解决宏观经济波动问题等。即使在当今成熟市场经济国家里，也很难找到完全竞争的市场。由于信息不对称和外部性的普遍存在，使得市场失灵难以避免。斯蒂格利茨认为："由于存在信息的不完备和市场的不完全，市场在资源配置中并不永远都是高效率的，并且可能造成社会分配的不公平，从而破坏社会凝聚力。因此，政府对市场的干预是必要的。在现代市场经济条件下，政府对经济的干预能够解决市场经济自身的局限性和缺陷，从而更有效、更充分地发挥市场在资源配置中的基础作用，更好地实现经济与社会协调发展的目标"（斯蒂格利茨，2005）。对我国资源型城市经济转型来说也不例外，在经济转轨尚未完成、市场运行机制还未健全、市场失灵现象普遍存在的情况下，迫切需要政府干预。

现代经济理论表明，解决市场失灵的最有效办法是实施政府干预，市场失灵恰恰为各国政府干预提供了条件。政府介入市场、干预经济活动的目的，就是为了纠正市场失灵，使资源配置的效率达到最大化。为此，建立和完善我国资源型城市转型的政策扶持体系，必须明确各级政府在资源型城市转型中所应承担的职责和义务。本节主要探讨研究的内容就是界定政府与市场的边界，明确政府介入市场、干预经济活动的程度与范围。

一　市场失灵的含义及产生的原因

（一）市场失灵的含义

市场失灵是指由于市场的内在功能性缺陷和外部条件缺陷引起的市场机制在资源配置的某些领域运作不灵，导致资源配置无效率或低效率。换句话说，市场失灵是指市场竞争所实现的资源配置没有达到帕累托最优，或指市场机制不能实现某些合意的社会经济目标。

（二）市场失灵产生的原因

在市场经济条件下，导致市场失灵的原因是多方面的，主要包括以下几种。

1. 外部性导致的市场失灵

在私人成本与社会成本不一致的场合，就存在所谓的外部性问题。外部性是指某些经济主体的经济行为影响了其他经济主体，却没有为之承担应有的成本或没有获得应有报酬的现象。这种外部影响并没有通过货币形式或者市场机制反映出来，而是通过非价格机制来传递，从而也不可能通过市场机制的自发作用得到纠正。因为市场主体在进行决策时只计算对自身利益产生直接影响的成本和收益，对与自身利益没有直接影响的成本与收益则视而不见，这就会导致资源配置失误。这种失误表现在：存在外部经济的活动会低于社会最佳水平，因为这一类经济活动的部分收益被第三者或整个社会无偿获得，消费不具有排他性但收费存在困难的公共产品就具有上述特征；存在外部不经济的活动会高于社会最佳水平，因为这一类经济活动的部分成本是由社会或他人来承担的，如环境污染问题。

2. 垄断导致的市场失灵

资源配置的帕累托最优的实现是以完全竞争的市场结构为条件的，即市场有效配置资源的前提是自由、充分的竞争。然而，在现实经济生活中，竞争是不完全的，即便在现代市场经济条件下也到处存在垄断现象。当一家或几家企业占领或控制了某一市场的供给，或者产品之间存在差别，或者企业独占能产生超额利润的自然资源时，则自由竞争为垄断所取代，并导致市场失灵。在垄断条件下，垄断者可以通过控制产量和价格来操纵市场，达到获得高额垄断利润的目的。具体来说，在垄断均衡条件下，垄断行业边际产品的货币价值高于非垄断行业边际产品的货币价值，其产品的价值高于一般均衡价格，这使垄断均衡偏离帕累托最优均衡。对于社会来讲，这就没有达到产量最大和资源的最优配置，消费者会因垄断存在而付出更多的代价，整个社会的经济福利因此而减少。

3. 信息不对称引起的市场失灵

市场竞争的一个重要假定条件是"信息是完全的"。然而，现实中信息一般是不完全、不对称的。信息的不对称会破坏市场机制的"优胜劣汰"作用，以致出现"优汰劣胜"的资源配置结果。在许多市场上，购买者对于所买商品的质量并不了解，愿意支付的价格就会降低，而低价格将高质量的商品驱逐出市场，从而出现了逆向选择问题。信息不对称带来的逆向选择问题，会导致市场失衡：某些高质量商品的卖主愿意卖出的价格比潜在的高质量商品的买主愿意支付的价格低，如果交易发生，则双方都可以从中获利。逆向选择问题的出现阻止了交易的发生，帕累托改进没有得以实现。在此，"看不见的手"调节失灵：市场上的低质量商品变多，高质量商品变少。带来逆向选择问题的信息不对称发生在事前，而有的信息不对称会发生在事后，这种信息不对称会导致道德风险问题。道德风险不仅改变了交易双方的行为，而且导致经济无效率。

4. 收入分配不公带来的市场失灵

单纯依靠市场机制的自发作用不可能完全实现公正的收入分配。萨缪尔森指出："价格机制的辩护者和批评者应当认识到，有效率的市场制度可能产生极大的不平等。"（萨缪尔森和诺德豪斯，1992）市场机制在解决分配不公方面的缺陷主要表现在：第一，市场经济运行的目标是追求效率最大化，各经济利益主体考虑的是各自利益的最大化。在这一过程中，如果没有外力维护收入公平分配的话，那么社会的贫富差距将会越来越大，直至危及社会稳定。第二，在存在垄断的情况下，价格会严重背离价值，从而使部分人获得不合理收入。第三，市场竞争的初始条件不均等导致收入的差别。在市场经济中，由于人们的资源禀赋、受教育程度、家庭背景等不同，即使机会和条件是平等的，经济运行的结果必然也是收入分配的不平等。第四，经济运行时间和空间上的不均衡导致非个人原因的收入差距，如经济萧条时期导致的失业问题、部门和地区间的不均衡发展等。第五，在市场机制的自发作用下，不公平的生产要素供求状况必然形成要素不合理的收入差距。

5. 体制不完善导致的市场失灵

完全竞争市场所隐含的条件之一是产权的充分界定，从而市场主体出于对自身利益的考虑，会对市场信号的变动作出灵敏及时的反应，而且市场交易是无摩擦的，即交易成本为零。然而，对于正处在经济社会转型的我国来说，产权关系不明晰问题还没有解决，许多行业的国有企业依然没有真正成为自主经营、自负盈亏的市场竞争主体，市场的发育特别是要素市场的发育还不健全，以等级界定资源配置权力的行政化竞争规则对以产权界定为原则的市场化竞争规则的冲击，造成市场秩序紊乱的现象还存在。而行政干预失当的情况下，市场信号严重失真，价格、利率、工资均不能真实反映资源的稀缺性，而且这在体制不完善所导致的市场发育不健全、市场信号失真、市场机制扭曲与市场失灵之间形成了恶性循环。

对于上述情况引发的市场失灵，仅仅依靠市场机制自身力量来调整和纠正是不可能的，需要借助外力即政府干预加以解决。那么，是否政府干预对解决市场失灵问题都有效果呢？这有待于具体问题具体分析，有待于对政府干预范围进行合理界定。

二 政府对市场失灵干预范围的合理界定

（一）纠正市场失灵离不开政府的干预

由于存在市场失灵，市场自发形成的配置结果不可能实现最优的效率状态，市场经济运行中产生的无效率、不公平以及宏观经济失衡，必然要求政府介入、干预经济活动。无论是成熟的市场经济国家，还是处于转轨时期的发展中国家，当宏观经济出现波动、市场出现失灵时，政府都要介入和干预经济活动，其目的是要矫正市场失灵、提高资源配置效率，这也是现代市场经济中政府的一项重要职能。实践证明，适度的政府干预有利于发挥市场机制对资源的配置作用，节约交易费用，有助于促进国民经济的持续稳定发展。

政府之所以能在合适的条件下纠正市场失灵，在于政府能通过一定的程序或渠道获得某种授权，而这种强制力使政府在纠正市场失灵方面具有某些优势。政府干预的优势主要表现在：一是可以使用征税权。以消除由污染引起的外部负效应为例，政府可以通过对污染企业课税和对消除污染的企业给予补贴来解决污染问题。二是可以运用禁止权。政府可以通过行政或司法程序禁止某些活动，这对于维护正常的市场秩序是至关重要的。例如，政府为了限制垄断和鼓励竞争，可以规定，没有政府的授权任何企业不能禁止其他企业进入某一市场；相反，为了获得规模经济和范围经济效益，政府可以禁止其他企业进入某些特殊的产业，以增进社会福利。三是可以动用处罚权。政府可以借助法律制度对违反合同、破坏产权等行为给予处罚，以维护市场秩序。

（二）政府干预的范围需要合理界定

尽管市场失灵为政府干预经济活动提供了理论依据，但政府干预并非总是有效的。正如存在着市场失灵一样，也存在着政府失灵。政府失灵主要表现在以下几方面。

1. 政府的决策有时也会发生失误

受到种种主客观条件的限制，政府不可能完全正确地认识客观世界，因而做出的决策也不可能完全正确，政府有时候也会犯错误。即使是由最杰出、最有才干的"贤人"组成的政府，如何收集准确的信息、做出可靠的分析和正确的判断，仍然是一个问题。正是由于政府的决策并非都是科学的，所以政府干预绝不能过度。否则，就有可能造成资源配置失调，使经济秩序混乱、经济发展受阻。

2. 政府的决策有时并不能反映公众利益

首先，政府的决策过程具有复杂性。在现代社会，不管其社会政治制度如何，政府政策的决定方式不外乎三种：第一，投票决策，即由选民或选民代表投票决定某项公共政策。这种决策方式比较公平，但并不是绝对公平，而且缺乏效率。第二，利益团体妥协决策。一般来说，那些组织得较好、利益比较集中、经济实力比较雄厚的团体，在政治舞台上话语权更大，从而对政府的决策能够产生更大的影响。第三，精英决策。这种方式做出的决策可能会符合公众利益，但存在的问题是：如何才能选出真正能够代表公众利益的精英？如何保障这些精英不受到利益团体的影响和操纵？无论实行哪种决策方式，都不能保证政府的决策完全反映公众利益，而这样的决策付诸实施的结果，也必然不能保证全社会利益的最大化。

其次，政府组成人员也具有自利性。传统观点认为，市场与大众的利益是根本对立的，唯有政府能够完全为公众考虑。因此，政府取代市场作为调节经济的手段，就可以谋求社会公众利益的最大化。但公共选择理论认为，如同在经济活动中一样，政治领域中的个人同样存在自私的理性的"经济人"，政府机构中掌握权力的官员们可能更关心如何保存和扩大自身的权力，而这就会导致政策与公众利益的偏离。

3. 政府干预是有成本和副作用的

政府协调如同市场交易一样，也需要花费一定的成本或代价。政府要对经济实行规制或干预，就要维持相应的职能机构，从而大大增加行政开支；受规制的企业在应付政府审查和繁琐的行政干预中，也要耗费相当的社会资源。政府干预的副作用是任何一项政策或调节措施都会存在的，这就如同许多药物在治病的同时会产生一定的副作用一样。例如，为保护消费者利益而实行的价格规制会造成价格扭曲，从而对生产者和消费者产生错误引导；为防止经济衰退而实行的扩张性财政政策，会增大政府开支，导致财政赤字；为缓解收入分配不平等而实行的收入调节政策，会影响企业和个人的积极性，造成经济效益下降等。这种干预的副作用是任何性质的政府都逃避不了的两难困境。

4. 政府干预的结果有时是不确定的

市场失灵的存在只是表明了政府干预的必要性，但政府干预能否达到预期的目，在一定程度上是不确定的。这是因为：第一，政策效应具有滞后性，即一项政策从实施到生效，往往需要一个过程。在这段时间里，经济情况可能发生变化，从而可能需要实行相反的调节政策。第二，经济主体通过理性预期，即经济当事人通过对政府的政策动向进行分析、预测，进而采取基于自己利益的预防性措施。可见，由于理性预期的存在，政府政策的效力会下降甚至失效。第三，当某项政策不利于微观经济主体的营利目的时，微观经济主体就会从自身利益出发，采取某些措施抵制政府政策，即所谓的"上有政策，下有对策"。并且微观经济主体的这种行动，大多是在合法条件下进行的，如寻找政策与政策之间的间隙、利用某些政策的含糊不清的解释等，从而使政策效应递减。

总之，政府在纠正市场失灵方面并不是万能的。对待市场失灵问题，是选择市场调节，还是选择政府干预，关键要看谁能有效地促进资源的最优配置，同时取决于谁具备发挥作用的社会经济条件。在市场经济条件下，如果市场非常完善，竞争非常充分，市场信号有充分弹性，市场机制就比政府干预更有效；如果市场不完全，市场失灵，或者市场调节引起的波动很大、周期很长，政府干预就比市场调节更有效。因此，明确界定政府干预的合理范围，科学选择政府干预的手段与方式，不仅是纠正市场失灵、最大限度地发挥政府干预的积极作用的前提，也是最大限度地减少政府干预的消极影响的重要保障。

第二节　资源产权与"公地悲剧"

如果说世界上拥有资源型城市的国家都遵循一条规律，即引发市场失灵的主要原因是由资源枯竭带来的资源产业衰退，而且仅靠市场机制无法解决资源型城市的衰退问题，必须依靠政府干预来解决，那么对于中国来讲，不仅仅要遵循而且要更加重视这条普遍规律。我国资源枯竭型城市之所以出现今天这种困境，与我们曾经对自然资源产权认识的肤浅及长期以来的粗放型经济增长模式密不可分，是资源产权制度缺失与不完善带来的典型的"公地悲剧"。因此，从资源产权角度出发，系统研究和分析我国资源产权制度，不仅能清晰地看到我国资源枯竭型城市形成、发展与衰退的全过程，更能让我们认识到完善资源产权制度在我国资源型城市可持续发展中所起到的不可替代的重要作用。本节将从资源的产权制度角度分析我国资源枯竭型城市形成的原因。

一 资源产权的内涵、功能与结构

在人类社会的发展历程中，自然资源的产权起初并没有引起人们的重视，这使自然资源长期处于过度开发与利用的状态，由此导致人类的生存环境遭到严重破坏。20 世纪 60 年代后，人们逐渐意识到人类、资源与环境之间和谐发展的重要性，意识到只有实现对自然资源产权的清晰界定，才有可能从根本上保障自然资源的可持续利用，人类经济活动与自然生态良性互动的新秩序才能建立。

（一）资源产权的内涵

新制度经济学认为，一个社会中的稀缺资源的配置就是对资源使用权利的安排，经济学在本质上是对稀缺资源产权的研究。经济学的问题或价格如何决定的问题，实质上是如何清晰界定产权以及采取怎样的产权形式的问题。不同的产权安排可能带来不同的经济后果：恰当的产权安排可能产生行动者创造新财富的激励，不恰当的产权安排可能带来资源浪费与环境破坏。

1. 产权的定义与功能

作为新制度经济学的核心范畴，产权被定义为经济体制和法律制度赋予经济当事人的行为权和相应的收益权。例如，阿尔钦（1991）把产权定义为"一个社会所强制实施的选择一种经济品的使用的权利"，即产权就是财产及其相应的权利。产权一般分为私有产权和共有产权。私有产权是指完全界定给个人行使的财产权利，即个人拥有的对经济物品用途进行自由选择的排他性权利。共有产权或公共产权是指界定给公众行使的财产权利，即任何人在行使公共资源的某项选择权时，并不排斥他人对该资源行使同样的权利。

产权规定了经济行为主体在稀缺资源使用中的地位以及每个行为主体在与其他行为主体交往时必须遵守的规范和不遵守这些规范时必须承担的成本。通过对财产权利的界定，可以较好地明晰在经济活动中获得收益、避免损失及经济补偿的规则。德姆塞茨（1976）认为："产权是一种社会工具，其重要性就在于事实上它们能帮助一个人形成他与其他人进行交易时的合理预期"。建立有效的产权制度，可以使微观经济活动主体的私人成本与社会成本相一致，从而将个人的经济活动不断引向有利于社会发展的方面。因此，明晰的产权是每一个经济主体在追求自身利益最大化的前提下参与全部经济活动的基础，也是自然资源发挥其最佳效用的关键。

2. 资源产权的内涵

一般而言，资源产权是指所有和使用资源的权利，它包括所有权、占有权、使用权、收益权、处置权等一束权利，并规定着资源产权主体受益或受损的权利。从人类发展历程看，人类的经济发展与社会进步就是靠消耗地球上的资源与能源来维持的。在人口稀少、生产力不发达、生活水平比较低下的时期，人们消耗的资源相对较少，人口与资源、环境之间的矛盾也不突出。直到 20 世纪 60 年代末，人们才认识到自然资源的无节制使用所带来的环境恶化已威胁到人类的生存条件。在过去相当长的时间内，人们对环境问题的认识集中在对市场机制和经济人理性的批评之上。但事实上，人们主观上并非故意浪费资源，而是人们尚未找到能让经济与自然资源协调发展的手段；资源的市场化配置对环境造成的外部不经济，根源在于缺乏能够与市场机制配合以保护自然资源可持续利用的制度安排。产权理论认为，资源利用过程中有关资源保护和利用的权利、义务关系不对称导致资源、环境被无效率地利用。因此，资源产权失灵是资源及环境恶化的重要原因之一。

3. 科斯定理与资源产权

市场和政府干预是资源配置的两大手段。过去，人们将自然资源配置低效归责于资源市场配置中外部性问题所产生的"市场失灵"。因此，庇古认为，政府干预是公共资源配置的主要手段。

科斯定理在批判庇古理论的过程中对市场理论进行了完善。科斯将产权变量引入市场价格分析体系，更加严密精辟地论证了稀缺资源市场配置的合理性和有效性。简单地说，如果有效的讨价还价不存在法律或战略上的障碍，且产权是清晰界定的，人们总能通过谈判得到帕累托最优的结果。科斯认为，在市场中交换的是资源的产权，如果资源的产权界定不清，必然影响到资源的市场价格。只有将产权权限界定清楚，自由竞争的市场才可能为外部边际成本合理定价，并对外部权利进行合理配置，从而实现外部性内在化。科斯对公共物品的外部性问题以及市场失灵的全新研究和解释，完善了市场理论，也为自然资源的市场配置奠定了理论基础。

4. 资源产权与环境问题

生产者和消费者能否合理、有效地使用自然资源取决于该资源被使用时的产权状态。通过自然资源产权的合理安排可以实现资源的有效配置。然而，经济体系并不能总是实现有效的资源配置，资源产权失灵是十分普遍的现象。资源产权出现失灵的原因有二：一是在于产权难以界定或无法界定。产权一般具有排他性、可分割性和可交易性等特征。在不存在排他性产权的情况下，往往存在公共产权，或者至少具有一定的公共性。某些自然资源由于具有不可分割性，导致产权难以界定、界定成本很高或根本无法界定，因而往往划归为公共产品。例如，公海内资源的产权范围无法确定，所以人们就其产权归属问题一直争论不休。此外，有些资源产权的所有者过多，则很难确定单个权利主体对该资源拥有的权利，进而很难实现单个权利主体的权利，以致无法作为人们行为的激励机制来实现资源的最优配置。二是在于产权残缺或产权受到管制。因为资源的特殊使用价值，其开发利用总是受到众多的社会规制，所以所有者很难完全实现其应有的各项权能，从而也很难充分调动所有者的积极性以实现资源的最优配置。可见，在资源产权运作的一系列环节上，都存在无法实现资源有效配置的可能，解决自然资源问题必须从产权作用机制出发来制定相应的对策。

（二）资源产权的结构

资源产权的基本内容包括经济行为主体对资源的使用权、转让权以及收入的享有权。从所有制类型看，资源产权一般包括私有产权、公有产权和混合产权三种形式。"产权的效率取决于产权的完整性"（Gordon，1954），私有产权具备产权的全面性、排他性、可转让性，因而其权能是完整的。而公有产权是很难明确界定的产权，容易带来"市场失灵"，导致很大的外部性。"所有人的财产，就不是任何人的财产，所有人都可自由取得的财富对任何人都没有价值，因为一个人如果愚蠢到要等个合适时候来使用这笔财富，他只会发现别人已经捷足先登了"（Gordon，1954）。在自然资源领域，如果不考虑政治因素，仅从法律和经济的角度看，完善的私有产权制度较之其他产权安排更有利于提高资源使用效率和保护环境；而模糊的缺乏排他性的公有产权则要对世界上"鱼类资源的耗尽、大气污染、地表水匮乏、放牧过度、油田枯竭以及近来的滥砍滥伐等问题"负主要责任。现实中许多事例都说明了这一点。

假定两家森工企业共同拥有一片森林，即森林是公共财产。当两家企业享有的这片森林的采伐权、收益和惩罚权均非排他时，任一企业多采伐一棵树，却不用承担未来因此产生的全部成本，因此，理性的企业均会过度采伐。这就是众所周知的"公地悲剧"。其实，每个企业都知道过度采伐的后果，但就单个企业来说，采伐的林木越多，相对成本越低。尽管对两家企业整体而言，这种过度采伐会使林木蓄积量日益减少甚至耗竭。这就是具有非排他性公共产权的弊端——个体理性最终导致集体非理性。假如两家企业中的任何一家企业相对完整地拥有这片森林的收益和惩罚权，企业就会从其自身成本与收益出发，考虑未来的负面影响，肆意砍伐的行为就会得以避免。一般而言，不同的产权安排与经济主体之间的利益关联度不同。私有产权往往与经济主体的利益直接关联且相对完整，因此，私有产权本身可以产生权利人进行财产保值增值的激励；而公有产权与经济主体的利益间接关联且不具有排他性，因而容易导致产权的低效率使用。亚里士多德曾经指出："凡是属于最多数人的公共事物常是最少受人照顾的东西，人们关怀着自己的所有，而忽视公共的事物；对于公共的一切他至多只留心其中对他个人多少有些相关的事物。而私人的事物则往往受到私人最大可能的关照"（亚里士多德，1983）。因此，18 世纪和 19 世纪，美国通过立法行动将大多数大陆自然资源（农业土地、水、木材、矿床等）从公共控制转向私人控制。这种转移对于主要以私人激励和市场交易为基础的经济体系的发展是至关重要的。

但现实中并非一切资源由私人所有都最有效率，"当不可分性和公共产品问题使界定私人权利的代价太高时，所有权的其他一些形式则可能更有效率。另外，当效率不是所考虑的主要因素时，与私人所有权相对的其他所有权可能是适当的"（考特和尤伦，1996）。因此，在大多数国家，偏重环境生态效益的自然资源和产权界定成本太高的自然资源，如森林资源、水资源，公有产权所占的比重比较大；而以发挥经济效益为主且易于分割的自然资源，如土地资源和矿产资源，则私人产权所占的比重大一些。

此外，在一定情况下，混合所有权结构可能要优于单纯的公有产权制度或单纯的私有产权制度。国外学者研究表明，自然资源产权结构的演进不一定是从开放式的公共产权向分割的私人产权演化，也可能是向公共与私人混合产权形式演化。公共产权是否最终演化为私有产权依赖于自然资源的性质、资源的经济价值、人们的价值观念和维持私有产权的成本等多种因素。如果不考虑政治因素，只考虑资源本身的经济特征，资源的私有产权制度占比可以有所提高。但世界上没有哪一个国家是实行单纯私有产权制度的，多数是私有产权和公有产权并存。关键问题是应区分哪些是强制的公共产权，哪些是合理的公共产权。具有公共品特征的自然资源都应以公共产权的形式安排所有权，以防止私人所有权下的垄断或因外部性而导致的市场失灵。而那些具有明显的排他性和竞争性的自然资源，可以通过私人所有的产权安排来增加市场的竞争力及发挥市场机制的作用以提高资源的配置效率。

要看到，公有制的实现形式并不在所有场合都具有"优越性"，私有制的实现形式也并不在任何情况下都更有效率。这要具体情况具体分析。对于某些特定的交易环境来说，特定的公有制实现形式是最优选择，而对另一些交易环境来说，最优的产权安排却可能是特定的私有制实现形式，或者混合所有权的制度安排。因此，在选择产权结构时，应综合考虑本国的政治体制、经济发展水平、法律传统、公民的环境意识以及政府的施政能力，同时结合资源本身的特点，为不同的自然资源选择不同的产权结构。

二 "公地悲剧"的由来及成因分析

产权在本质上是由人在使用稀缺资源时所发生的与他人之间的行为关系或

制度安排。由于交易成本为正，产权在法律上的清晰界定是交易的前提，但在事实上，一些产权很难完全界定清楚。未界定清楚的产权作为公共财富被置于公共领域，由交易各方自由攫取，并在各方的约束下最终达到产权博弈均衡状态。

（一）"公地悲剧"的由来

从休谟（1739）开始，学者们逐渐认识到，如果人们只关注个人福利，公共物品就会出现短缺，公共资源就会被过度使用。1968 年，生态学家盖勒特•哈丁（Garrett Hardin）在其《公地悲剧》一文中描述了这样的情景：个体农民完全从自己利益出发，不受约束地放牧，将导致公共用地被过度使用，从而破坏了公共用品和环境。即如果一种资源没有排他性的所有权，就会导致对这种资源的过度使用。因此，"公地悲剧"的表现形式多为对自然资源、公共环境的肆意的掠夺式使用。

以公共牧场上放牧为例。假设一块草场的牲畜承载率为每亩 100 只羊，牧羊数超过 100 只之后，牧草上端的嫩草就满足不了羊群的需要。羊把嫩草吃光后，就要吃下面的草茎，甚至还要啃地表下的草根。牧草的根被啃掉后，土壤裸露，牧场逐渐蜕化变质，最终无法长出新的牧草。这就是一般意义上的"公地悲剧"。要防止这片牧场蜕化成荒漠，就必须将这片牧场上的牧羊数控制在 100 只之内。但在土地共有的制度中，很难设计出一种机制来确保牧羊数不超过 100 只。因为对每个牧民来说每增加一只羊，其自身收益就会相应有所增加，且该收益不久就会兑现。即使该牧场承载的总牧羊数量达到了临界点，从而造成该牧场的生态平衡被破坏、品质退化乃至难以恢复，但因该牧场为所有牧民所共有，其恶果也是由所有牧民共同承担而非单个牧民独自承担。这就是说，对于任何一户牧民来说，每增加一只羊所产生的收益归自己所有，而由此带来的生态成本却由所有牧民在未来共同承担。由此，我们不难看到这样一幅图景：每一户牧民都尽其所能增加牧羊数量，尽其所能增加放牧时间。在这块有限的空间里，每一户牧民都在掠夺式地放牧，牧民间必然造成不可调和的利益冲突，"有我就没有你"的恶性竞争随之而来。这样就使"一个仅仅自私的人变成了一个充满仇恨的人"。

从经济学角度进行分析，就是说个人在决策时只考虑个人的边际收益大于等于个人的边际成本，而不考虑个体行动所造成的社会成本，最终造成一个给予他们无限制放牧权的经济系统的失败和崩溃。追求自身利益的行为一旦没有制度约束，最终会损坏集体及其自身的利益。"公地悲剧"的最恶劣后果远远不是"由于无人负责造成资源损害或者无效率"，公有产权甚至会产生破坏和毁灭资源的激励。

（二）"公地悲剧"的成因分析

"公地悲剧"的核心问题是共有资源在产权上是非排他性的。非排他性是指一个消费者的消费并不会影响其他消费者对该物品的消费，并且在一定范围内多一个消费者消费该物品的边际成本为零。共有资源的这种性质实质上是产权不明晰或"产权缺失"，在这种情况下，价格既无法发挥在使用者之间配置资源的作用，也无法避免使用者的"搭便车"行为。产权不明晰会产生一些独立于市场体系之外、不受市场规则约束的负外部效应。负外部效应加上由经济人的自利性引起的短视行为，往往造成共有资源的严重浪费、过度开发利用，进而导致生态环境的破坏和社会福利的损失，甚至带来资源的不可持续性供给和耗竭。而避免以上问题的关键是共有资源要在产权制度上克服公有产权，将公有产权中的非排他性产权转为排他性产权。

关于什么时候或什么情况下适宜建立排他性产权制度的问题，国内外许多经济学家都做过有益的探讨。例如，诺斯认为，在史前时期，人类赖以生存的动植物供应是无限的。因此，每个新增劳动力的报酬都是固定不变的。也就是说，在那时人类社会不受边际收益递减规律的制约，人口的增长会导致产出成比例的增长。如果某一地区的人口扩张导致食物无法充足供应时，群落就会分化并迁移到新的地区。所以，当动植物相对于人类的需求还算丰盛的时候，并没有激励机制去分摊建立动植物产权所产生的费用。即只要动植物资源不是稀缺的，就没有必要建立排他性产权。"只有在稀缺性增大的过渡时期，才值得去承受建立和行使产权所必需的费用"，排他性产权才会被建立。与诺斯的人口压力模型不同，德姆塞茨的产权起源模型是从外部性内部化的角度，分析在资源的稀缺性及相对价格变化的条件下人们如何建立起私有产权。德姆塞茨曾经这样说明产权制度的起源："内在化的动力主要源于经济价值的变化、技术的革新、新市场的开辟和对旧的不协调的产权调整。当社会偏好既定的条件下，新的私有或公有产权的出现总是源于技术变革和相对价格的变化；当内在化的收益大于成本时，产权就会产生，将外部性内在化。"

随着经济的不断发展，人口迅速增加，人们生活水平快速提高，资源与能源被消耗的速度越来越快，资源相对人类需求的稀缺程度快速提高，人口与资源、环境之间的关系越来越紧张。而公有产权带来的产权不明晰造成个体理性下的集体非理性行为，造成资源的浪费、破坏以及环境的恶化。此时便应建立清晰的产权制度。私有产权或排他性产权的产权结构具有排他性、普遍性、可转移性和强制性的特点，只要产权结构界定清楚，并对未来的价格提供可供参考的信息，资源使用者自然会调整其相应的消费行为。因此，要实现共有资源的有效配置与合理利用，首先必须实现共有资源的产权明晰化。对可明晰产权的资源，应当确定和实施专有的明晰的产权，这样，经济个体的利己行动在产权约束下将会产生高效率、令人满意的结果。

三　我国资源产权的现状及存在的突出问题

（一）我国资源产权的现状

新中国成立 60 多年来，我国自然资源产权的制度变迁至今没有彻底走出公共所有、政府管制的计划供给的模式。自然资源产权市场也没有真正建立和发育起来，其运行基本停留在"公"权市场阶段，产权的市场化交易仅出现在一些狭小的领域内。造成这一状况的主要原因，是我国在许多法律中均规定自然资源属于国家和集体所有。例如，1954 年颁布的《宪法》中第六条规定："矿藏、水流，由法律规定为国有的森林、荒地和其他资源，都属于全民所有。"1982 年修改颁布的《宪法》中第九条规定："矿藏、水流、森林、山岭、草原、荒地、滩涂等自然资源，都属于国家所有，即全民所有；由法律规定属于集体所有的森林和山岭、草原、荒地、滩涂除外。"1996 年国家出台的《矿产资源法》第三条规定："矿产资源属于国家所有，由国务院行使国家对矿产资源的所有权。地表或者地下的矿产资源的国家所有权，不因其所依附的土地的所有权或者使用权的不同而改变。"无论是《宪法》还是《矿产资源法》都明确规定了自然资源的国家所有或全民所有的公有产权制度，作为国家政权的行使机构，政府就成为自然资源的管理主体。我国的自然资源在产权制度上是公有制的，而公有制的主要实现形式是由政府直接使用与控制资源，即资源所有权与使用权分离。

（二）资源产权缺陷带来的问题

从形式上看，我国资源产权主体清晰，即国家和集体拥有所有权。但这实际上没有按照市场经济的要求形成具有明确权利、义务、责任的产权主体，或者在改革过程中虽然形成了产权主体，但该产权主体实际上处于权利不明、责任不清的状态。资源国家所有权如果没有一套所有权人利益的实现机制，必然导致资源产权实际落入掌握资源命运的官员和具体使用资源的使用人手中，因为国家是通过行政机制将资源产权层层委托给众多具体代理人去行使。这就是资源产权制度不完善、资源所有权和使用权分离所带来的问题。

进一步来讲，如果产权设置不合理，如产权设置重叠部分过多或委托-代理关系链过长，将带来代理成本过高的问题。加之，由于现实中行使资源产权的各级代理人与国家的利益目标差异较大，存在着代理人行为严重背离资源公共产权主体和终极所有权人利益的可能。20世纪八九十年代国内许多地方出现的盗伐森林现象之所以屡禁不止，就是因为当地森林警察不愿尽力制止这类行为——如果当地森林警察完全制止了这种盗伐行为，就无法获取大量的罚没收入。从这个案例可以看出，虽然我国自然资源所有权比较明确，但是自然资源公有产权在实际运作中却产生了一系列问题，即自然资源强制性的公共产权安排使"人人皆有"变成"人人皆无"，导致委托失灵和代理失灵，并使控制权创租、卖租等机会主义行为盛行，效率因此严重受损。北京大学张维迎教授在《企业的企业家——契约理论》一书中提出："公有化程度的提高和公有经济规模的扩大导致委托代理层次增加，从而拉大初始委托人与最终代理人之间的距离，使得监督变得更加缺乏效率。"目前，我国自然资源使用出现的各种乱象，就是公有产权制度和多层代理约束下的各个利益集团为了各自收益最大化而相互博弈的结果。

资源产权的所有权与使用权分离造成的另一个问题，就是资源使用权的滥用。近年来，国内一些地区出现小煤窑主疯狂地对煤矿进行破坏性开采的现象，其根源就在于矿山所有权与使用权之间的相互脱节。煤矿所有权属于国家，小煤窑主获得的只是一段时间内的使用权，即他们仅拥有短期内的开采权。个体的经济理性决定了他们的目标就是在承包期内获得最大的收益，而不管开采后矿山是否会变成一片废墟。可见，由于缺乏产权激励与制度约束，小煤窑主的短期收益与长期社会成本无法挂钩，以至于相关政策制定的初衷与目的难以实现。

产权结构不合理、产权流转效益低、产权关系残缺不全是当前我国资源产权存在的突出问题。我国资源型城市粗放式的发展模式就是资源产权制度不完善的典型案例。长期以来，我国的自然资源产权制度只重视产权的所有形式，不重视公有产权的实现形式；只重视国家所有，不重视其他所有形式；只重视产权归属，不重视资源利用；只重视静态产权保护，不重视动态资源流转，已难以适应社会主义市场经济体制和自然资源自我维持与发展的要求。不仅如此，产权不清晰还会导致各种问题出现，如搭便车、机会主义行为、互相蚕食等就是产权不清所造成的，这些都会增大交易成本。而明晰的产权关系是环境资源得以有效配置和利用、提高市场效率、降低交易费用、降低外部性影响的基本条件。因此，资源要成为经济增长与发展的源泉，就必须明晰各类自然资源的产权，这样才能避免资源过度开采所带来的城市衰竭问题，实现资源的可持续利用。

四 建立我国资源可持续利用产权制度的迫切性与现实性

（一）建立资源可持续利用产权制度的理论基础

资源可持续利用是指使资源长期保持再生能力并带来令人满意的生态环境

质量的资源利用方式。资源的可持续利用蕴涵某些能使人类社会延续与发展的伦理价值和经济价值。从伦理价值的角度看，可持续利用反映了各代人都有权利充分利用各种已有资源来造福社会的代际公平观。从经济价值的角度看，可持续利用反映了资源具有巨大潜在价值的事实。随着科技进步、资源利用手段和方式的科学化，资源在未来肯定可以得到比现在更有效率的利用，即同样数量和品质的资源，将来能够生产出比现在更多更好的最终产品和服务。将来资源利用价值与现在利用价值之差即潜在价值。由于人类的有限理性，人们无法准确预测未来不同时间的资源的潜在价值。那么，资源的潜在价值就有可能被大大低估，资源利用的私人（或社会）最优选择就可能带来过多的"最优灭绝"，这就会给"后代人"带来难以估计的成本（即非持续方式造成资源灭绝的损失）。因此，为了弥补人类的理性不足，有必要制定旨在可持续利用有限资源的制度约束。

传统发展模式之所以不可持续，就是因为传统发展模式是以 GDP 增长为目的，以追求经济效益最大化为核心，追求一定投入下的产出最多。即以一定的活劳动消耗和物质消耗，生产出尽可能多的符合社会需要的"有效成果"。"产出"与"投入"的比值越大，经济效益越好。这种以"高投入、高消耗、高污染"为主要表征，就经济论经济的发展模式，表现出重视 GDP 及其增长速度、经济效益及其经济系统内部的考核，而忽视资源基础和环境条件，不顾资源破坏和环境恶化，没有考虑到经济活动引起的自然资源耗减和环境质量下降。具体体现在我们现行的用来反映国民经济活动成果的总量指标——国内生产总值（GDP）、国民生产总值（GNP）及其一些相关指标。例如，国民生产净值（NNP）、国民收入（NI）等均未将经济活动引起的自然资源耗减和环境质量下降考虑进去；各部门制定的企业经济效益评价指标体系中，均未包含该企业在生产过程中因污染物的排放而对环境造成的影响，在其生产成本计算中，只考虑资源开发利用的投入费用，不考虑废物处理、资源更新和环境保护费用；在计算各部门的产值指标时，未将投入到环保活动中的费用从产出中扣除。随着人口增加和人们生活水平的不断提高，资源、能源被消耗的速度越来越快，人口与资源、环境之间的关系将越来越紧张。

（二）建立我国资源可持续利用产权制度的现实性

正是资源相对于人类需求的稀缺程度快速提高，决定了我们必须走可持续发展的道路。正如生态经济学家赫尔曼·戴利所指出的，我们的世界"已经从以人造资本（'虚无事物'）代表经济发展中的制约因素的时代，进入一个以日益稀缺的自然资本（'实在事物'）取代其地位的时代"。在地球人口数量相对地远小于地球面积的时候，稀缺的是人造资本，自然资本则非常丰富。而随着地球人口的持续增长，由地球生态系统提供的产品和服务相对来说越来越稀缺，自然资本逐渐成为经济发展的制约因素。既然传统发展模式致使生态资本存量下降，导致人类社会经济发展不可持续局面将要出现，就必须构建一种新型的适应可持续发展观要求的现代发展模式。

这种发展模式可以实现生态与经济协调发展，能够实现经济增长集约化和生态化的有机结合。一方面，这种发展模式并不排斥政府调控的作用，而是将政府调控与市场配置有机结合起来。在宏观运行中，用于对资源环境保护与生态环境建设的资源由政府进行计划配置；在微观运行中引入市场机制，运用经济和法律手段去引导、调节和规范微观经济主体的生态环境行为，强化资源环境保护与生态环境建设，保护好经济发展的生态基础。另一方面，在可持续发展模式中，市场和政府在资源合理利用、生态环境建设中的作用应有所不同。市场机制的作用是通过反映资源环境稀缺程度的价格信号和优胜劣汰的竞争机制，降低资源环境的不合理利用所引起的生态代价和社会成本。政府调控的作用是通过提供有效的制度安排，如制定和实施使成本内部化的制度，消除企业的成本外在化行为所引起的生态代价和社会成本，建立起合理的生态经济利益与可持续发展的经济利益之间的关系，从而实现包括生态环境资源在内的社会总资源的优化配置，实现"生态-经济-社会"三维复合系统的协调发展，获得经济效益、生态效益和社会效益的有机统一，最终引导经济增长方式朝着可持续发展的轨道前进。

（三）建立我国资源可持续利用产权制度的迫切性

界定和保护资源产权，建立产权变更和转移的交易规则，是一个国家或地区建立可持续发展的经济体制的基础。由于法律具有稳定性、事前性、强制性和相对的公平性，所以法律是界定自然资源产权的最常用方法。自然资源产权制度是连结包括自然人、法人、国家等在内的广大社会关系主体与自然资源这一关系客体的桥梁和纽带，构成了自然资源法律制度的基础和核心。不同的产权制度下主客体之间形成不同的关系，选择何种产权制度直接影响着各法律关系主体的积极性和创造性，直接影响自然资源的配置效率、开发利用效率和保护培育程度，是一个影响自然资源可持续利用的关键问题。合理的产权制度能够使个体行动与其收益之间建立某种可以合理预期的联系，使个人的权利、行为和收益达到内在的统一。按照科斯等人的分析，经济活动所产生的外部性可以通过产权界定来解决。科斯认为，外部效应的存在并不必然导致政府的干预，资源稀缺也不是进行管制的理由，通过市场配置一样可以解决外部性问题，关键在于要界定稀缺资源的产权。界定产权的途径是建立有效率的委托代理关系，并以法律的形式明确产权关系。同时，资源使用者向资源所有者（国家）支付使用成本，使其私人成本等于社会成本，限制其非理性行为。然而，目前我国资源可持续利用的产权制度尚未建立起来，因此，必须尽快着手研究建立我国资源可持续利用的产权制度，用法律制度保护资源，确保资源的合理开发与利用。

第三节　东北资源枯竭型城市形成的国情背景分析

分析东北资源枯竭型城市形成的国情背景，不仅是对过去经济发展模式的一种反思和总结，也是寻求我国资源枯竭型城市可持续发展出路的依据所在。东北资源枯竭型城市的形成与我国的经济社会发展历程密不可分，包括不同发展阶段的发展道路与发展模式，以及实行的经济体制与社会体制对资源枯竭型城市形成与发展所带来的影响。从深层次上讲，东北资源枯竭型城市出现的问题是过去不尊重自然客观经济发展规律下粗放式发展模式的必然结果，因而更需要政府通过制定相关扶持政策来加以解决。

一　长期以来实行的计划经济体制带来的深远影响

东北资源枯竭型城市的问题，除了资源本身枯竭之外，许多是体制和机制的原因所致。就资源枯竭型城市转型来讲，我国与国外相比，有其自己的特殊性。这种特殊性表现在，我国长期实行的计划经济体制给资源型城市形成与发展带来长久影响，这种影响无不渗透在整个资源型城市的发展过程中。也就是说，改革开放前国内所形成的资源型城市都体现出那个时代的烙印。在计划经济体制下，国家将资源型城市仅作为国民经济总体布局中的一个要素来加以考虑和设置。国家对资源型城市采取人、财、物的一体化调控，这种纵向传导、垂直控制的方式在一定时期内，为推进国家工业化、实现大规模资本积累、建立较完整的产业体系发挥了重要作用。但是地区间的一切矛盾和问题都被纵向控制所淡化和掩盖。进入市场经济体制改革以后，经济运行机制发生了重大变化，原有的矛盾和问题便凸现出来，并成为制约资源型城市转型的重要因素。许多资源型城市处于弱势和边缘化地位，这些城市面临的经济和社会矛盾难以依靠自身的能力去解决，更何谈解决资源衰退型产业退出、培育发展主导产业和新兴产业等问题。

从要素循环的流动机制看，在计划经济体制下，资源型城市的要素循环流动机制表现为国家计划控制下的以国家投入为主的封闭循环过程。这种机制使城市发展严格地受制于国家的投资，国家投资又主要取决于城市自身的资源条件以及国家在经济发展上的战略布局等。由于资源型产业在国家工业化过程中的战略地位突出，因而国家对资源型产业实行高度集中的计划管理，企业的投资、生产、销售及利润的分配都是以纵向联系为主,和地方很少发生关系。企业只负责生产,不会自发进行产业延伸或扩张;国家将资源产品调拨到另一个城市进行加工,并把利润的大部分也拿走。虽然由企业负责解决资源开发所引发的各种需求问题,包括基本的原材料、附属配套服务产业以及职工及其家属的生活、就业、上学、医疗等需求,但这些附属服务部门被限定在企业内部,而且也是垂直联系为主。在此基础上,国家还通过一系列的措施人为压低资源产品的价格,形成资源型城市收益的"双向流失",使资源型城市难以获得来自资源收益的积累。即便是在改革初期的价格转轨时期,资源型城市在严格的计划价格控制下也在向外输出大量的资源。煤、石油、木材等资源仍实行计划价格,而且这种定价机制并不合理,资源品定价没有包括环境治理成本、安全生产成本、衰退期转产成本、探矿成本等,劳动力成本也压得过低。而资源型城市的企业自己购买的设备和生活资料实行的却是市场价格,致使资源型城市多年来一直处于一种"双重失血"的流失状态。这是我国资源型城市形成发展中特有的现象,是其他国家没有遇到过的问题。特别是在生产资料公有制、"资源无价"和"资源低廉"的背景下,在"重积累、轻消费"、"先生产、后生活"思想的长期指导下,必然导致资源型城市环境治理和城市基础设施以及社会保障体系建设的欠账。

二 转型时期各项改革政策缺乏长远整体的顶层设计所带来的问题

20 世纪 80 年代以来,随着国家发展战略的大调整,东北资源型城市同全国一样,融入到市场化改革开放的大潮之中。由于东北长期受计划经济体制的影响与束缚,加之东北地区人们观念转变缓慢,对市场化改革没有充分认识和心理准备,在连续不断的各项经济体制改革方案的出台与实施下,东北经济陷入了衰退的困境,区域内资源型城市也是如此,特别是资源枯竭型城市表现得更为突出。在经济体制、行政管理体制、社会管理体制等方面改革(包括国有企业、资源价格、财税体制、社会保障体制、收入分配体制、医疗、教育、住房等方面改革)与资源枯竭同一时间出现的情况下,资源型城市经济社会发展陷入了前所未有的困境。这种困境的出现除了资源型城市自身努力程度不够外,更重要的是因为国家出台的一系列改革政策措施不配套、不完善所致。特别是对资源枯竭型城市来说,包括对探矿和矿山资源开采方面的市场化改革,出现许多制度性缺陷,资源收益分配制度设计也不合理。开采资源的税费地方分成比较少,中央和省里占比高,尤其是对资源型城市没有特殊的财税政策。在中央与地方利益关系处理方面、在中央企业下放地方及与地方利益分配等方面都没有进行全面的考虑,"利益被中央和省里拿走了,包袱却留给了地方"。已出台的生态保护政策、环境治理政策、资源开发政策等都不完善，且政策之间缺乏衔接性、连续性，缺乏整体设计和长远考虑。历史遗留和现实中出现的新情况和新问题相互交织、重叠，更加大了解决问题的难度，导致地方无力从根本上解决资源枯竭所带来的经济社会发展中出现的诸多问题。可以说，这种国情的特殊性无不融入现有体制和机制中。

第四节　透析体制机制问题在东北资源型城市形成中的表现

东北老工业基地资源型城市出现的产业衰败、城市贫困、失业及沉陷区治理、生态环境保护与恢复等问题，不仅是市场失灵的问题，也是我国经济社会转轨过程中，诸多领域改革以及国内外环境变化等因素相互交织、叠加、共同作用的结果。东北的资源型城市作为新中国成立后国家最早建设的工业基地，由于林矿资源开采开发时间较长，加之缺乏区位优势，资源型城市又集中分布在交通不便、经济尚不发达的偏远地区，在由计划经济向市场经济转轨过程中，不仅具有老工业基地普遍存在的体制性和结构性的共性问题，也具有自然资源耗竭规律带给资源型城市的诸多特殊性问题，而且这些问题的解决难度要比一般老工业基地城市大得多，完全依靠自身实力无法走出"矿竭城衰"的怪圈。必须要借助于外力，通过中央和地方政府携手，共同采取综合配套措施加以解决。为此，我们有必要对东北资源型城市出现的诸多问题进行梳理，在理清问题的基础上，进一步分析问题背后产生的根源，使政策选择更加有的放矢。

一　产业衰退带来的大量职工下岗失业和城市贫困问题

对东北老工业基地的资源枯竭型城市来说，返贫现象突出体现在一段时间内下岗失业现象的爆发，大量职工下岗失业导致居民生活收入迅速下降，致使许多中低收入家庭的基本生活都难以为继。造成城市贫困的原因有二：一是资源产业生命周期的结束直接导致相关产业的退出与就业岗位消失；二是企业长期形成的冗员问题一直没有消化解决。冗员过多与国有企业的使命有关，在计划经济体制下，国有企业既承担发展经济的重任，又要替政府分担安排就业工作。特别是在劳动力资源的配置上，东北资源型国有企业"软约束"表现得更为突出，无论是资源开采企业，还是为其提供配套服务的附属企业，都承担了过多的就业安置任务，形成大量的冗员。同时，一些老企业在资源开发初期，在资本和技术稀缺的情况下，为实现资源的大规模开发，保证国家对资源的需求，不得不依靠大量劳动力弥补资本、技术和装备的不足。而这些数量庞大的冗员，随着技术和资本在资源开发中的比例不断提高，其隐性失业的问题也逐渐显现出来，从而形成资本和技术对就业的排斥，产生结构性失业。上述这些问题，在企业破产倒闭和国有企业改制过程中都充分地显现出来。尤其是国有企业改制采取的"减员增效"和用人机制的市场化改革，更加剧了资源枯竭型城市的失业问题。由于资源型城市产业结构和所有制较为单一，民营经济和非资源型产业发展滞后，吸纳就业渠道有限，一旦外部环境发生变化，势必导致大量职工的下岗失业，进而导致城市出现严重的贫困现象。

二 地方财力不足与匮乏导致诸多民生问题难以解决

资源枯竭在导致产业衰退的同时，也带来地方财政收入的大幅减少。地方财力的匮乏使得地方政府在解决民生问题时力不从心，无法为城镇居民提供更多的公共产品和服务，特别是在社会保障体系建立和棚户区改造方面问题非常突出。虽然近年来国家和各省在建立健全社会保障体系方面下了很大工夫，但由于东北资源型城市历史欠账较多，应享受社会保障职工规模庞大，使得有限的资金很难解决众多的社会问题。目前，还有一些资源枯竭型城市职工没有纳入养老保险的范围，有些地方虽然已经实现了全覆盖，但水平较低，难以满足职工的基本生活需要。如果仅靠地方自身财力，很难建立和完善地方社会保障体系。资源型城市棚户区改造也是如此，虽然少数具有升值潜力区位的棚户区得到改造的机会，但其余大部分棚户区都已被边缘化。由于许多城市棚户区分布零散，并且贫困居民数量众多，拆迁开发安置成本较高，因此，很难在近年来城市开发建设和地产价值升值过程中得到拆迁改造的机会，特别是在现行的城市开发建设模式下，地方政府宁愿征用农村集体土地建设开发区、产业园区和城市新区，也不愿意拆迁位置偏僻、补偿价格高的棚户区。在当前增量资金有限的条件下，市场机制在城市建设方面也出现失灵现象。现行的城市建设模式加剧了贫富差距，居住区分化进一步扩大，城市空间和经济增量的扩大不仅没有向过去矿工聚居的棚户区扩散，反而促使资源、要素、产业的集聚效应进一步放大了空间差距。如果没有国家的支持，多年居住在棚户区的居民很难改善目前较差的生活条件。

三 资源型城市的资源开发价值补偿严重不足

矿产和森林资源是有价值的，包括勘探开发过程中凝结的无差异人类劳动、矿山（森林）地租和相关生态环境的使用价值。然而，我国资源型城市矿山（森林）地租即所有者权益，在计划经济时期完全由国家获取，在长期追求"一大二公"和自然资源国家所有，以及资源价值补偿机制缺乏的背景下，矿产和森林等自然资源无法体现其真实价值，反映在现实中便更多体现为"资源无价、资源廉价"。在重工业优先发展战略和"先生产、后生活"思想的指导下，国家不仅大规模开发开采各种资源，而且资源的定价、生产和销售权掌握在国家手中，资源型城市生产的大量资源产品，通过政府低价格的计划调配直接转移到其他行业和地区，这种向下游产业和地区直接调配资源的形式，不仅使资源型城市完全处于价值输出地位，而且是对资源型城市财富（地租所有权）的一种剥夺，使资源型城市丧失了资源大规模开发所能带来的巨大收益，以及解决资源型城市开采所造成的经济社会和生态环境等一系列问题的能力。改革开放后，我国在矿产资源开发领域进行了改革，但由于改革思路不清、措施不配套，出现了"一放就乱"、"一管就死"的现象。尽管国家承认资源型城市和资源型企业拥有资源的部分权益，可以利用"价格杠杆"配置资源产品，但资源价格一直处于较低的价位，并在相当长的时期内没有大的改变。许多地方曾一度无偿划拨或以极低的价格向私营或外资出让矿业开采权，其结果不仅严重损害了国家的所有者权益，而且带来十分严重的环境破坏和生态污染的问题。由于相应法律法规尚未建立或不完善，以及监督监管不到位，致使开采企业许多成本没有在开采成本中逐年摊销，包括环境治理费、安全生产投入等，甚至造成恶性矿山事故频发。尽管近些年国家在资源开发开采过程中投入了大量的资金，但这些投资大部分都用于支付资源勘探开发的直接生产成本，间接成本补偿严重不足。企业内部成本外部化、私人成本社会化的结果，就是资源型城市的付出与回报极不对称，致使地方政府谋划发展接续产业的能力和主动性明显不足，无力解决生态环境、民生等城市发展的诸多问题。

（四）收入分配失衡和管理体制不顺带来城市发展的外部性问题

分税制改革带来的国家与地方利益的重新划分，导致地方财权与事权的不对称。自 1994 年"分税制"改革以来，与其他城市一样，资源型城市的地方财力明显受到削弱，中央与地方、企业与地方利益分配严重失衡，加之在各项改革不断出台的背景下，东北资源型城市无论在经济调整，还是产业结构升级与优化方面，无论是在城市基础设施建设，还是在解决民生和提供基本公共服务方面，无论是在解决历史欠账，还是解决棚户区改造和采煤沉陷区治理以及下岗职工基本生活和社会保障等方面，都显得捉襟见肘或力不从心。特别是资源型中央企业与地方之间的利益分配关系始终没有协调好，地方政府与企业在资源价值分配和补偿问题上始终没有形成合理的制度安排。表现在以下三方面。一是地方政府在资源开发权益分享中地位低的现象始终没有改变。在现行资源产品定价机制下，企业仍未完全实现全部矿业成本，未能涵盖矿业权有偿取得成本、环境治理成本、安全投入成本和衰退期转产成本。二是现有的资源税费征收和使用存在突出问题，资源开采上缴的税费地方分成较少，中央财政支出中用于解决因资源开采形成的历史遗留问题的份额明显不足，现有的财政转移支付制度也缺乏补偿资源型城市历史欠账的稳定渠道。三是资源型城市实行条块分割管理的格局依然没有打破，许多央企与地方政府时常发生矛盾，使资源型企业与地方的发展难以形成良性互动。在城市管理体制方面，由于改革不到位，许多资源型城市的运行主体仍是双轨制，即一部分城市的市政管理以地方为主，一部分则是以大型国有企业为主。这种双轨制给城市和企业带来一系列问题。不仅导致政府职能残缺、弱化，而且影响政府职能的发挥和效率提高，致使城市运行不畅，造成大量的重复建设和资源浪费，城市综合功能难以形成；对企业来说，由于难堪重负，造成企业竞争力大幅降低。这些问题靠城市自身力量是无法解决的，需要依靠国家及省里的支持来加以解决。

五 经济体制转轨不到位带给资源型城市的巨额制度建设成本问题

市场化改革对东北资源型城市形成的冲击前所未有，特别是对资源枯竭城市的影响更为深远，它们既要克服传统体制的沉淀成本，又要承担新体制建设的成本。尽管近年来资源型城市在某些领域取得了一定成效，但由于旧体制的惯性和改革不彻底所形成的后遗症，致使许多历史遗留问题不仅没有从根本上得到解决，而且又产生了许多新的问题，尤其在体制转轨过程中，计划体制下形成的预算"软约束"成本在市场化的"成本-收益约束"机制下立刻成为了巨大负担，包括"拨改贷"形成的政策性债务以及经营性债务；在变更所有制、破产、建立现代企业制度和"国有企业三年解困"的过程中，企业关闭破产和分离办社会增加的支出成本，以及长期以来企业效益不佳所带来的拖欠职工工资和医疗费用支出；行政管理体制改革实行的政企分开、政事分开，使企业隶属关系发生多次变动，问题的责任主体变更与纠缠不清所带来的一系列问题；医疗和社会保障体制的建立与完善中地方和个人所需缴纳的大量投入；资源型城市管理体制的理顺以及长期城市基础设施历史欠账所需要的资金，等等。上述诸多问题的出现，除少部分属于历史遗留问题外，大部分都是由于改革整体设计不到位、措施不配套、把历史包袱和体制建设所需要的成本都甩给地方政府和企业所致，这些成本是资源型城市自身难以负担和消化解决的，必须由国家统筹安排和考虑。

六 长时期、大规模、掠夺式资源开发带来的生态环境恢复与治理问题

资源型城市在其生产和消费过程中存在着外部性，表现在资源开发造成的生

态环境破坏所形成的外部成本和生态环境保护所产生的外部效益。前者导致资源开发领域里严重的环境污染与生态破坏，这部分成本没有纳入经营者的生产成本；后者导致生态环境的效益被其他个体无偿占用，生态环境保护的效益难以兑现。在传统工业化发展道路下，人们并没有把生态环境作为成本因素来考虑，包括发达国家在内也都经历过以资源和生态环境为代价的"传统工业化"道路。我国也是如此，在相当长一段时间内没有将保护生态环境作为经济发展的约束条件，尤其是资源型城市，生态环境保护和可持续发展进入各级政府的视野与实践也是近十多年的事。例如，东北的森林资源不仅为国家经济建设提供大量的木材，而其更重要的服务功能是保障和改善周边地区的生态环境，支撑着整个东北区域的生态系统。但由于我国生态补偿机制尚未建立起来，资源开发导致的生态环境使用价值的损失补偿很难厘清和实现。尽管国家已颁布了生态保护和环境治理相关的政策法规，但在生态补偿和跨地区生态环境治理方面都没有具体要求，使相关的监管和惩处措施流于形式。由于外部性的存在，导致市场机制无法发挥作用，价格机制不能纠正由生产或消费产生的外部性问题，即出现了市场失灵，这就需要政府干预来解决，通过税收、立法或行政措施，控制环境污染及自然资源的掠夺性开采等问题。

第五节　东北资源型城市经济转型的外部约束条件

一　东北资源型城市经济转型是在内外部条件较差的环境下进行的

必须看到，我国资源型城市经济转型是在比较复杂的环境条件下进行的。发达国家资源型城市出现的"矿竭城衰"是在工业化基本完成、综合国力强大、市场体系比较完善的情况下产生的，而我国资源型城市经济转型则是在工业化尚未完成、综合国力不强、市场体系尚未建立健全的情况下出现的，且在经济社会体制转轨尚未完成的背景下进行。特别是东北资源型城市经济转型是在各方面非常困难的条件下进行的，不仅面临国内发达地区产业激烈竞争的挑战，也面临来自地区内部的竞争；既要加快推进东北老工业基地体制机制改革步伐，又要构建适应市场经济发展需要的产业体系；既要克服高昂的发展成本，承受解决失业、贫困、基础设施和环境问题等历史遗留问题的压力，又要克服产业结构单一、产业发展区位条件不利的劣势；既要面临社会保障体系建立的资金需求，又要面对民众对公共产品和服务以及城市基础设施的需求。所以，对于东北资源型城市经济转型来说，无论是发展的起点还是过程，都处于极为不利的地位，这就增加了东北资源型城市经济转型的难度。

二 东北区位条件劣势所导致的与其他城市发展机会的不均等

新经济地理学表明，企业区位选择与市场规模的大小以及区域内贸易自由度有关，其他条件相同的情况下，企业将选择区域内贸易自由度较大的区域。然而，我国资源型城市一般都分布在内地，所处的地理位置都比较偏僻，并远离区域经济发展中心和主轴线，东北资源型城市也是如此。从地理位置看，东北大多数资源型城市都处于交通不便、地理位置较为偏远、经济尚不发达的地区，像阜新、伊春、白山等地不仅远离中心城市，而且交通也不便利。在劳动力可以自由流动、土地和环境成本相近、技术和基础设施水平相似的条件下，无论是新兴产业还是传统加工业，其要素流动和产业转移以及新的产业布局和企业选址，势必选择交通便利的沿海地区或中心城市，因为这既可以节省交易时间，也可降低物流成本。这种选择的趋势使得区位条件不佳的资源型城市或地区被加速边缘化，尤其在非资源类产业竞争中处于明显劣势地位。尽管近年来传统产业大规模向内地转移，但很少转移到区位条件不佳的东北内陆地区，特别是一些不依赖森林和矿产资源的产业，很难转移或优先选择区位条件一般的资源型城市。也因此，一些位于沿海和中部地区的资源型城市经济转型和产业结构调整的机会要比内陆城市多，且城市转型遇到的困难也没有东北那样大。因此，东北资源型城市的区位条件不利于外生性的产业结构调整与升级。

三 我国自然资源的市场价格形成机制尚未建立

东北资源型城市的自然资源过度消耗、濒临枯竭、难以可持续发展的原因是多方面的。其中，自然资源价格形成机制不合理是一个很重要的因素。由于传统自然资源价值观的误导和长期的计划经济体制的惯性力量，我国自然资源价格形成机制仍然存在许多缺陷。主要表现在以下五方面。一是在自然资源管理体制方面，缺乏能够形成合理的自然资源价格的体制基础。长期以来，我国自然资源的维护、开发、利用采取的是条块分割式的管理体制，矿产资源、土地资源、水利资源的所有、开发、利用权利等被分割属于不同的部门，并且自然资源所在地各级地方政府对自然资源也有强烈的所有、开发、使用、收益等权利诉求。尽管改革开放以来，我国自然资源所有、开发、利用等权利逐渐集中于国土资源部，在很大程度上改变了过去政出多门、没有哪个部门或哪级政府对自然资源可持续开发利用负责的状况，使国土资源部集政策法规的制定者、资源企业的监管者、自然资源国家所有权代表于一身，但其遏制自然资源掠夺式开发、构建合理的自然资源价格形成机制的能力明显不够。同时，地方官员为追求财政收入最大化和自身政绩，往往绕过中央政府的监管，以廉价的自然资源开发为诱饵吸引境内外投资者，这在很大程度上导致自然资源价格形成机制更加不合理。二是虽然我国部分自然资源的价格已经放开，定价主体也正在由国家为主向市场为主过渡，但是还有部分自然资源实行国家定价，而政府定价的存在使得资源价格缺乏弹性，不能反映市场供求关系。三是我国自然资源现货交易市场运行不规范，自然资源期货市场处于起步阶段，还很不成熟。四是在自然资源价格形成过程中，自然资源市场定价和政府定价相分离，没有实现资源市场定价和政府调节定价的有机结合。政府对资源价格的调整思路也不明晰，且连贯性差、随意性大。五是在具体的定价方法上，计划色彩浓厚，资源定价方法缺乏科学性、合理性。

四 国内外资源产品市场需求变化的不确定性带来的冲击和影响

随着国内经济与世界经济的日益融合，我国在世界资源产品市场中的需求份额在不断扩大，这使东北的资源性产品在国内外市场上面临的竞争越来越激烈。特别是国家大量进口石油、煤炭、木材、铁矿石和有色金属等所带来市场价格变化，以及各种新能源、新材料的不断出现，包括各种人工材料对木材的替代、风能等清洁能源对煤炭和石油的替代等，这些不确定性因素的存在都将对东北区域内资源性产品的生产与销售产生深远影响。加之近几年，国家对节能减排降耗和废弃物排放等约束性指标要求越来越高，以及资源型城市长期对不可再生资源的过分依赖而形成的刚性产业结构，增加了东北资源型城市经济转型的成本，加大了区域内资源型城市经济转型的难度。

第六节 国内外资源型城市转型中的政府干预

从国内外资源型城市转型实践看，政府主动采取干预措施是解决资源型城市转型过程中市场失灵问题的重要手段。为此，有必要对世界各国政府对资源型城市转型的干预进行梳理、归纳、总结和概括。

一 国外资源型城市转型中的政府干预

在国外，政府对资源型地区发展的干预经历了较长时期的演变。早期资源型城市的发展一般集中在欧洲的英、法、德等老牌工业化国家。在工业化发展的初期，政府很少干预资源型产业和资源型城市的发展，结果经过多年开采，许多国家的资源型城市进入了"矿竭城衰"的境地。特别是在 20 世纪 50 年代后，许多国家资源型城市的生存与发展面临着严重的威胁与挑战，资源型城市已经无力依靠自身能力来摆脱困境，各国政府开始介入和干预城市的转型。

从各国的政府干预形式看，由于各国国情不同，政府在资源型城市转型中所采取的干预措施也不同。美国联邦和州政府对资源枯竭型城市转型的干预主要是提供职业培训，或是放任城市衰败。由于美国采取人口自由迁徙政策，加之地广人稀，经济发达地区接纳人口转移的能力强，一些资源枯竭型城镇的衰落并没有形成严重的经济社会问题。美国的"放任模式"在我国虽不适用，但它的人口迁徙机制和强调"长距离通勤"的资源开发模式值得我国借鉴。

苏联的煤炭、油田枯竭时期正值国力衰退、面临解体时期，政府已经没有能力帮助矿区振兴。但原苏联是一个人口密度低的国家，矿业生产的技术装备也较为先进，工人相对较少，资源枯竭引起的经济问题和社会问题较轻，所以边远地区事实上也走上了放任"矿竭城衰"的道路。而在区位及其他条件有一定优势的地区，在地域生产综合体中发展壮大的下游产业，在一定程度上发挥了替代产业的功能。例如，巴库油田枯竭以后仍然保持占俄罗斯 10% 左右的原油加工能力和仅次于乌法和古比雪夫的全苏第三大炼油中心地位。原苏联推动地域生产综合体以及地区合作，尤其是对外输送设施建设方面的经验值得我们学习，这是促进资源型城市产业多元化与保持积极对外联系的重要基础。

欧洲和日本人口密度很大，很难通过人口迁徙实现资源枯竭型城市的自发衰落来使问题自然消失，所以这些国家对资源型城市的干预主要采取援助的形式。对于资源枯竭城市的援助主要包括资金援助、技术援助、政策优惠等。具体包括接续替代产业的选择与建设、基础设施投入、地方财政支持、企业吸引对策、建立预警系统、紧急经济援助、就业培训、搬迁、建立社区赔偿基金和专项保险机制、鼓励地方参与企业购买、实施区域规划、促进协调发展、统筹兼顾环境与经济效益、促进污染地开发和再利用等。

从政府干预的过程和内容看，各国政府对资源型城市转型的干预，不仅体现在资源衰竭以后的发展转型时期，也体现在一般资源型城市推进资源开发的发展成本、环境成本、社会成本的补偿，统筹区域建设与发展等，即前期强调补偿，后期侧重援助。前期的补偿并不是政府补偿资源型城市，而是强调资源开发企业对地区公共建设、环境保护、区域发展的补偿，这与我国政府提出的"资源开发补偿机制"有相似之处。但也有区别，主要在于国外实行的是自由市场经济，所有制形式基本是私有制，不涉及政府对"历史遗留问题"的补偿。各国政府干预的目的主要是通过资源开发活动对地区进行补偿，强化政府的公共服务职能，而且这种补偿并不是权宜之计，而是着眼于长期的制度建设，以及促进地区整治和发展。

二　我国对资源型城市转型的政府干预

我国政府对资源型城市的干预历史比较悠久。新中国成立后，在计划经济体制下，我国所有经济活动都在政府干预和控制之下，资源型城市发展也不例外，政府干预和介入贯穿于整个资源型城市建设开发之中。然而，社会主义市场经济体制改革后，我国政府在资源型城市发展中的作用经历了两个转变：一是从原来的计划经济体制和传统发展模式中退出。二是在市场经济体制下重新界定政府职能和确立新的发展路径。这个过程与一大批资源枯竭城市的衰退、一般资源型城市制度的建设与完善、新兴资源型城市的发展相互交织在一起，我国资源型城市转型所遇到的问题远比国外资源型城市转型过程中遇到的问题要复杂。

相对于国外来说，我国对资源型城市发展问题的重视和研究时间比较短，20世纪 70 年代后人们才开始关注资源型城市的发展问题。从对资源型城市的企业与城镇布局不协调问题开始，到对资源枯竭的潜在危机研究，许多学者和官员提出了相关的建议，但却没有得到中央和各级地方政府的足够重视。直到 20 世纪 90 年代后期，在资源枯竭和体制改革的共同作用下，资源型城市特别是资源枯竭型城市问题集中爆发；进入 21 世纪初，以东北资源枯竭型城市为典型的资源型城市问题终于引起了中央决策层和地方各级政府的高度重视。目前，国内对资源型城市问题的表现、成因和应采取的措施有一定的共识，多数人对资源型城市出现的问题有比较一致的认识，包括在资源产业生命周期规律作用下资源衰退带来的城市衰退；资源型城市产业结构单一、结构调整困难、地区经济发展缓慢等诸多经济问题；下岗失业、就业再就业困难和城镇棚户区改造、居民贫困等诸多社会问题；承载力下降、沉陷区治理、环境污染与生态恢复问题；由政府改革和企业制度创新滞后造成的路径锁定，以及政企不分、政事不分、企业办社会等诸多体制转型遇到的问题；由于多数资源型城市地理位置偏僻而导致的全球化边缘化效应问题，等等。

然而，上述问题的解决思路目前还不清晰，争论分歧较大。归纳起来主要有三种观点：第一种观点认为，政府应该强势介入，全面承担转型责任；第二种观点认为，应依靠市场机制，通过实施产业多元化、发展接续产业来解决资源型城市发展中出现的各种问题；第三种观点则认为，既要发挥市场机制的作用，又需要政府的干预，但政府如何干预、干预到什么程度还没有明确的界定。之所以目标和思路不清晰，客观原因是我国资源型城市转型刚刚起步，资源型城市的转型工作正在实践探索中，而且这种实践探索是在整个社会转型和政府职能尚在不断调整转变的宏观背景下进行的。在这种新旧交替时期，旧的矛盾和问题还没解决，新的矛盾和问题又不断出现，许多不确定性因素直接影响着政府的干预范围和程度。主观上看，我们还缺乏相关经验，对资源型城市内在发展规律的认识和把握还只是停留在现象和表面上。尽管国务院和相关部委已出台了一系列的针对资源枯竭型城市的转型扶持政策措施，部分省（市）也出台了相关配套政策，包括对已试点城市的接续替代产业项目、采煤沉陷区治理、城镇社会保障全覆盖和失业下岗政策并轨、棚户区改造等的资金支持，并取得了一定成效。但这些政策和资金支持基本上都属于短期、应急性的救助政策，其性质仅是解决一些资源枯竭地区的燃眉之急，许多政策仍带有强烈的计划经济和政府配置经济资源的色彩，还没有从根本上形成资源型城市可持续发展的政策扶持体系，许多政策法规没有从国家和资源型城市长远发展角度出发而加以考虑。国家对资源型城市转型提出"两个机制"的建立还只停留在口号上，资源开发补偿和产业援助范围也还没有具体明确要求，对于中央和地方政府各自承担哪些责任也没有清晰的界定，对于一些新兴的资源型城市走什么样的发展道路以及政府如何发挥作用也没有直接的回答。因此，亟待从国家长远利益和资源型城市未来发展出发，从制度建设入手，建立健全一整套的具有保障资源型城市转型与可持续发展的稳定长效机制和政策扶持体系。

第九章

构建有利于东北资源型城市经济转型的政策扶持体系

必须看到，实现资源型城市转型和可持续发展既是一项复杂的系统工程，也是一项长期而艰巨的任务。促进资源型城市转型和可持续发展能否取得实效，关键取决于促进资源型城市可持续发展长效机制能否建立起来，这是我国资源型城市可持续发展的根本制度保障。尽管近年来国家陆续出台一系列政策措施，但距离实现我国的资源型城市经济转型和可持续发展的目标还有很大的差距，还需要做大量细致的工作。为此，本章将从七个方面探讨如何构建我国资源型城市转型的政策扶持体系。

第一节　构建有利于东北资源型城市转型的体制机制

一　继续深化东北资源型城市的各项改革

尽管改革开放以来，东北资源型城市经济体制改革取得了一定成效，但是按照建立社会主义市场经济体制的目标要求，还有很大差距。要看到，资源型城市转型是一项复杂的系统工程，但由于已出台的一些改革政策和措施缺乏整体性和协调性，使得东北资源型城市转型的效果不明显，尤其是体制性、机制性矛盾仍然没有从根本上得到解决。对此，必须通过全面深化改革来加以解决。对东北资源型城市而言，全面深化改革是解决东北资源型城市转型的根本举措。随着改革的不断深入，各个领域、各个环节改革的关联性、互动性明显增强，每一项改革都会对其他改革产生重要影响，每一项改革又都需要其他改革协同配合。因此，要深入研究各领域改革的关联性，深入研究各领域改革的关联性和各项改革举措的耦合性，深入论证改革举措的可行性，统筹谋划各个方面、各个层次、各个要素、各个领域改革的配套和衔接，使各项改革举措在政策取向上相互配合、在实施过程中相互促进、在实际成效上相得益彰。同时，注重顶层设计与基层实践相结合，注重抓住重点领域和关键环节，努力做到全局和局部相配套、治本和治标相结合、渐进和突破相衔接，实现整体推进和重点突破相统一。

继续全面推进东北资源型城市的改革，就是要发挥市场在资源配置中的决定性作用，处理好政府与市场的关系，进一步明确政府与市场的边界。一是寻求政府行为和市场功能的最佳结合点，使政府行为在调节经济、弥补市场功能失灵的同时，避免和克服自身的缺位、越位、错位。政府的职能主要是为市场主体服务，通过保护市场主体的合法权益，维护公平的市场竞争环境，激发社会成员创造财富的积极性。二要加快政府职能转变。下放审批权限，简化行政审批环节，减少对企业经营活动的干预，凡属于市场调节和企业经营决策的事务，都应交由市场和企业来解决，把政府的职责重心转到规范市场秩序、营造各类企业平等竞争的环境上来。对于不正当竞争行为，政府有关部门应严格依法打击，并制定科学严格的质量标准，加强市场监管。同时，在税收、信贷、用地、市场准入等方面，对各类所有制企业应一视同仁，让企业平等获得生产要素，使先进企业充分发展，落后企业得以淘汰，保证市场经济优胜劣汰的机制真正发挥作用，真正做到有所为、有所不为。三是加快推进国有资源型企业的改革。积极推行投资主体多元化，推动重点国有企业跨所有制、跨区域重组，支持优势企业走出去到境外获取资源、与国内外知名企业进行战略重组。通过资产重组，推动重要矿产资源的资本运营。加强资源枯竭型城市与央企的对接。依托资源开发形成的品牌优势，形成大型矿业投资主体，推动资源型企业走出去，跨区域、跨国界经营，做大做强做优主业。继续做好地方国有企业改制，推进主辅分离、辅业改制，切实减轻资源枯竭型城市的企业负担。以建立现代企业制度为目标，通过制度建设，规范企业行为，使企业管理者真正立足长远谋划企业发展。这样才能使企业真正成为市场竞争的主体，确保资源型企业在产业调整和转型中既有压力又有动力。

㊁ 加快编制东北资源型城市转型和可持续发展规划

资源型城市可持续发展是我国工业化、城镇化进程中凸显出来的重大战略问题，促进其可持续发展既是推动经济发展方式转变的重要内容，也是保障国家资源供给和生态安全的重要举措。然而，目前我国还没有一个完整的资源型产业发展战略。长期以来，我国资源型产业被条块分割，资源型产业的制度建设带有浓厚的"部门色彩"、"行业色彩"，不仅资源型产业的共性问题未被重视，造成制度的"虚化"，而且部门与部门之间制定的政策法规还互相矛盾。在这种情况下，根本无法通盘考虑资源型产业的整体发展战略问题。正因为如此，在资源开采利用中出现了一系列无法解决的重大问题，包括国内资源型产业开发的统一规划和总量宏观调控问题；资源加工产业链条的生产力布局问题；到国外开办的资源型产业的重点、发展规划以及对国外资源地的控制能力问题；资源性产品进出口的产品结构和经济安全界限问题，等等。在整个国民经济体系中，由于缺少资源型产业的发展规划，上下游产业的衔接、配套等往往发生梗阻、冲突，重复建设较为严重，浪费了大量资金。以煤炭为例，煤炭短缺时往往提倡"有水快流"；煤炭供过于求时，则提出"关井压产"。前者造成资源的浪费、环境的破坏；后者虽然目标正确，但也造成了民间资本的巨大损失。资源型产业发展战略的不确定性也造成了下游产业的盲目发展。一段时期讲"煤改油"，一段时期又讲"油改气"，使许多投资遭到浪费。因此，在确立资源型产业的基础产业地位后，就必须尽快研究制定资源型产业发展战略，以避免发展过程中的短期行为和盲目性。

启动东北资源型城市可持续发展规划的编制工作，制定科学的资源型产业发展战略，是实现东北资源型城市科学发展、顺利实现转型的基础和提前，也是建立健全东北资源型城市可持续发展长效机制的重要内容。为此，建议由国家发展和改革委员会东北振兴司牵头，会同国家有关部门，以及三省政府主管部门和所有资源型城市地方政府、科研单位和大专院校学者共同参与规划的起草编制。规划编制既要抓住东北资源型城市面临的共性问题，做到统筹兼顾，又要充分考虑各个城市之间的差异，在此基础上进行分类指导；既要着力解决历史遗留的矛盾和问题，又要积极培育城市可持续发展能力；既要大力推进经济转型，又要注重完善城市功能；既要提出具体政策措施并保障实施，又要在体制机制创新方面有所突破，促进资源型城市经济、社会、生态环境和人的全面协调可持续发展。

规划编制需要处理好以下几方面工作。一是做好《东北资源型城市可持续发展规划》与国家及东北三省主体功能区规划、经济社会发展规划、接续替代产业发展规划和资源枯竭型城市转型规划的衔接。二是妥善处理好资源勘探开发与生态环境保护之间、资源型产业发展与接续替代产业培育之间的关系。三是进一步明确规划的重点任务和阶段性目标。四是突出体制机制创新、先行先试等有关政策措施，重点解决东北资源型城市产业发展融资难、地质灾害治理难度大等问题。五是研究制定进一步促进东北资源型城市可持续发展的政策措施及推进可持续发展工作实施方案，完善区域政策体系，重点做好发展接替产业、生态环境治理、重大基础设施建设、和谐社会建设等重点专项规划，筛选论证一批支撑可持续发展的重大项目。

三　建立健全矿产、森林、石油等资源资产的产权制度和管理体制

资源型城市的矿产、森林和石油等资源之所以造成了浪费和严重的破坏，一个很重要的原因就是没有好的资源产权制度安排。也就是说，矿产、森林、石油等资源产权没有明晰，没有保护它的责任主体。经济学理论表明，只有产权清晰才能使各种资源得到最有效率的配置和使用。产权制度不仅是市场经济的基石，也是资源型城市矿产、森林、石油资源资产保护的核心制度。虽然我国矿产、森

林和石油等资源为全民所有和集体所有，但至今没有把这些自然资源资产的所有权确定清楚，没有清晰界定国土范围内所有国土空间各类自然资源的所有者，没有划清国家所有权的自然资源资产，是由国家直接行使所有权，还是由地方行使所有权，以及行使的范围；没有划清集体所有权的自然资源资产，是由集体行使所有权，还是个人行使承包权，以及各种权益的边界。因此，要尽快建立健全矿产、森林和石油等自然资源资产产权制度，从产权制度建设入手来保护自然矿产、森林、石油等资源，对这些自然资源资产进行统一确权登记，形成归属清晰、权责明确、监管有效的自然资源资产产权制度。只有让各种资源"有主"，才会有保护的责任主体，才能避免"公地悲剧"，才能提高资源使用和生态环境保护的效率。同时，要健全矿产、森林、石油等自然资源资产管理体制，按照所有权和管理者分开的思路，落实全民所有矿产、森林、石油等自然资源资产所有权，建立统一行使全民所有自然矿产、森林、石油等资源产权所有权职责的体制，授权其代表全体人民行使所有者的占有权、使用权、收益权、处置权，对各类自然资源资产的数量、范围、用途进行统一监管，享有所有者权益，实现权利、义务、责任相统一。

四 加快推进资源使用权的市场化改革步伐

实现资源利用市场化配置的核心就是要加快资源使用权的市场化改革。无论是节约和高效利用资源，还是实现资源耗减量与补偿量的动态平衡，都要以资源的高效配置为基础。相对国外而言，国内资源型城市的资源配置效率之所以低下且浪费现象严重，主要因为资源配置中非市场化因素仍然占据着主导地位。资源使用权的市场化改革滞后带来了诸多问题。主要表现在：一是国有和非国有资本等投资主体在资源市场竞争中处于不平等地位，并由此带来资源配置的低效率。例如，国有煤矿占有优势资源而非国有煤矿开采劣势资源；有的国有煤矿占着资源却没有资金开发，使其煤炭资源储采比过高，而非国有煤矿虽有资金却没有资源开发，使其煤炭资源储采比过低；这就加剧了不同所有制煤矿之间的资源矛盾和资源纠纷。二是资源开发行为混乱。地方政府为了加快本地经济发展，采取短期行为，降低市场准入标准，导致社会资本大量进入资源领域，使资源开发陷入无序状态，造成资源的低效利用和严重浪费。三是国家资源所有权虚置，所有权收益流失严重。虽然《矿产资源法》明确规定：矿产资源属国家所有，由国务院行使对矿产资源的所有权，探矿权和采矿权实行有偿取得制度。但实际上，资源矿业权是虚置的。许多资源开采企业在并购、分立、重组过程中，矿业权没有纳入或没有完全纳入资产化管理，国家资源所有权收益流失相当严重。特别在矿业权评估方面存在强调经济价值、忽视存在价值和环境价值，或以部分价值取代全部价值等问题。四是缺乏专门的管理机构和市场交易平台。尽管我国资源有偿使用的法律法规框架已建立起来，但这些法律法规仅仅对获得资源探矿权和采矿权（两权为矿业权）后的有偿使用做了规定，没有对政府用市场化手段配置探矿权和采矿权进行规定，也没有科学合理的矿业权定价标准、资源评估标准和矿业权招标程序与规则，目前矿业权的取得主要采取行政审批或协议出让等方式，造成了矿产资源价值的严重低估。因此，要加快推进我国资源使用权的市场化改革，用市场化手段取代行政手段，通过招标、拍卖的方式出让矿产资源的开采权和使用权，投资者要想取得一定的矿业权，必须通过竞买方式向国家交纳"资源占用费"，通过这种形式明晰产权，使投资收益与需要投入的成本及应承担的风险相平衡。同时，加快修改《矿产资源法》等有关法规，从法规层面确立各投资主体进行资源开发的市场化规则，并建立与资源利用市场化配置相适应的资源市场化管理体系和运行机制。通过科学合理的矿业权定价标准、资源评估标准和矿业权招标程序与规则，使资源产权归属明晰、权责对称、流转顺畅并受到保护，提高资源的使用效率，为各类投资主体公平竞争创造条件。此外，还要加快建立探矿权交易市场，为企业提供更多的矿产资源普查和详查资料，为面临资源枯竭的地区实现可持续发展创造必要的条件。

五 建立适应市场经济的资源利用分配与补偿机制

长期以来，我国对于森林、矿产等基础资源一直实行国家垄断开发的政策，并人为压低资源产品的价格，以支持工业的发展。这样做的结果是使大量宝贵的资源被轻易浪费，资源环境迅速恶化，并且是以牺牲资源区利益为代价。资源的垄断开发客观上剥夺了资源型城市对地区资源的开发权和利用资源发展的可能；而资源产品的低价格又造成资源型城市普遍经济效益低下、资源浪费、环境污染严重等问题，并受到发达地区的"双重利益剥削"。从宏观上看，这种不合理的资源开发利用机制使资源型城市积累的矛盾越来越多，这也是导致东北资源型城市发展落后的重要原因。

尽管改革开放后这种局面有所缓解，资源型城市地方政府和企业获得了一定程度的资源开发权（主要是煤炭城市），但总体格局并未发生大的变化。在现行资源利用的利益分配机制中，利益分配仍明显忽视资源型城市地方政府和资源所在地居民的利益。由于中央或省属企业垄断资源开发经营权，导致大部分资源开发收益直接上缴国家或省里，从而使资源型城市地方政府和资源所在地居民在资源开发与经营中得到的收益较少，处于一种"丰裕中的贫困"的状态。现行资源开发机制客观上导致了资源开发过程中利益分配的失衡，是资源型城市难以依托资源进行经济转型并获得及时、足额经济补偿的重要原因。因此，资源开发的现实呼唤建立新的资源利用分配与补偿机制。

　　建立新的资源利用的分配与补偿机制，就是要以建立新的资源利用的产权结构为核心，并在此基础上形成资源开发企业运行共享制度和资源开发收益分享制度。我国宪法规定，矿产资源属国家所有。但实际考察国有资源名目下的利益分割，国家所有已转变成为条块分割的利益格局。从中央到地方纵向管理角度考察，蕴藏量大的资源由中央政府占有，但实际的管理权和开发权却落到有关部委或中央企业手中，由国家投入形成的开发利益首先在有关企业的层面上分配，然后沿系统逐级运行，每一层面都有一个平衡和分配过程。从地方政府横向管理角度考察，同样如此，各部门掌握着有关资源，有关收益经层层分配后最终才进入政府财政。而在我国政权体系的末端，乡镇村一级为了自己的利益，则兴办自己的企业。其实，在这个过程中，国家产权是虚置的，国家利益往往被异化为地方、部门和企业利益。它使资源开发利用的收益分机制扭曲，国家收益流失，资源型城市的补偿得不到保障，并极易产生因利益分配问题而导致的对资源的破坏和滥用。新的资源开发利用的产权结构是保证资源产权在法律上清晰、经营过程中明确，使各利益主体在资源产权中所占比例合理化的结构。虽然资源是国有的，但由于地方政府承担着资源开发外部性所带来的成本以及资源所在地居民对资源禀赋的高度依赖性，应将资源产权按照国有产权、地方产权、企业产权和自然人产权分解开来，并经过科学设计，使四方均获得一定比例的产权。这既打破了"条条"企业垄断资源开发经营权的局面，又顾及了各方利益，而且明确了各相关利益主体的产权，从制度上保障了地方政府和当地居民均能参与资源的开发与经营。

第二节　构建有利于东北资源型城市转型的财税支持体系

一　继续加大对东北资源枯竭型城市的专项转移支付力度

　　东北资源枯竭型城市的成因与特点，决定其城市经济转型不可能通过国家短暂的扶持就一蹴而就，而是需要经历一段相当长的时间来消化。2007 年以来，国家对东北资源枯竭型城市给予的中央专项财政资金支持，是对东北资源枯竭型城市过去为国家经济建设所做出的巨大贡献的一种合理补偿，符合社会主义市场经济的效率和公平原则。尽管近年来，东北资源枯竭型城市在中央专项转移支付和所在省级政府的财力支持下，化解了一些经济社会的突出矛盾和问题，但由于东北资源枯竭型城市形成的历史比较长、数量又比较多、涉及范围也比较广，还有大量的历史遗留问题和转轨过程中出现的新问题依然没有从根本上得到有效解决，包括原中央所属矿业、森工企业下放地方后的历史遗留问题，以及在国有企业改制过程的社会保障资金缺口问题；资源枯竭型城市生态环境恢复与治理、棚户区改造以及城市基础设施建设等方面的欠账；国有资源型企业厂办大集体人员的社会保障、医疗保险拖欠问题等，这些问题的解决还有较大的资金缺口。

从目前东北地区经济发展情况以及各级财政收支情况看，在短期内不可能拿出足够的资金用来妥善解决这些遗留问题，而是需要中央财政在过去的基础上继续给予必要的支持。因此，建议国家增加对东北资源枯竭型城市财力性转移支付的额度，具体包括：提高对采煤沉陷区的资金补助比例；增加对资源枯竭地区和城市下岗职工安置的专项资金补助，妥善解决中央煤炭企业下放前遗留的拖欠工资和安全生产欠账；加大对资源型城市社会保障的专项转移支付力度，弥补逐年调资及养老保险标准的不断提高所带来的资金缺口；加大对下岗职工基本生活保障支出的补助和对城市居民最低生活保障的补助支出，以及帮助下岗失业人员提供转岗免费教育和培训的支出。同时，扩大支持东北资源枯竭型城市中央专项转移支付的范围。

二　率先在东北资源型城市设立可持续发展准备金试点

国务院在 2007 年年底出台的《若干意见》中，明确提出了在 2015 年在全国范围内建立健全资源开发补偿机制和衰退产业援助机制，使资源型城市经济社会步入可持续发展轨道，并把研究建立可持续发展准备金制度作为实现两个机制的重要保障和具体措施。然而，一直以来，资源型城市可持续发展准备金征收比例成为各方关注的焦点。如果征收比例过高，那么必然会提高资源型企业成本，从而进一步推高我国资源类产品价格。该准备金制度从筹划到制定却至今仍未出台的主要原因，是具体细节尚未形成统一意见。就目前情况看，由于这项措施涉及面太广，牵扯的各方利益比较复杂，加之许多领域改革又迟迟不到位，短时间内在全国范围内推出很难。因此，建议国家在东北地区率先设立资源型城市的可持续发展准备金制度试点，以此未雨绸缪，使那些正处于增产稳产期的资源尚未枯竭的城市能提前准备出未来转型发展所需要的资金，避免"矿竭城衰"时再去研究解决城市转型问题。可持续发展准备金在国外通常叫做"预算稳定基金"，在发达国家已施行了几十年，实践效果非常好。

设立资源型城市可持续发展准备金，就是要保持资源型城市政府预算的长期稳定，保障子孙后代在将来资源枯竭以后"有饭吃"。设立预算稳定基金就是将资源稳定增产期或者资源产品价格上升时期形成的"超额"收入（即盈余收入）以基金形式存储起来，以备在资源枯竭或者资源产品市场价格下跌的情况下用于弥补政府预算收入的不足，以便在未来较好地解决资源型城市的可持续发展中遇到的问题。

（一）可持续发展准备金的筹集渠道

一是由国家和地方财政共同出资，并作为启动资金。中央可从年度财政预算中划出一定比例资金，地方资金可从本级预算超收资金划拨。特别是正处于开发阶段的资源型城市，近年来资源价格的提高带来财政收入的大幅增长，将这些资源型城市本级年度预算超收资金纳入可持续发展准备金中，通过有意识地周期性收支平衡安排，将超收年份的财政收入以基金形式存储起来，专门用于弥补短收年份预算执行收支缺口，从而保证资源型城市预算的稳定和财政运转的良性循环。二是从处于高产和稳产期的资源型企业的利润中提取一定比例基金，用于资源型城市的可持续发展准备金。三是从特别收益金划拨一部分，用于可持续发展准备金。根据 2006 年财政部下发的《石油特别收益金征收管理办法》的规定，国家对石油开采企业销售的国产原油因价格超过一定水平所获得的超额收入，将按比例征收石油特别收益金。通过征收特别收益金，将石油的溢价部分收归国家财政，并将特别收益金的一部分纳入资源基金之中，建立资源型城市经济转型的后代储蓄基金，用于资源型城市可持续发展。四是利用国债专项资金筹集。国债作为财政政策的一种手段，在一个国家或地区经济发展的不同阶段都发挥着重要的作用。近年来，我国国债资金在国家宏观调控和整个国民经济社会发展中发挥了不可替代的作用。从合理控制国债资金投向上看，可以考虑将一部分国债资金作为专项资金用于资源型城市经济转型。考虑到资源枯竭型城市在参与国债项目遴选时，往往不具备竞争优势而难以入围，可在国债和中央预算内资金中专门安排一部分支出，用于支持资源枯竭型城市转型与发展。

（二）可持续发展准备金的使用与管理

一是用于资源枯竭型城市的历史补偿。用于资源枯竭型城市矿区的道路、供水、排水、供气、供电等基础设施建设，完善城市功能，尽快改善城市的投资环境，增强对外来投资者的吸引力，以实现资源型城市"再城市化"，从而解决资源型城市聚集效应差的问题；用于解决关闭破产矿山企业所承担的社会职能机构移交、离退休人员社会保障接续工作，以及支付在职职工工资、医疗保险、养老保险等方面的欠账；弥补资源型城市的养老、医疗、失业三项社会保险和城市居民最低生活保障的资金不足问题，实现养老保险、失业保险、城市居民最低生活保障之间的有序衔接。二是用于支持生态环境整治与修复，解决因资源开采而对周边环境造成的污染破坏。三是用于人力资本培训。针对东北资源型城市下岗失业和隐性失业情况较为严重的问题，由政府提供职工再就业培训以及职工转岗培训等公共服务投资，直接向低技能的职工提供后续教育的机会。同时，根据不同的资源型城市就业和产业发展的需要，设立不同类型、不同专业、不同层次的培训中心，有针对性地进行培训。培训费由政府承担，并对创造就业岗位的中小企业给予一定额度的财政补贴。四是用于资源型城市产业结构调整。包括对衰退产业的转产提供财政贴息贷款，对符合资源型城市未来发展方向的新兴产业提供资金支持，以及对企业利用高新技术和先进设备改造传统产业的投资进行财政补贴等。

同时，加强发展准备金的管理，建立高效的基金使用制度，把基金使用纳入预算管理，接受全国人大和地方人大的监督。对专项资金实行源头控制、专户储存、专款专用、专账核算、专人负责，严禁挪作他用。建立双层考核机制：一是中央层面对资源型城市政府使用基金情况的考核，是"自上而下"垂直监督管理，具体由审计署、财政部、发展和改革委员会等相关部门负责，主要考核内容是防止挪用和绩效审计等。二是资源型城市政府对企业运用财政扶持资金的情况进行考核，主要依靠市场手段，辅以公众参与等手段，具体由资源型城市的财政局、发展和改革委员会、审计局等相关部门负责，考核指标包括工程质量、工程进度、土地复垦率以及再就业率等。

三 深化资源税费改革，确立以市场为主的价格形成机制

我国现行的资源税费制度存在许多问题：一是资源税费率偏低、覆盖面小，价格形成没有遵循地租理论。尽管近年来国家先后提高了煤炭和有色金属等资源税税额，但仍低于同期资源价格的上涨幅度，税收的调控作用有限。二是资源税费制度设计不合理，且实行固定税率。目前的资源税采用的是固定税率，其缺点是资源企业的资源税负担与企业的获利能力脱节：稳定增产期的企业获利能力强，资源税负水平低；而对于已经处于资源濒临枯竭的企业，开采条件困难，获利能力差，资源税负相对高很多，不利于资源型城市的转型。同时，资源税没有覆盖所有的自然资源开发利用领域。资源税税额主要取决于资源的开采条件，与资源价格及资源的利用效率无关。在计税依据上，既没有区分富矿与贫矿，也没有考虑某一矿体开采的时间阶段，而开采等量富矿与等量贫矿，难采储量和易采储量要缴纳同样的资源税，这无法从源头上遏止企业"采富弃贫"、"采易弃难"的短期行为。现行资源税采用从量定额计征，纳税多少只与产量挂钩，与资源价格高低无关，容易造成资源开采中的浪费甚至破坏，不利于资源型城市的可持续发展。因此，应加快推进我国资源税费改革步伐，完善资源性产品的价格形成机制。

（一）资源税费改革方向

一是完善资源税价格形成机制。将矿产资源补偿费纳入资源税，实行税费合

一，通过资源税参与矿产资源价格的形成过程，将资源的级差地租收归国家所有，按照国际上通行做法，以收取权利租金为主体现国家对矿产资源的所有权收益，包括红利和租金，以此改变低价开采和无偿使用的状况，理顺各种资源价格体系。二是改革资源税征收办法，由现行的从量征收改为从价征收。充分发挥资源税在资源开发中的调节作用，利用市场调节机制引导资源开采企业合理开发和节约资源，使各类资源开发企业在较为合理的盈利水平上展开公平竞争。三是适当提高资源税税率。资源产品价格的提高既可以体现矿产资源的稀缺性和不可再生性，又有利于鼓励并促进人们节约资源，从而提高矿产资源使用效率，对促进矿产资源有效利用、合理开发以及资源枯竭地区可持续发展有积极的作用。四是建立资源税收入随资源收益变动的调节机制。借鉴土地增值税的税率设计思路，将资源税改为累进税率，分段计征计税，按照利润水平的高低设计不同的累进税率，针对企业发展的不同阶段确定不同的税率，并设立免征额规定，如规定利润率不到20%的免于征收资源税。同时，进一步探索建立与资源利用水平挂钩的浮动税率制度。对资源回采率和选矿率达到一定标准的资源开采企业给予一定资源税税收减免，以激励资源开采企业自觉保护资源和生态环境，提高资源开采效率。五是资源税改革要与增值税、所得税的改革配套进行。因为资源税是价内税，是资源产品价格的组成部分，增值税作为流转税是价外税，而我国实行销项税抵扣进项税的征纳政策，增值税税率高低及抵扣范围大小对企业税负有直接影响。在制定税收政策时，需要统筹考虑资源税和增值税改革的配套性。如果一味降低资源税税额或增值税税率，会带来矿产资源开发的暴利性，导致生产的负外部性，既不利于资源型城市的可持续发展，又不利于国家的能源安全；而单独增加资源税税额，又会导致资源产品的销项税增加，在可供抵扣的进项税税额偏低的情况下，会进一步加剧资源开采的税负，同样不利于资源型城市的健康发展。

因此，资源税的改革必须与增值税、所得税的改革同步进行。在探索建立消费型增值税、将固定资产纳入进项税抵扣范围、降低增值税实际税负的基础上，考虑适当提高资源税的单位税额，保证矿业整体税负的平衡。

（二）加快建立自然资源的市场价格形成机制

确定以市场为主的价格形成机制，就是在政府监管下，使自然资源价格充分反映市场供求关系。发达国家的自然资源价格形成便具有这一特点。例如，在加拿大、美国自然资源价格形成过程中，市场机制起主导作用，资源价格往往取决于主要的国际市场。美国石油价格是以纽约商品交易所的西德克萨斯油价为参照价，加拿大油价取决于阿尔伯达省埃德蒙顿油价。而埃德蒙顿油价是按美国纽约商品交易所的西德克萨斯油价扣除埃德蒙顿到纽约的运输费用和美国的进口关税计算出来的。煤价是在煤炭公司与消费部门的直接供货合同中规定的，实际上是一种合同价格。两国煤炭价格完全由供需双方根据国际市场煤价确定，政府不干预。加拿大、美国自然资源价格虽然是通过市场机制形成的，但政府同时对资源价格实施一定程度的监管。两次石油危机期间，加、美两国政府都对石油价格实施监管，直到 20 世纪 80 年代初才完全取消。此外，加拿大还采取了征收资源开采税、降低探矿税率等措施，增加政府资源收益，用于补贴环境污染处理费用和新能源的科研开发费用。两国建立起了资源价格管理机构，加拿大自然资源部、美国能源部是两国自然资源管理的最高机关，负责制定包括自然资源价格政策在内的资源政策。各省、州政府所属公共事业委员会是价格管理的具体机构，主要职责是对资源的市场价格进行调节，包括对使用自然资源的企业上报的电力、天然气等资源的价格构成和水平进行审核，并确定其销售价格。因此，应摒弃传统自然资源价值观的误导，正视传统自然资源价格形成机制存在的缺陷，借鉴国际成功的经验，重构我国自然资源价格形成机制。加快形成自然资源的价格形成机制，就是确立以市场需求变化、资源稀缺程度为定价主体，以政府为辅，两者相结合，建立自然资源有偿开采制度，完善自然资源价格管理机构，适时、适度地对资源市场价格进行合理调整。

四　理顺中央与地方的税收分配关系，提高地方税收的留成比例

当前制约东北资源型城市经济转型的突出问题是资金投入不足，其原因是地方政府财力不足，而地方财力不足与现行财税体制密切相关。1994 年实施分税制改革以后，中央拿走了增值税和所得税的大部分，地方留成比例相对较小。由于财权与事权不对称，导致地方财政捉襟见肘。例如，我国目前的矿产资源税费实行中央与省或直辖市五五分成、中央与自治区四六分成的办法。目前，许多资源大省都已进入资源衰退期，而这些资源大省的经济实力普遍不强，又在支持资源型城市可持续发展中负总责，承担的任务相对较重，财力根本无法承担。因此，国家可以考虑在分成比例上适当上调省级政府的留成比例，缓解各省目前的财政压力，切实保证资源型城市转型的财力需要。

理顺中央与地方的税收分配关系，就是要增加共享税在资源型城市的留成比例，将增值税和所得税的地方分享比例适当提高，并在二次分配中向资源枯竭型城市倾斜；或将共享税中相对上一年的增量部分全部留在资源枯竭型城市；将资源税（含矿产资源补偿费）由省级财政逐步向资源枯竭型城市财政转移；将企业所得税在企业注册地缴纳改在资源开采地缴税，以此增加资源产地的财政收入。改革资源税全部留在省（自治区）级财政层面的分配办法，留在资源型城市的比例应不低于 70%；或者将共享税（资源税、增值税、地方企业所得税）中相对上

一年的增收部分的 10% 留在资源型城市。同时，处理好税收政策与地方财力增长之间的关系。资源税、增值税、所得税的减免不仅会使中央财政减收，而且会使地方财政大量减收。目前，税收收入仍是地方财政收入的主要组成部分，虽然税收优惠对体制转轨、吸纳就业、招商引资以及尾矿开发都具有积极作用，但如果税收政策导致地方财政收入锐减，必定会削弱资源型城市政府部门的行政能力和公共服务能力，不利于资源型城市的基础设施建设和生态环境整治，甚至会对资源型城市的经济转型产生不利影响。按照国家关于实行分税制财政管理体制的规定，资源税虽然属于地方税，但税收收入全部留在省一级财政，增值税由省级财政和地方财政共同享有 25% 的份额，所得税由省级财政和地方财政共同享有 40% 的份额，但经过省级财政的二次分配，分到资源型城市的份额就更少了。资源型城市并未因其历史贡献而在税费分成中享有特殊的待遇，导致地方政府在解决历史遗留问题上往往有心无力。因此，探索建立并完善资源开发补偿机制和衰退产业援助机制，必须首先从理顺中央、地方税收分配关系出发，赋予资源型城市真正的一级财政地位，在此基础上增加资源型城市地方财政税收留成比例，将更多的财政收入留在资源型城市。

五 实行有利于资源枯竭型城市转型的所得税优惠政策

根据东北地区资源枯竭型城市的实际情况，一是对设在资源枯竭型城市、国家鼓励类的内资企业和外商投资企业，按照 15% 的优惠税率征收企业所得税；对符合接续产业发展方向、吸收失业和下岗职工人数占企业职工总数 25% 以上、签订 3 年以上固定劳动合同的企业减半征收所得税，50% 以上的免征企业所得税。二是资源型城市中企业用于再投资的资本和利润，实行再投资免税和退税政策。三是以盘活资源枯竭型城市国有企业存量资产为目的，民营经济参与国有资产兼并、重组的免征企业所得税。四是允许符合条件的资源枯竭型企业实行加速折旧政策和缩短无形资产摊销期限。借鉴国外经验，企业用于研究开发新产品、新技术、新工艺的各项费用，比上年实际增长达到 10% 以上的，允许再按其实际发生额的 100% 抵扣当年的应纳税所得额，未抵扣完的部分可结转下一纳税年度抵扣。五是企业用于生态环境修复的费用，可比照研发费用的标准进行扣除。六是核销资源枯竭型城市历史遗留呆账税金。在参照已执行的《关于豁免东北老工业基地企业历史欠税有关问题的通知》的基础上，将资源枯竭型城市已转入账外核算的呆账税金、滞纳金，在若干年度内进行核销，使资源型城市的企业真正化解历史形成的包袱，为经济转型和可持续发展奠定基础。七是借鉴其他国家在所得税上支持资源综合利用产品的相关政策，对关键性、节能效益显著且因价格等因素制约其推广应用的重大节能设备和产品，在一定时期内实行增值税的"即征即退"

政策。尽快恢复矿业在国民经济中的"初级产业"地位，对资源型城市的各类矿产品仍按照13%的低税率计算销项税，从而降低资源型城市中企业的实际税负。改变退税方式，变退税为直接抵扣，简化操作程序，降低征管难度，减少征纳成本，使纳税人充分享受增值税转型政策的优惠。适当提高增值税起征点，从政策上鼓励和扶持资源枯竭城市社会弱势群体，尤其是下岗失业人员自谋职业和自主创业的微小企业。

第三节　构建有利于东北资源型城市转型的金融支持体系

实现资源型城市转型，发挥金融机构核心引领作用，离不开现代金融手段、金融工具和金融市场体系的支持。因此，加快构建有利于东北资源型城市经济转型的金融支持体系尤为重要。

一　成立东北区域内资源型城市转型金融支持协调机构

综合考虑东北及全国资源枯竭型城市的发展实际，建议由国家发展和改革委员会牵头，会同财政部、人民银行和银行业监督管理委员会等国家有关部门及东北省、市地方政府，建立金融支持领导协调小组。其主要工作是加强政府部门与金融机构之间的协调联系，认真分析资源枯竭型城市可持续发展的规划和产业、行业布局，研究制定支持资源型城市转型和与可持续发展相关的金融支持政策及措施。同时，协调各部门共同起草资源枯竭型城市转型的金融支持政策或指导性意见，参与制定金融支持资源枯竭型城市转型的规划，并出台资源型城市可持续发展专项贷款的具体管理办法，由财政部对专项贷款给予一定的贴息，引导各金融机构加大对资源枯竭型城市和资源型企业的支持力度。各地方政府也要成立相应机构，组建由政府牵头，以人民银行等监管部门及其他相关职能单位为成员的金融办公室，负责承担城市转型中金融支持的统筹协调工作，及时研究解决金融支持经济发展的重点、难点问题。同时，搭建政府与银行、企业的全方位信息交流平台，及时沟通重大项目进展情况，消除信息沟通障碍，构建新型的政府、银行与企业的关系。

二　建立东北资源型城市与国家各类金融机构的合作机制

一是发挥国家政策性银行在资源型城市转型中的导向作用，加强国家开发银行与东北各资源枯竭城市的合作，积极创新合作模式，在对东北部分资源枯竭型城市先行试点、总结专项贷款使用经验的基础上，由试点城市向所有资源型城市放开，确定每年在国家开发银行信贷规模中安排一定比例支持东北资源型城市转型。根据这些城市的融资需求，筛选项目，落实贷款资金。对公共基础设施建设、生态环境改善、接续替代产业、社会保障事业等领域中符合信贷政策和风险控制条件的融资项目积极给予支持。

二是建议国家发展和改革委员会协调国家开发银行、农业发展银行等金融机构，在资源型城市设立可持续发展专项贷款。结合资源型城市产业发展和经济转型需要，尽快研究落实资源枯竭型城市经济转型的专项贷款政策，由中国人民银行确定和颁布专项贷款审批、发放、管理以及风险分担和补偿办法。采取招标和组织银团贷款等方式，建立省、市两级财政贴息的风险补偿机制。

三是围绕促进资源型城市可持续发展战略的实施，实行差别存款准备金政策，扶持性再贷款和专项贷款政策。制定相对优惠的贷款利率，利率（贴息贷款利率）水平应低于同期银行贷款利率，对于重大的基础设施项目或高科技项目，可以采取无息或贴息贷款的方式，贴息优惠可纳入发展基金中核算。同时，合理确定贷款期限。由于转型的长期性，应以 5 年以上中长期贷款为主。

四是搭建转型发展专项融资促进平台。地方政府以产业园区和城市基础设施建设为依托，由地方政府出资投资或建设公司来搭建融资平台。地方政府可与人民银行地方分支机构合作，以政府信用为基础，并与银行签订金融合作协议，按"政府主导、统一规划、集中评审、大额承诺"的方式，向产业园区基础设施、城市基础设施、棚户区改造等项目提供中长期贷款。按专款专用的原则，在双方互利的基础上为城市转型提供必要的资金支持。

三 加大对东北资源型城市经济转型的金融支持力度

一是加大对资源综合开发利用的信贷支持。加快银行业务创新步伐，鼓励银行不断深化业务创新，采取市场化运作模式，运用各种金融工具和金融手段，积极支持能够增加财源和具有发展前景的重点建设项目。特别是支持资源枯竭型城市围绕当地资源，延长矿山等自然资源的服务年限，支持配套加工企业发展，提高资源综合利用的附加值，并延长产业链。根据国家宏观经济政策，从产业链整合的角度支持资源型城市转型，逐步形成以主导产业为核心、相互关联企业在地域空间上集群发展的格局，进而带动整个区域经济的发展。同时，大力发展消费信贷业务，为下岗失业人员提供小额担保贷款，为繁荣第三产业、有效缓解资源枯竭型城市再就业压力提供强有力的金融支持。

二是切实发挥各类金融机构在促进资源枯竭城市可持续发展方面的引领作用。强化央行"窗口指导"，引导并督促各金融机构根据国家产业政策，明确信贷投放重点，综合监测与分析信贷资金的配置方向和规模，引导商业银行合理配置信贷资源，鼓励外资银行、国际信贷组织贷款，参与资源型城市的接续产业和新兴产业以及其他重大项目的建设，切实解决资源型城市融资难问题。适当下放国有商业银行、股份制商业银行审批权限，扩大资源型城市所在地区的信贷规模或存贷比例，并在再贷款、再贴现等方面给予支持。积极推荐符合商业银行要求的贷款项目，由政府提供配套政策，以此吸引信贷资金，并通过财政资本金注入来降低项目信贷风险。

三是积极培植和发展新的支柱产业。通过金融资源的有效配置，促使资源枯竭型城市摆脱对传统产业的过度依赖。支持具有高附加值的高新技术产业、符合当地实际的加工工业以及具有地方特色的旅游业，优化城市产业结构，发展接续产业。

四是加大金融机构对中小企业发展的支持力度。央行及监管机构要积极引导商业银行加大对中小企业的扶持力度。改善中小企业的信贷服务，完善中小企业担保体系，支持有市场、有效益、能增加就业以及科技含量高、产品附加值高、市场潜力大的中小企业，切实解决其贷款难的问题。进一步放宽民间投资的准入范围，增强市场对非政府投资的调节功能。

五是强化对东北资源型城市"三农"的信贷支持。大力发展特色农业、培育龙头企业，扩大适销对路且有特色的农业产品生产。农村信用社要积极发放农户小额信用贷款，适当扩大信用贷款额度，有效解决农民生产生活的资金需求。

四　多途径、多层次拓宽东北资源型城市转型的融资渠道

实现东北资源枯竭型城市转型的关键是要解决资金瓶颈问题，因此，需要多层次、多途径拓展融资渠道，通过建立多元化的资金来源渠道，改变东北资源型城市直接融资与间接融资比例失调的状况。拓宽东北资源型城市转型的融资渠道应从以下几方面入手。

一是积极利用债券和股票市场筹集资金。在资源型城市转型发展过程中，要培育一批大中型重点企业，支持部分业绩和信誉好的企业发行短期融资债券，从债券市场筹集资金，从而缓解企业流动资金压力；加快资源型企业的股份制改造步伐，进一步完善企业现代管理制度，改变其股本、股权和资产结构，推动更多的企业在资本市场上融资，以此带动整个区域经济的发展。

二是加快投融资体制改革，给予企业和地方政府应有的债券融资自主权，放松对债券融资的束缚，适当发行地方公债特别是市政债券，加快发展直接融资，适当降低间接融资的比重。完善现有保险法律法规，放宽保险公司投资渠道，允许保险公司参与资源枯竭型城市的重大项目投资。通过投资，既可以增加保险公

司的收益，也可加大其对经济建设的支持力度。同时，借鉴国内产业基金发展模式，设立资源型城市转型基金。基金的资金来源包括：发行长期建设债券；中央财政每年从国债资金或财政预算中安排一部分资金；向经济效益好的资源型企业吸取一定资金等。主要用于资源环境保护项目、重大基础设施建设项目、接续替代产业的发展培育和社会事业发展项目。

三是采取 BOT（建设—运营—转让）、TOT（转让—运营—转让）、ABS（资产证券化）、VC（风险投资）等新型融资方式。这不仅能解决项目的资金缺口问题，还能解决技术、管理等其他问题。

四是积极吸引全国或区域性股份制商业银行、外资银行在本地设立分支机构，构建多元化的金融组织体系，创新金融产品，集聚金融资本。政府部门在抓好地方金融企业改革和发展的同时，以城市信用社为主体，组建地方性商业银行，支持民营资本试点股份制中小银行和参股金融机构，探索组建农村商业银行；推动设立企业财务公司、金融租赁公司等非银行金融机构，为城市转型提供更多的资金支持。

五 加快东北区域内资源型城市的金融生态环境建设

东北资源型城市能否实现转型，金融生态环境是一个重要影响因素。只有不断改善地区金融生态环境，才能吸引资金聚集，产生资金的"洼地"效应，促进区域资金、要素流动，提升地方经济竞争力。改善和建设金融生态环境是一项庞大的社会系统工程，要充分发挥政府的主导作用、人民银行的参谋作用、金融机构的配合作用。

一是加快信用体系建设，构筑促进资源型城市经济社会发展的信用秩序，增强全社会的信用观念。政府和金融部门要成为社会信用宣传的直接倡导者和号召者，把宣传金融方针政策，金融诚信光荣、失信可耻的道德观念有机结合起来，创造良好的诚信氛围。通过加大金融知识的宣传推广和普及力度，扩展金融服务领域，使社会各方面认识并接受金融服务，配合做好资源型城市转型过程中的金融支持工作。

二是规范企业改制行为，切实维护金融债权。各级政府要妥善处理企业改制与支持金融部门依法维护金融债权的关系，严格执行"不实金融债务不予办理改制手续、不颁发新的营业执照"等制度，坚决制止和纠正企业改制中的违法行为，最大限度地保护金融债权。

三是完善企业、个人征信系统，规范企业经营中的信用行为。构建新型的政府、银行、企业关系，加强三者之间的沟通和协作，解决银行与企业在信贷运作中的信息不对称问题，为银行和企业合作及双赢创造条件。

四是注重调动和保护基层金融机构的积极性，协调解决金融运行中的矛盾和难题，同时不失时机地设立政策性担保机构，建立多种资金来源、多种组织形式参与的担保体系，形成相对完善的中小企业信用担保体系，为区域金融稳定和金融可持续发展创造良好环境。

第四节　建立东北资源型城市产业转型的政策支持体系

一　东北资源型城市产业转型的目标、模式选择和原则

（一）东北资源型城市产业转型发展总体目标

东北资源型城市产业转型发展总体目标是：充分利用国家实施的东北老工业基地振兴战略和国家促进资源型城市可持续发展的契机，加大各资源型城市产业结构调整力度，构建创新型、集约型、节约型和生态型的产业发展模式，增强资源型城市产业的综合竞争力和可持续发展能力，形成完善、具有显著竞争力的新兴接续替代产业经济体系。产业转型实施的主要途径是积极培育和发展接续替代产业，目的是为解决由于资源逐渐枯竭所引发的一系列问题，通过发展接续替代产业，实现资源型城市的产业转型，最终实现资源型城市的可持续发展。加快发展接续替代产业，既可以培育资源型城市新的经济增长点，改变资源型城市产业结构单一的格局，促进产业结构的优化升级，也可以创造更多的就业岗位，解决资源型城市的就业问题，增加城镇居民的收入，提高人民群众的生活水平。同时，可以有效解决因资源开发开采而产生的生态环境污染和破坏的问题。

（二）东北资源型城市发展接续替代产业模式的选择

借鉴国内外资源型城市在不同发展阶段的经验教训，依据每个资源型城市的特点，主要有以下三种模式可供选择。

1. 产业延伸模式

在资源开发产业的基础上，大力发展下游产业，实行纵向一体化，上、中、下游产业联动发展，实现矿产资源的就地深度加工，延长资源产品的深加工链条。产业链向下游延伸，使下游企业和配套服务企业获得更大的生存和发展的空间。大量相关联的生产和经营企业在一定空间内聚集所带来的专业化生产、低交易费用、便捷的沟通和配套服务，将导致集聚经济的产生，最大限度地提高资源的附加值，甚至建立起资源深度加工和综合利用的产业群，使资源优势转化为区域发展的经济优势和竞争优势，从而带动城市主导产业的转型。例如，石油城市沿着

开采—炼油—石化—精细化工链条延伸；煤炭城市沿着开采—洗选—发电—高能耗产业或煤化工链条延伸；冶金城市沿着采矿—粗炼—精炼—型材—制品链条延伸；林业城市沿着采伐—木制品链条延伸。

产业延伸模式适用于资源开采处于成长期、成熟期，资源开采量比较大，地区经济发展较快，地方政府有能力投资建设资源产品精深加工项目的地区。它的优点是在转型初期能够充分发挥本地资源优势，上下游产业在生产、管理和技术方面具有明显的相关性，实施转型的难度较小，能有效发挥前后产业之间的技术经济联系效应，大幅提高产业附加值和综合经济效益。但这种模式也有弊端，表现在产业基础的多样性不足，产业结构弹性较小。由于这种模式所依托的资源迟早要衰竭，而且受资源开发成本上升规律的制约，原有廉价资源的竞争优势也会逐渐丧失。由于局限于某个产业领域之内，不利于区内其他资源的开发和培育，产业发展的循环较为封闭，抗拒市场风险的能力较差，容易受到经济波动和市场变化的影响，一旦出现资源衰竭、产业衰退等，整个产业链条将受到严重冲击。因此，产业延伸模式是资源型城市产业接续的过渡形式和短期选择。

2. 产业替代模式

产业替代模式是利用资源开发所积累的资金、技术和人才，或借助于外部力量，建立起不依赖原有资源的全新的产业群。资源型城市虽因矿产资源开发而兴起，但不应把未来产业发展全部寄托在资源开发上，而应适时培育和发展自己的非资源产业。产业替代模式无疑是最彻底的产业转型模式，它摆脱了对原有资源的依赖，但如何在以资源型产业为主导的产业结构基础上发展有竞争力的替代产业群，是该模式面临的最大挑战，而且面临更高的资金、技术和人力资源门槛，甚至还会带来结构性的震荡。对于资源型城市来说，其经济社会发展将随着资源开发利用的自然过程和资源消费的生命周期而变化。如果资源型城市在发展接续替代产业的过程中，只重视开发和延伸资源产品的深加工，忽视发展其他非资源型产业，一旦出现产业结构波动，势必要对资源型城市形成冲击。因此，实现资源型城市可持续发展的关键在于发展替代产业，培育新的支柱产业，通过发展非资源类产业实现产业的优化升级与替代，如发展装备制造业、加工制造业、高新技术产业、旅游服务业等，实现产业多元化，这样才能摆脱"矿竭城衰"的命运。

产业替换或更新主要适用于那些资源开发成本高、资源型产业没有发展前景或资源已接近枯竭的资源型城市。企业在长期的经营活动中，在思维习惯和行为方式上会形成一定的路径依赖。当路径背离时，容易导致经营活动的失误。所以，资源型城市在资源开采开发的兴盛时期，就要未雨绸缪，把实现产业多元化作为本地经济发展战略，并与谋划产业更新有机结合起来，依托现有资源型产业提供的积累资本，以技术创新和制度创新为动力，大力吸引区外或国外资本和技术进入，按照"孵化—育成"、"产业转移"、"合作联姻"、"转移—迁入"等模式，通过市场化运作的方式，辅之以政府扶持和政策支持，使具有市场潜力、高成长性和竞争优势的产业尽快成长起来，形成复合主导结构，进而完全替代资源型产业，实现产业结构的根本转型。

3. 复合模式

资源型城市的产业转型，一定要根据自身实际情况而定，并非完全按照某种单一的模式来实施，也可以选择两种或两种以上的混合形式。一般而言，在资源型城市实施产业转型的初期，多表现为产业延伸模式，其主导产业逐步由采掘业向加工业转变。随着加工业的发展，城市功能逐渐完善，新兴产业也得到了较大的发展，城市也由单一资源型城市演化为综合性城市。对于综合条件较好的资源型城市，其资源开发及其他产业具有一定优势，适合采用复合型的产业发展模式。可从比较优势明显的资源深加工起步，在转型初期，促进主导产业逐步由采掘业转变为以资源精深加工为主导的产业群。大量加工企业在一定区域内的聚集除了导致聚集经济，还有利于企业间的技术外溢，给新产业的发展提供条件和空间。而且随着企业群的进一步发展，这种外溢效应会以乘数的方式扩散，进而带动其他非资源型产业的发展，形成多元化的产业经济结构和综合性的现代化城市，使资源型城市的经济发展最终摆脱对资源的依赖，实现资源型城市的成功转型。复合模式的优点在于既继承了产业延伸模式在产业接续初期能充分利用资源优势来降低转型难度的特点，又避免了产业接续后期的短期性问题，以及产业替代新模式的高投入和结构性震荡问题。在产业接续模式选择上要关注的因素包括资源开发阶段、资源开发规模、区位条件、国家产业政策和企业发展战略。

总之，上述三种模式具有不同的适用条件。每个资源型城市都应从自身实际出发，选择适合自身发展的模式。资源濒临枯竭的资源型城市，适用于产业替代模式；而对于资源开发尚处于成熟期的资源型城市，产业延伸模式和产业替代模式都是发展接续产业可供选择的方式；处于成熟期的资源型城市发展接续产业并不一定采取单一模式，也可以采取复合模式，并在产业转型的初期通常表现为产业延伸模式，城市主导产业逐步由采掘业转变为加工业，随着加工业的发展，城市功能逐步完善，新兴产业得以不断发展。

（三）东北资源型城市接续替代产业的选择原则

东北资源型城市接续替代产业的选择与确定，既要从现实约束和影响因素出发，又要结合资源型城市的自身特点。在考虑人力资源、经济资源、环境资源和社会资源等因素的基础上，必须坚持以下原则。

1. 坚持比较优势原则

从东北各资源型城市的实际出发，根据资源型城市的资源禀赋、所处地理位置、产业发展状况和基础设施情况来选择接续主导产业。主导产业选择不能脱离本地区实际及其客观发展条件，即必须具有一定的发展基础，通过资金投入和市场运作尽快地成长起来，才能逐步占据城市和区域经济的主导地位。应重点选择产业关联度大的产业或政府重点支持的优先发展产业。产业的比较优势体现在：产品具有市场优势、产品科技含量高、产业的发展具有可持续性等。发展接续产业要结合自身发展的初始条件，使资源型城市的接续产业能够很快具备市场竞争力。

2. 坚持可持续发展的原则

资源型城市转型的最终目标是实现区域经济的可持续发展，所以选择接续替代产业首先要考虑可持续性原则。在接续产业发展壮大的同时，有利于保护环境、恢复生态和植被，促进经济、社会与环境的协调与和谐。东北资源型城市的发展困境主要源于资源的枯竭，而资源枯竭受资源开发规律的支配，也受资源利用方式的影响。传统的经济发展模式既加速了资源耗费的速度，也引发了诸多生态环境问题。因此，资源型城市发展接续产业必须以转变经济发展方式为突破口，走科技含量高、经济效益好、资源消耗低、环境污染少、人力资源优势得到充分发挥的新型工业化道路。

3. 坚持市场导向的原则

要充分发挥市场在资源优化配置中的作用。随着市场经济体制的不断完善和买方市场的形成，市场需求对产业结构变化将发挥很大的制约作用。表现在市场需求总量不仅决定产业的形成和发展空间，而且需求结构的演变也将牵动产业结构的变化。因此，资源型城市接续产业的选择和发展必须以市场需求为导向。在选择接续产业时，要充分考虑市场近期与中长期的不同需求、总体市场与细分市场的不同需求、国内市场与国外市场的不同需求，这样才能保证接续替代产业选择的有效性。同时要认识到，作为产业接续实施主体的企业，是整个产业接续过程的出发点和落脚点。中央和地方政府在资源型城市产业接续过程中的职能作用主要是通过企业来实现的。产业是由企业集合而成的，企业是基本的经济活动单位。资源型城市的产业接续离不开企业的产品转型和产业转型，并且最终由企业来承担和完成产业的升级和结构的调整。市场经济条件下，产业转型所涉及的企业进入或退出以及如何进入和退出问题，主要靠市场机制来调节，由企业自主决定。虽然政府可在产业接续中发挥主导作用，但必须遵循市场经济规律，引导、激励和规范企业行为，使之符合产业转型的要求。

4. 坚持产业转换成本最小化的原则

资源型城市发展接续替代产业的目标是实现产业转型，而转型就要支付一定的转型成本，即资源型产业退出成本和接续产业进入成本。从沉淀成本角度看，不仅对资源型产业的投资具有显著的沉淀成本，而且在资源型城市发展接续替代产业过程中，因产业不同或者部门不同，也会产生大小不等的经济性、体制性和社会性沉淀成本。因此，应设法让现有的各类资产重新发挥作用，从而降低各类沉淀成本。可见，接续产业的理性选择要求资源型城市发展接续产业时，应通过产业转换成本最小化分析，选择使这些沉淀成本最小化的产业发展。

二 制定有利于东北资源型城市转型的产业政策

（一）建立并完善东北资源枯竭型城市衰退产业援助体系

建立并完善东北资源枯竭型城市衰退产业援助体系的目的，既是对过去实行计划经济而导致的市场失灵的纠偏，也是对东北资源型城市长期以来对国家经济社会发展做出贡献的一种历史性补偿。目前，东北资源枯竭型城市衰退产业援助体系也仅限于《若干意见》框架范围之内，还没有形成一套完整的体系。从未来东北资源型城市可持续发展角度看，这个体系应包括对陷入困境、主导产业衰退后改革成本的补偿，对历史遗留问题的解决，发展接续产业及政策法律法规的制定；制定综合规划，建立国家级资源型城市衰退产业援助基金、地方级资源型城市衰退产业援助专项资金，生产力布局向资源型城市倾斜；建设特别工业园区，扩大地方资源开发自主权，实行财税金融优惠政策；支持资源型城市国有企业改制重组，支持资源型城市建立健全社会保障体系，等等。

（二）制定并出台支持东北资源型城市产业转型的法律法规

以立法的形式支持资源型城市（区域）产业转型是国际通行的一种做法。世界上许多资源型城市转型成功的国家，都先后制定了一系列确保转型顺利进行的法律法规。例如，德国在鲁尔区改造振兴过程中制定了《联邦区域整治法》、《煤矿改造法》、《投资补贴法》，日本制定了《煤炭对等大纲》、《煤矿离职人员临时措施法》和《产煤地区振兴临时措施法》等。这些法律法规的制定与实施，均从不同方面保障了产业转型的顺利进行，而我国目前还没有资源型城市经济转型方面的法律法规。虽然从 20 世纪 80 年代末期开始相继出台了一些支持煤炭产业发展的政策，但是政策的权威性有限，且未得到很好的贯彻落实。由于涉及国家、地方政府（省级地方政府和资源型城市政府）、资源开发企业各个方面重大利益关系的调整，产业转型如果没有法律的规范，资源型城市转型就难以持续推进，也无法有效协调各方的利益和规范各利益主体的行为。因此，制定相关法律法规是确保资源型城市产业转型的重要保障。

（三）将资源型城市衰退产业援助列入国家产业政策体系

以往的产业政策侧重于对重点产业、主导产业的扶持和引导，对衰退产业的调整援助还十分薄弱。因此，有必要将对东北资源型城市衰退产业的调整援助政策列入国家级规划。明确界定东北资源型城市中的衰退产业，对自然衰退产业和非自然衰退产业分别进行量化指标的界定，使符合条件的产业能够在衰退之前得到及时的调整和援助。对符合衰退产业条件的产业及所在地区，执行衰退产业调整援助政策。衰退产业援助政策重点在因地制宜，保证社会稳定，既要有序退出，又要利用现有潜力，特别要在"拉长资源产业链条"方面给予重点支持。

对衰退产业施行优惠的财政政策，利用发展基金以及其他专项转移支付资金、国债资金等，用于衰退产业的转产贴息贷款及下岗职工安置。同时，对衰退产业及所在地区实施适度的减免税费制度，以缓解衰退产业的资金紧张状况。鼓励和支持企业用高新技术和先进设备改造传统产业，促进其升级换代。如果衰退产业技术更新改造需要从国外进口先进设备，经认定可免缴关税。鼓励企业技术更新及转产，对符合条件的衰退产业实行特殊的贷款制度，把对衰退产业的贷款纳入银行的政策性贷款计划，设立专门的贷款项目，向衰退产业提供转产贷款及用于技改的新设备购置贷款。对部分特别困难的企业采取银行借款停息挂账和债权变股权的办法，以减轻企业压力。同时，鼓励企业横向或纵向兼并，完善企业产品结构，优化企业组织规模。

（四）设立东北资源型城市接续替代产业发展工业园区

参照国家级开发区的优惠政策，利用废弃矿区中相对完善的基础设施，在各资源型城市建立接续替代产业工业园区，并在土地复垦、转让、出让、使用等方面给予特殊政策。在资源型城市生产力布局上，重点发展与本地资源相关的产业，如石油化工、煤电一体化、林木产业深加工等资源精加工项目，以及伴生资源开发利用项目，废弃物资源化和油页岩、煤矸石综合利用项目，高技术产业项目，循环经济项目，有发展潜力的资源型企业技术改造项目等。建议国家将"863"项目以及国家重点发展项目向资源型城市倾斜，促使资源型城市尽快形成新的具有竞争能力的主导产业。对新迁入的企业实施税费减免、财政补贴等优惠政策，以龙头企业带动产业集群发展，同时支持发展金融、物流、咨询等现代服务业，优化投资环境，提高利用外资的能力和水平。

（五）制定并出台相关扶持政策，鼓励资源型城市发展循环经济

东北资源型城市在资源开采过程中形成了许多"负产品"，包括矸石、尾矿、工程地质遗迹、塌陷和露天开采形成的低洼区等。这些生态"负产品"虽然污染环境、破坏生态，但也可以变废为宝，实现资源的再利用，走上循环经济的发展道路。在构建资源节约型、环境友好型社会的大环境中，打造循环经济产业链也

是实现资源型城市转型的一条重要途径。国内外实践证明，充分开发利用矿产资源的"负产品"，是资源型城市生态环境治理与经济转型的重要途径。因此，应重视这种以生态经济开发带动生态环境治理的循环经济模式，制定并出台相关财税政策，鼓励资源型城市利用资源开采的"负产品"进行综合加工利用。在资源开采与加工企业中，大力推广清洁生产技术，提高资源循环利用率，不断改善城市生态环境。特别是煤炭领域大有可为，围绕煤矿开采过程中形成的废气、废水、废物处理再利用等，遵循"减量化、资源化、再利用"的循环经济理念，可形成煤矸石—发电、煤矸石—建材、瓦斯—发电、矿井水处理再利用和矿井水余热回收利用、塌陷区治理再利用等五条循环经济产业链。因此，必须加大国家对资源综合开发的资金投入力度，采取融资、税收等优惠政策，充分调动社会力量，引入市场机制，形成"造血"型的补偿模式。

（六）建立有利于资源型城市民营经济发展的政策体系

以中小企业为主的民营经济，不仅是东北资源型城市产业转型的重要载体，也是解决资源枯竭型城市就业再就业的主渠道。然而，东北资源型城市民营经济发展存在先天不足。从东北资源型城市发展历史看，近代以来，东北资源型城市主要是外国资本与大型重工业"天然嫁接"的产物，近代工业化道路是从煤炭、森林资源开发开始的，这些城市没有经历过正常的民族资本工商业的发展历程，重工业生产从开始就占绝对的主导地位。新中国成立后，在"一大二公"的指导思想下，东北资源型城市所有制结构基本是以大型国有企业为主的公有制，其先天就缺乏民营经济生长的环境。从东北区位条件看，绝大多数城市处于内陆地区，仅辽宁有出海口，对外开放的自然条件明显比东南沿海地区要差。其邻国俄罗斯与朝鲜在开展东北亚对外经贸合作方面也很落后，人口与市场规模都很小。自然和地理位置的天然阻隔使东北与我国东部、中部等地区缺乏密切联系，客观上使民营经济的发展受到了很大限制。加之东北民营经济发展起步较晚，中小企业发展数量不足，使得国有经济依然在资源型城市中占据着主导地位。一旦国有企业大量裁员或出现资源枯竭现象，就会带来严重的失业问题，这也是资源型城市失业率明显高于其他城市的原因。因此，必须要大力发展民营经济。

应建立有利于民营企业发展的政策体系。一是完善政策法规。积极制定中小企业鼓励发展政策，鼓励下岗失业人员自主创业，降低市场准入门槛，放宽企业注册资金要求，简化审批程序，提高政府的办事效率，取消对创业者的身份限制。在规费管理方面，实行创业财政补贴和税收优惠政策。对于新增就业岗位的民企，给予相应的财政补贴。二是建立并完善中小企业抵押担保贷款体系，通过建立中小企业服务中心，组建担保专用基金，健全金融机构的中小企业贷款风险补偿机制，扩大中小企业担保规模和范围，为中小企业贷款和金融机构化解风险提供有力保证。三是完善创业辅导，建立健全创业服务体系。加快建立为创业者提供服务的专门机构，尽快建立一支创业辅导专业队伍。支持创业辅导基地建设，为小企业提供创业咨询、创业培训、政务代理、市场开拓、信息咨询等一条龙服务，加快形成功能完备的创业辅导服务网络。根据企业创业初期出现的问题，适时提供管理咨询、法律咨询、技术支持等服务，提高创业者的创业能力及小企业的成活率。同时，建立企业创业园，扶持下岗人员自主创业。为新创办的小企业制定起步规划，在初期或成长期之前提供各种服务。四是健全创业服务体系。大力发展企业孵化器等创业扶植体系，降低企业的创业成本和风险，提高创业的成功率。鼓励发展信息咨询、知识产权及信用评估、技能培训及经营管理指导等中介服务机构。五是加强法制建设。为企业提供公平竞争的市场环境和法制环境。建立诚信公平的创业市场，制定完整的创业企业的进入、退出及竞争等行为准则，为企业间的技术交流合作提供指导与法律保障，保护创业者的合法权益和企业的合法经营。

三 加强政府对资源型城市产业转型的宏观调控和指导

（一）加强政府对不同类型资源型城市产业转型的分类指导

加强对不同资源型城市产业转型的分类指导，就是要在总结国内外资源型城市转型经验的基础上，根据东北各资源型城市的不同开发阶段，确定其产业转型与发展的方向。

1. 资源较为丰富、地理位置和产业基础较好的城市

对于资源较为丰富、地理位置和产业基础较好的城市，经济转型要走资源产业与非资源产业并重的创新发展之路。利用资源开发初、中期这类城市经济活跃、资本等要素充裕、地方财力强、负担轻的有利时机，在做好资源开发和资源精深加工产业等延长产业链工作的基础上，积极培育和发展非资源型产业，充分发掘国内外重大技术创新所带来的投资机会，进行产业优化升级，形成更多的经济增长点和多元化的产业结构，使资源开发城市转变为区域中心城市，以防出现"矿竭城衰"现象。

2. 资源开发已进入衰竭期的城市

资源开发已进入衰竭期的城市，由于主要产业尚未衰落，可以利用剩余资源提高产品附加值，发展后续加工业。例如，盘锦、抚顺、大庆、松原等市的开采历史较长，产量出现递减，现有探明资源储量可维持5～20年的开采时间。这类地区的发展方向就在于提高资源产品的附加值和综合利用水平，在用高新技术对

有色金属、钢铁、煤炭、化工等传统产业进行改造的同时，加快培育和发展非资源类主导产业，尽快形成城市接续替代产业。

3. 资源已枯竭的城市

资源已枯竭的城市的当务之急是尽快培育和发展接续替代产业。这类城市在以往的发展过程中，未能及时进行产业结构的调整，且缺少技术、人才储备，因此，国家应承担这类城市产业转型的主要任务。考虑到此类城市发展接续产业困难，中央不仅要加大转移支付力度，解决资源枯竭导致的社会矛盾，而且要改善经济发展环境，增强要素集聚能力，特别要优先安排一些重大项目，包括国家科技攻关项目、新兴产业和环境治理项目。鼓励资源开采企业跨区域以及跨国探矿、采矿，以资源开发项目带动就业问题的解决。

4. 县级资源型城市

县级资源型城市包括独立矿业开采点，人口规模较小、产业结构较为单一、远离经济发展中心的矿区，以及经济基础差的偏远县城，一旦资源枯竭、主业衰退，将彻底丧失经济发展的能力。对此，可采取人口迁移方式，将一些小县城和小城镇整体进行迁移，把人口集中到发展机会较多的中心城镇。

5. 林业资源型城市

林业资源型城市应在加强恢复生态保育和生态经济建设基础上，依托林木资源做好木材精深加工和林下经济。其产业转型的主要目标是建设具有国际市场地位的木材精深加工基地和具有区域竞争力的新型建材产业基地；建设具有国际市场地位的"大小兴安岭和长白山生态标记"森林食品产业基地；积极发展森林生态旅游产业，建设具有国际竞争力的东北森林生态旅游度假区；提升高新技术产业和现代服务业，培育和形成完善的接续替代产业体系。

（二）依据每个资源型城市的特点，制定符合本地实际的产业转型规划

基于东北资源型城市产业转型的长期性和复杂性特点，必须要对接续替代产业进行科学规划，这是实现产业转型的基础性工作。应对东北各资源型城市的资源竞争力和产业竞争力进行全面评估，加强对东北区域内各资源型城市的自然地理状况、区域经济布局、资源耗损速度、环境破坏情况、国内外产业转移和发展趋势的调查研究，在对资源型城市发展环境包括资源环境、投资环境进行评估和对产业接续的成本问题进行分析的基础上，科学制定各自城市的接续替代产业专项发展规划，明确产业接续的目标、步骤和措施。在产业转型方向的选择与确定方面，必须进行科学论证，充分吸取专家等各方面意见。例如，在煤炭的加工转化方面，有水煤浆、矸石炼油、煤炭焦化、发电、其他煤化工等方向，具体到某

个城市究竟选择哪个方向，需要进行周密论证，既要考虑自身的煤质，又要考虑附近同类城市的发展方向。为了避免城市间不必要的竞争，相邻的煤矿城市间有必要建立一个协议分工机制，做到扬长避短。对资源型城市的非资源产业的发展方向，主要由市场选择、企业家决定，因为产品的市场竞争力主要取决于企业的微观管理。在市场经济条件下，对于一般竞争性产业，政府不宜作出明确规划。政府要做的只是根据当地特定的环境，将不宜发展的产业列出目录并加以控制，未列出项目均可发展，且其规模大小由企业在考察市场预期需求和自身能力的基础上自行决定。

（三）突出以转变发展方式为主线，发挥企业在产业转型中的作用

面对国内外以及区域、行业发展环境的变化，必须及时调整城市的产业结构，实现企业的战略转型，占领经济发展的制高点。城市转型的核心是转变发展方式和结构调整，包括产业结构调整、产品结构调整、配套的组织结构调整等。进入"十二五"以来，企业发展的外部环境出现了新的变化，企业作为微观主体，必须随之做出及时、科学的调整。当前，世界经济的复苏还存在一些不确定性因素，世界经济正处在深度变革和调整时期。国际金融危机影响深远，经济全球化向纵深发展，新的科技革命浪潮正在兴起，国际产业结构调整加速，国际竞争更加激烈。气候变化、能源资源安全、公共卫生等全球性问题更加突出，外部环境更加复杂。加之我国经济社会发展中长期积累的深层次矛盾凸现，资源环境约束加大，节能减排任务更加艰巨。资源支撑能力弱，生态环境容量不足，水、土地、矿产等资源占有难度加大。区域竞争、行业竞争加大，各地各行业围绕资源、市场、技术、人才的竞争更加激烈。针对这些外部不确定因素，东北资源型城市产业转型必须要突出结构调整、转变发展方式这条主线，既要更好地开发利用具有比较优势的自然生态资源，更要前瞻性地发展高新技术产业等替代产业，使城市经济发展进入可持续发展的良性轨道上。而这其中，需要充分发挥企业在市场中的主体地位，通过创造公平的市场环境，由市场更有效率地配置社会资源。只有这样，东北资源型城市才能在国内外经济发展环境的变化中保持稳定的发展态势。

（四）尽快确立资源型产业的第一产业和基础产业地位

众所周知，资源型产业是从自然界直接取得物质和能量的产业，理应属于第一产业。但我国一直将其列为第二产业，这与联合国的产业分类标准相悖，这一错位一直延续至今。资源型产业生产的是初级产品，附加值低；资源型产业的劳动对象是不可再生资源，其生产的级差收益差别很大，并且随着开采时间的拉长，成本呈递增趋势，收益呈递减趋势，这与加工业有很大不同。资源型产业的效益

主要体现在后续产业，应当属于基础产业。然而，我国的财税政策未能体现公平原则，不但没有对资源型产业实行低税赋，反而使资源型产业的综合税负比制造业还要高。我国资源型产业一般缺乏区位优势，又承担着比一般企业更重要的经济、政治和社会职能。基于上述认识，按照国际惯例，尽快把资源型产业调整到第一产业，以整体形式纳入国民经济体系，确立我国资源型产业的基础产业地位，为制定科学的资源型产业发展战略，促进资源型产业可持续发展，调整和制定相关的区域倾斜政策、产业发展政策、财税支持政策，建立资源开发补偿机制和退出援助机制等提供理论依据。

第五节　构建有利于东北资源型城市转型的人才支撑体系

人力资源是资源型城市经济转型中替代自然资源、促进经济增长的核心要素。要实现东北资源型城市转型和可持续发展，必须以雄厚的人力资本做保障，把资源型城市人力资源的数量优势转化为质量优势，将人力资源转化为人力资本。针对东北资源型城市人力资源的现状与特点，即劳动力素质普遍偏低、劳动技能较为单一、劳动者严重依赖企业、管理人员和科技人才匮乏且结构与分布不合理等特点，必须加大对东北资源型城市人力资源的投入力度。

一　加大政府对东北资源型城市人力资本投入的意义和重点

（一）加大政府对东北资源型城市人力资本投入的现实性

加大政府对东北资源型城市人力资本的投入，不仅是提高东北资源型城市竞争力、解决下岗失业人员就业的需要，也是加速培育接续主导产业、实现产业升级和经济结构战略性调整的现实选择。无论是用高新技术改造传统产业，还是发展接续替代产业，都需要有相关人力资源做支撑。强大的人力资本和人才储备是从根本上解决东北资源型城市诸多经济社会问题的关键，是实现东北资源型城市全面转型和可持续发展的前提和基础。如果只重视物质资源投入，忽视人力资本投入，很难实现东北资源型城市的转型和可持续发展，且巨额物质投入和资源消耗往往只能带来暂时的繁荣，资源型城市同其他地区的差距只会变得越来越大。

人力资源与人力资本的区别在于：人力资源只是把劳动力作为经济发展的一种要素、条件，被看成一种能够生产物质产品的生产能力，而人力资本则是从生产角度研究劳动力。贝克尔将人力资本定义为"经过一定的教育培训后形成的劳动者的劳动能力资源"。这表明，人力资本强调把人的教育和培训当做一项生产性的资本投入；知识和技能的形成是教育的结果，是人的能力资源的主要因素；人力资本和物力资本、货币资本一样，是未来的利润收益，并使资本得到保值和增值的所有权资本。因此，加大东北资源型城市的人力资本投资，是解决人力资源数量庞大但质量低、有效人力资本匮乏等矛盾的重要手段，对东北资源型城市转型和可持续发展具有长远的战略意义。

（二）人力资本投入的重点在于企业和政府

人力资本强调人口与劳动的内在质量，人力资本的内在质量的高低差异，是由劳动者参加工作前所受教育程度及工作后接受在职培训和成人教育程度决定的。人力资本的保值和增值，必须通过对人的不断投资、配置和整合才能做到。现代人力资本的投资主体由个人、企业和政府三方构成。个人是人力资本投资的重要载体，其投资的目标是通过提高自身知识水平、能力素质，追求未来为自身及家庭带来的比较优势和相关利益，即可获取的未来预期收益。与个人相比，企业投资人力资本主要受经济利益的驱动，其直接目标是提高企业的生产效率和市场竞争力。企业对人力资本投资的范围比较小，主要集中在专业技能教育投资和在职培训投资，因为这些形式的投资所获得的人力资本具有企业专用性，更能满足企业的实际需要。而政府作为人力资本投资主体，则着眼于提高社会总体收益和整体素质，投资量大，覆盖面广。政府进行人力资本投资的意图在于获得社会福利性效益，提高全体公民素质，促进经济和社会的协调发展，并以此实现地区的经济增长，达到增加税收收入的目的。政府重视并主动参与人力资本投资不仅是 20 世纪后期世界各国兴起的普遍现象，也是防止资源丰裕地区因经济周期所带来的经济波动、实现地区经济持续稳定增长、避免出现"资源诅咒"现象的最有效途径。

要看到，当前我国工业化和城镇化已经进入了加速发展时期，以资源消耗为主要特征，特别是住房、汽车、钢铁、石化等产业的快速发展带来了资源性产品的巨大消费需求。在国内外市场资源产品出现供不应求的情况下，国内资源性产品的价格飙升。东北资源型城市与国内许多资源开发地区一样，恰恰得益于资源溢价所带来的红利，其资源性产品的生产一直处于"红利收获期"。这些红利带动并促进了地方经济社会的快速发展，"资源诅咒"效应相应有所减弱或被掩盖。如果把资源红利一部分投入到科技研发、产业结构调整和人力资本领域，这些地方的经济社会发展将是可持续的。如果处理不好资源获取与经济增长之间的关系，缺乏对产业结构和人力资本升级的长远规划，市场经济周期所带来的巨大收益有可能使其在自然禀赋的比较优势陷阱中越陷越深。对资源型城市来说，一旦错过摆脱自然资源禀赋比较优势的历史机遇，短暂的繁荣换来的可能是长久的

"诅咒"。然而，现实中许多资源型城市并没有选择这条路径。受体制和各种因素条件的制约和影响，在资源富集地区，矿产资源往往沦为少数利益集团谋求政绩和个人暴富的捷径，严重损害了地区的长远发展。

二　构建有利于东北资源型城市经济转型的人才体系

（一）广泛引进国内外各类人才

人才是东北资源型城市顺利实现产业转型的关键。针对东北资源型城市各类人才短缺的特点，必须改变原有的人才引进机制，用全新的理念和有效的措施引进人才，面向国内外，不分地域，通过各种招聘形式引进各类专业人才和智力资源。凡本地区急需的专业技术人才和管理人才，都实行放开引进、待遇从优、来去自由的政策。高端人才的引进要坚持"不求所有但求所用，不求所在但求所为"的原则，给他们以施展才华的舞台和空间，充分实现其自身价值，让他们在工作中感到放心，在生活中感到舒心、无后顾之忧。引进的对象包括：具有副高以上专业技术职务任职资格的人员；获得省、部级科技成果二等奖以上的专业人员；高新技术、高新产业、新兴产业等领域具有本科以上学历且取得中级以上专业技术职务任职资格的人员；具有实际工作经验，到资源型城市创办各种经济实体和研究开发机构的管理人才；拥有技术含量高、市场前景广阔的专利发明人。资源型城市的各用人单位应根据各自发展要求，积极主动到市场、学校和科研院所去引进人才。特别是引进接续产业稀缺人才和具备现代经营管理能力、熟悉市场运作、能够面对市场经济的各种挑战、富有创新精神的企业管理人才。

（二）为引进人才提供优厚的待遇

对于资源型城市引进的人才，在职称评聘、工资报酬，以及在落户、住房、医疗、配偶工作和子女入学等方面提供优惠待遇。一是引进人才的专业技术职务评聘以贡献大小为主要依据，对确有才干且成绩突出的，可破格申报高一级专业技术职务，也可给予低职高聘，并兑现工资待遇。二是在工资待遇上，除用人单位执行国家规定的工资标准外，可由地区财政给予具有正高级专业技术职务任职资格的人才定期生活补贴。三是在住房待遇上，具有副高以上专业技术职务任职资格的，可由地区或用人单位无偿提供周转房。四是留学归国人员和区外科研人员来资源型城市从事高新技术项目研究开发，或携带高新技术成果进行转化和创业的，经有关部门认证后，这些人员可以享受一定的科研经费、项目贷款贴息等支持。五是建立健全人才激励制度，奖励有突出贡献的优秀人才，对在科学成果转化中做出重大贡献的人给予重奖，支持企事业单位以多种形式重奖有突出贡献的科技人员，地方政府授予荣誉称号并给予奖励，所得奖金免征个人所得税。资源型城市要把每年新增财力的一部分用于人才生活环境的改善和福利待遇的提高。

（三）为人才施展才华创造宽松的环境

吸引人才仅仅靠物质是不够的，更重要的是为人才营造宽松的环境和发展空间。资源型城市地方政府要认真研究制定本地未来人才发展战略，在人才引进方面提供优厚待遇的同时，要解决好引进人才的后顾之忧，努力为人才干事、创业创造环境。在工作上给予充分的支持和信赖，创造相对宽松和谐的工作环境和氛围，搭建能够拥有愉悦心情、施展才华的舞台和空间，让他们有为社会作贡献的成就感和崇高感，以充分实现其自身价值。为此，要改善人才工作生活环境，塑造良好的城市形象，只有这样才能更好地吸引人才和留住人才。此外，要扩大信息引导，做好人才交流、使用制度的改革以及人才的利益保障措施及其配套工作，充分发挥人才市场的媒介作用，正确引导，通过人才市场化来完成人才在企事业单位之间的合理流动。实现人才多元化配置方式，形成有利于优秀人才脱颖而出的新机制。努力构筑人才优势，为资源型城市经济转型和可持续发展做好智力储备。

（四）要稳住本地现有人才

人才的大量流失是东北资源型城市人才匮乏的主要原因。改革开放以来，随着资源的不断枯竭和东北区域市场化改革滞后所带来的大多数资源型城市经济的衰退，使得东北地区资源型城市的人才一直处于流出大于流入的状态。并不宽松的政策环境、不完善的社会保障制度和较低的工资收入、较差的福利待遇所导致的生活质量下降以及子女教育等诸多问题，与沿海发达地区高收入、高福利待遇和良好的工作生活条件形成了巨大反差，使得东北资源型城市那些有能力、有水平的各类人才萌生去意，选择去收入水平较高、生活条件较好的地方去施展自己的才能，从而导致东北人才总量逐年减少。因此，当务之急必须要采取有效措施，解决现有人才的流失问题，积极创造尊重知识、尊重人才的宽松环境，为现有人才落实科研经费、资料和设备，并为他们提供必要的工作生活条件。鼓励现有人才大胆开展科技创新，让优秀人才有用武之地。同时，及时解决他们生活中的困难，解除其后顾之忧，使他们把全部的精力投入到工作中。对于原有专业技术人员中有能力接受新知识培训的，可以采取专题讲座、短期培训等方式，帮助他们补充新知识，改善原有的知识构成，推迟老专业技术人员的技术衰退期，使他们能够跟上转型的步伐。对于年轻技术人员或优秀技术人员，可以有计划地送到高等院校、科研机构或同行业先进企业中去学习深造，帮助其迅速成长，以此培养中青年学科带头人和学术骨干。强化用人单位在人才培训中的主体地位，完善带薪学习制度，鼓励通过自学考试、成人高考等方式提高知识层次，鼓励终身教育。

（五）加快培养经济转型所需要的人才

在资源枯竭型城市的自然环境与软环境都无法留住人才的情况下，加强人才培养就显得尤为重要。因此，必须继续加大对人才开发工作的投入，在用好现有人才、引进急需人才、增加人才总量、优化人才结构的基础上，将引进人才和培养、使用现有人才有机结合起来，保证人才队伍建设的可持续发展。根据资源型城市经济转型的需要，加快培养东北资源型城市转型所需人才要抓好以下工作。

1. 要抓好本地企业家队伍建设

应加强对企业管理层的开发能力培训。管理层的开发能力是一种综合素质，包括创业精神、创新意识、开拓能力、决策水平等。结合资源型城市的现状，通过体制创新，消除计划经济的壁垒，在企业中建立现代企业制度，完善法人治理结构，健全决策、执行和监督体系，使企业成为自主经营、自负盈亏的法人实体和市场主体，使企业家成为真正的职业经理人。企业管理层结合自身实际，通过职务行为（包括参观考察、讲座培训等）提升各项能力。治理层则通过股票期权等各类激励措施，保证企业家的人力资本能够参与收益分配，把企业家的收入与企业扭亏脱困、加快发展挂钩，更好地调动企业家的积极性和创造性。

2. 加快培养具有创新意识的专业技术人才

对专业技术人员的职业能力实行利益导向型培训。鼓励专业技术人员根据事业发展需要和自身职业生涯规划，通过参加学历后续教育和执业、资格水平考试等方式，使自身专业技能和业务素质得以提升。企业则在尽力提高人才待遇的同时，改善人才成长的环境，为人才的成长创造条件，让优秀的人才脱颖而出，使人才的价值得到体现。同时，重视感情留人、事业留人，让人才的"人"和"心"真正留在资源型城市，使他们能为资源型城市的转型发展贡献力量。此外，企业要根据产业发展战略，优化劳动力的知识结构，培养复合型人才，通过在岗培训、轮岗培训等方式，使人力资源实现"干中学"。推动现存人力资源进入生产和管理过程，提高职工的全员核心胜任能力、序列通用胜任能力和序列专业胜任能力。在这一过程中，要善于将人力资源同物质、资金等其他生产要素结合起来，让人力资源真正转变为现实的生产力。

3. 重点发展各类职业教育

各资源型城市在做好义务教育的前提下，应围绕产业发展，培养一大批产业发展需要的职业技术工人。坚持以服务为宗旨，以就业为导向，实行政府主导、面向市场、整合资源、多元办学的工作机制，推行工学结合、校企合作、半工半读培养模式，把发展职业教育同发展劳务经济、扩大城乡就业、吸纳外来劳动力资源有机结合起来。同时，在城市高、中等职业技术院校中建立与发展接续产业相关专业，建立技能型人才培训基地。积极拓宽渠道，鼓励高校、科研院所采取校企联手合作等方式，创办紧缺、急需人才的培训基地。

4. 大力开展下岗职工的技能培训

技能培训是人力资本投资的主要形式。根据资源产业萎缩与退出、接续产业培育与发展、新产业的发展以及东北各地资源型城市下岗职工的情况，根据产业发展的需求和个人意愿，开展有针对性的职业技能培训。通过提供创业支持和优惠政策，鼓励转型人员自主创业和自谋职业，形成良好的个人创业环境和氛围。同时，抓好对企业下岗人员转岗能力的培训。根据资源型城市转型和产业发展的需要，由政府有组织地开展有针对性的培训活动。特别是对转岗职工的培训，应在规划项目投产之前，由政府组织有计划的整建制培训和转岗培训，保证接续产业新项目投产之时，能有大批高素质的劳动力可投入到岗位上。对关闭破产企业中那些年龄大、女性和受教育水平较低的特殊人群，进行有针对性和可行性的培训。对大龄失业人员，不再培训新技术知识，而是在服务行业中选择简单易上手的工作进行培训，如保安、保洁、园艺、家政、食品加工销售、编织等。

第六节 构建东北资源型城市生态环境治理与恢复的长效机制

东北许多资源型城市不仅在国家资源格局中占有重要地位，而且其生态环境功能也非常重要。但长期以来，东北资源型城市在"先生产、后生活"、"先开发、后治理"的指导思想下，对资源的开发开采采取了"有水快流、涸泽而渔"的做法。在资源开采过程中没有经过科学论证和统筹考虑，结果导致过度的滥采滥伐现象。这不仅带来资源的大量耗费，也给当地带来严重的生态环境问题。表现在：空气质量恶劣，大气和地表水污染严重，地表植被遭到严重破坏；地面沉降，采煤区出现了大量采煤沉陷区，地面坍塌，引发地质灾害；采林区生态功能急剧下降，蓄水、固土、抗风沙能力明显减弱。这些地区的资源开发活动必定因此受到一定程度的限制。这是为国家生态安全和可持续发展做出贡献，但对应的是地方经济发展权利和机会受到损失，所以需要国家或受益地区给予补偿。生态补偿的实质是内部化生态环境外部性的问题。生态经济建设存在较高的正外部性，个人收益小于社会收益，会导致严重的供给不足；生态破坏与环境污染则存在较高的负外部性，个人成本小于社会成本，从而使生态环境的破坏行为缺乏足够的成本约束，政府必须采取措施来修正负外部性。总之，东北资源型城市的发展必须要以保护当地脆弱的生态环境为主，加强生态环境安全和森林生态系统的协调性和整体的平衡性，这对于保护东北地区宝贵的森林资源和维持东北乃至华北整个生态系统的稳定性具有重要的现实意义。

一　东北资源型城市生态环境治理与补偿问题的提出

（一）东北资源型城市生态环境治理补偿问题提出的迫切性

从历史与现实角度看，东北资源型城市的生态环境治理已到了刻不容缓的地步。就东北地区来说，多年的资源开发开采给东北资源型城市带来了严重的生态环境问题，无论是资源开采较早的资源枯竭型城市，还是资源正处于开采期的新兴城市，无论是以矿业开采为主的矿山城市，还是以森林开采为主的森林城市，从整体上看，东北资源型城市的生态系统各组成要素，在质量、数量和依存关系等方面都朝着对人类生产和生活不利的方向转化，有些开采时间较长城市的生态环境严重退化，已严重威胁到当地居民的日常生活。不仅如此，东北新兴矿业城市（包括蒙东五盟市）也面临生态环境问题。蒙东地区巨大的地下资源潜力与非常脆弱的地表生态系统构成了尖锐矛盾。浑善达克、科尔沁、呼伦贝尔沙地和大兴安岭林地生态系统非常脆弱。其中，浑善达克沙地是主要的京津风沙源，干旱、半干旱气候和过度的农牧业开发是造成浑善达克沙地生态系统退化的主要原因。受气候条件影响，该地区地表径流稀少，且地理分布极不均衡，70%集中在北部大兴安岭山地东侧的额尔吉纳河和嫩江流域，与经济和人口布局明显分离。地下水资源也不丰富，通辽地区已经形成了严重的地下水漏斗。蒙东地区基本都是埋藏很浅的褐煤资源区，虽然有利于露天开发，但煤炭开采加工对生态环境的全过程破坏和污染比较严重：一是矿山挖掘必然大面积破坏草原植被，而脆弱的生态系统是很难修复或恢复的。在霍林河矿区，采空区回土填埋的"工程复垦"进展顺利，但恢复地表植被的"生物复垦"基本没有成效，除投入不足外，地表破坏以后供水不足也是重要原因。二是局部性的水利设施建设不合理。兴修水库虽然可以在一定程度上解决矿业开发与耗水类矿业资源加工深加工产业需水问题，但由于地表水资源总量有限，反而会加剧区域性的生态需水紧张状况，而矿业疏干水的排出与利用也破坏了地下水系统，从而使地表生态需水状况更加恶化。三是建立在煤炭和有色金属资源基础上的后续产业，如电力、化工、冶炼等都是高耗水、高耗能和产生大量排放的污染产业。四是这种"大开发"的形势如不限制，将与国家京津风沙源治理工程、退耕还牧还草和防风治沙等生态环境建设工程南辕北辙。蒙东作为东北、华北和全国重要的生态功能区，其作用将受到极大损害。此外，由于有色金属类资源开采无需类似煤矿与铁矿开采的大规模土石剥离过程，多采取矿井坑道作业，因而对生态系统的破坏较轻，其对生态系统的影响主要是资源开采之后的洗选、冶炼、加工过程。

（二）东北资源型城市生态环境问题形成原因的制度分析

人们对于东北资源型城市生态环境严重退化问题，多是从资源开发开采过程所造成的直接后果去认识，很少从国家政治、经济体制层面去深入探讨这个问题，这使得研究结论缺乏深度，提出的政策建议缺乏针对性和实效性。必须看到，东北资源型城市生态环境问题的形成有其历史必然性。在传统工业化发展道路下，人们并没有把生态环境作为成本因素加以考虑，包括发达国家在内也都经历过以资源和生态环境为代价的"传统工业化"道路。直到 20 世纪 80 年代环境保护和可持续发展理念的提出，人们对生态环境才越来越重视，生态环境外部性和生态补偿问题才引起人们的重视。同样，在我国工业化发展初期，特别是在前 40 年的工业化发展过程中，基本没有重视生态建设与环境保护，尤其是新中国成立后，我们所面临的国际环境迫使我们采取了赶超型的工业化战略。在举国资源动员体制和"有水快流"的资源开发方式背景下，国内许多资源型城市的资源开发是在没有生态环境保护约束的条件下推进的，越是资源相对丰富的地区，其资源和生态环境危机问题越突出，这种制度环境与开发行为一直持续到 20 世纪 90 年代，并且形成了资源型城市生态环境发展的制度锁定，导致了较强的"路径依赖"效应。这是导致东北资源型城市出现今天这些严重的生态环境和资源枯竭问题的直接原因。随着对可持续发展理念的接受和认识越来越深刻，我国政府对生态环境的保护才正式进入实践操作层面。进入 20 世纪 90 年代以后，随着资源型城市许多矿山、林场资源逐渐枯竭，资源采掘、采伐的国有资本逐渐退出，地区资源生产功能逐渐丧失，早期发展掩盖下的生态环境问题完全暴露出来。尽管国家对林区采取了禁伐限伐政策，并实施了"天保工程"，但东北林区的生态功能退化已严重危及国家生态安全。相对来说，虽然东北矿业地区的环境破坏还没有形成显著的跨地区影响，但国家推进矿业地区环境保护与治理的动力始终不足，目前矿业地区的生态环境治理主要是在地方政府改善经济发展环境的利益驱动下缓慢推进的。

制度经济学认为，产权不明确或虽然明确但交易成本过高以及难以交易是外部性形成的根源，这是在市场经济体制下形成的理论解释。计划经济时期，我国资源型城市的森林、矿产、土地、水资源乃至居民生产生活的支配权等几乎都属于国家所有，无所不包的公有制使资源型城市的产权结构高度集中和单一化，生态环境资源所有权、使用权明确为国家所有，但不能分割为企业、个人、集体所有或使用。在这种产权结构下，个人和社会产权都被统一到国家所有的体制中，既不存在市场交易制度，也不存在个人成本（收益）和社会成本（收益）不一致的问题，生态建设和环境保护完全取决于国家意志，不可能通过产权路径得到解决。所以，我国资源型城市生态环境问题的形成既反映了旧体制粗放式发展模式的弊端，也反映了转轨时期改革不彻底的特点。

（三）资源型城市对其他地区生态服务与发展关联的补偿要求

无论是矿业城市，还是森林城市，其资源大规模开发对整个国民经济和所关联的区域开发，以及资源开采所在地的发展都会产生极其显著的外部性，这种外部性不仅体现在为本地区和其他地区经济社会发展提供生态产品（矿产品、林产品），而且体现为对本地区和其他地区生态环境产生影响。尤其是林区城市，由于森林具有经济资源与生态资源的双重属性，所以林业地区对生态环境的影响取决于林业资源所有者的行为———追求森林经济效益的产业化采伐容易形成"负外部性"，追求生态效益的营林育林则导致"正外部性"。如果过度开发，则会导致本地区或关联地区的生态环境脆弱或生态系统破坏。从资源型城市对其他区域生态环境产生的关联影响看，资源型城市对其他地区具有很强的区域生态环境外部作用。资源型城市的外部影响不仅表现为生态脆弱性或重要性，从而影响其他地区的经济发展，也体现为对其他地区经济与产业发展的不利影响。目前，在东北资源型城市中，有一些地区生态系统比较脆弱，生态系统被代替的概率较大，破坏后恢复的机会较小，抗干扰的能力较弱，界面变化速度较快，这些地区的生态恶化会对外部区域产生显著的负面生态影响。例如，在蒙东、辽西沙漠化和荒漠化防治区，矿业开发造成的地表植被破坏导致西辽河及其他水系水量减少，使土地退化并向东部扩散形成扬尘天气，从而影响到东北中西部及华北地区的生态平衡。这些地区的生态重要性体现为脆弱性造成的负面生态外部作用。而另外一些地区生态条件比较好，对外部区域则具有显著的积极生态服务功能。例如，大小兴安岭、长白山森林生态功能区具有保障东北地区的水源供给、调节区域气候、保持碳氧平衡、丰富基因资源、提供生态休闲场所等功能，这些地区由于提供了生态外部服务而更加突出了它们在整个区域生态环境中的地位与作用。所以，探讨资源型城市的开发活动以及其他地区对资源型城市的生态补偿，不能仅仅从生态环境效应出发，还要考虑发展的关联效应。从东北资源型城市的长期发展看，限制开发并给予合理补偿是改善区域生态环境的根本出路。

（四）国家主体功能区划分与资源开发和生态补偿之间的关系

自 2005 年国家提出主体功能区建设以来，到 2010 年国务院常务会议审议并原则通过《全国主体功能区规划》，标志着我国推进主体功能区建设进入一个新的发展阶段。它不仅是落实科学发展观的具体体现，而且对转变经济发展方式、促进我国资源型城市的可持续发展具有重大的现实意义，并将对我国资源型城市经济社会发展产生深远的影响。

从国家层面看，国家提出主体功能区的主要目的是从资源环境承载力和区域协调发展的角度出发，统筹利用国土空间。对限制开发地区的功能要求，主要是保障国家以及地区的生态安全和食物安全，着眼于地区生态系统的重要性和脆弱性，同时通过提供基本公共服务，缩小地区间居民生活水平差异。地区生态功能的修复、恢复或增强以及居民生活水平的提高是中央政府建设限制开发区的两个核心目标。尽管主体功能区划是作为国家战略提出的，但国家发展目标不仅仅是保护生态环境，促进经济和社会发展仍是当前发展的"主旋律"。尤其是在工业化、城镇化的快速发展时期，对各类能源、原材料、资源的需求将持续增加，对限制开发地区资源的开发将不可避免。

要看到，绝大多数东北资源型城市，包括大小兴安岭和长白山森林生态功能区、三江平原湿地生态功能区以及呼伦贝尔、科尔沁、浑善达克三大沙漠化防治区，都是国家级的限制开发地区，主体功能区的提出和实践与传统的资源开发模式形成了冲突，限制开发及其生态补偿将是各方利益博弈关系、发展模式和路径的深刻调整过程。

从资源型城市角度看，限制开发将对地方传统发展观提出重大挑战。在现行行政区管理体制下，地方经济总产出和财政收入是地方政府行为的两个核心激励要素，而限制开发必然会直接威胁到地区 GDP 和税收的增长。东北资源型城市的依赖脆弱生态系统来实现经济增长的发展方式将使矛盾更为激化。要使资源型城市地方政府能够积极接受开发限制，有两个途径可供选择：一是不对现行行政区划进行调整，而由上级政府对限制开发的损失给予补偿。因为如果地方政府能在资源开发与工业化过程中获得显著利益，地方就必然存在突破限制开发要求的冲动和行为。二是调整现行的行政区划，转变地方政府的获益和激励方式，在对地方政府限制开发、保护生态的行为予以政治、经济的奖励和补偿的同时，弱化或取消对经济增长的激励，同时加大中央对地方财政的制度性补贴。目前来看，行政区划调整是比较困难的，将涉及国家的总体设计，包括经济、政治、社会体制的改革以及地域文化、社会结构的深刻转变，不可能在短期内完成，尤其主体功能区划的提出是否能转变国家整体发展战略目前还是一个未知数。因此，东北资源型城市在限制开发的相当长时期内，地方政府将同时面对地方经济和税收的增长、获得生态保护的奖励和财政的转移支付四个方面的目标，在多数限制开发的资源型城市，发挥地方优势、促进资源开发仍是地方政府的首要选择，但资源开发对生态环境的破坏作用不能突破上级政府对地区生态功能要求的"底线"。

从地方居民角度看，相对于各级政府强大的资源汲取和配置能力，资源型城市地方居民处于相对弱势的地位，其目标取向往往是被动条件下的有限选择。生态目的的限制开发对地区社会发展的负面影响是不容忽视的，它对资源型城市居民最直接的影响是城镇居民收入水平的变化。例如，"天保工程"虽然保护和增加了天然林资源，但使林区群众的生产生活条件长期得不到显著提高。保护生态固然重要，但是这种服务生态利益、牺牲民众利益的行为不符合科学发展观和构建和谐社会的要求。因此，由国家对限制开发地区居民进行生态补偿就非常必要，这也是主体功能区建设的重要内容之一。目前能够做到的只是促进人口流出和提升地方基本公共服务。但这是一个长期的过程，而在这个过渡时期，一方面，从防止限制开发导致的就业减少和城乡居民生活水平下降出发，也需维持或适度扩大资源开发规模；另一方面，应努力促进生态保护和建设工程惠及地方居民，即促进"生态经济"发展，通过改善地表植被、水体等景观资源发展生态旅游，扩大速生经济林种植，提高林木可采蓄积量，发展矿业环保产业，扩大就业，提高矿业征地补偿标准等。

二　东北资源型城市生态环境恢复与治理体系的建立

（一）明确资源型城市生态环境治理与补偿的原则及范围

实施对东北资源型城市生态环境治理与恢复进行补偿的关键，是要确立生态环境治理与补偿原则，明确生态补偿实施范围，这是建立资源开发的生态环境补偿机制的核心，也是促进资源型城市生态环境可持续发展的根本保证。为此，必须要首先明确资源型城市生态环境治理与修复原则，依据资源型城市目前的实际情况，以及所处的资源开采不同阶段，按照"谁开发、谁保护，谁受益、谁补偿，谁污染、谁治理，谁破坏、谁修复"的原则，划分各类责任主体，明晰各责任主体的职责与范围。同时，发挥市场机制作用，运用市场、法律和必要的行政措施，引导和规范各类市场主体合理开发资源，使责任主体真正承担起资源开采与生态环境保护的责任，以实现资源的有节制、可持续开发。鉴于东北资源开发历史比较长，有些城市已处于资源枯竭状态，有些正处于开发阶段的现状，应把东北资源型城市按资源开发类型进行分类，在分类的基础上制定生态补偿实施管理办法。对于资源已枯竭城市的国有企业开发所形成的生态环境问题，主要由中央政府通过转移支付的形式承担治理责任；对于仍有存量资源的地区和城市，可以通过资源开发的溢出效益，或建立国家与地方、企业共同出资设立资源开发补偿基金来解决"新账"和部分"旧账"问题。

（二）建立并完善资源型城市生态环境治理与补偿的政策体系

资源型城市环境问题的形成有其独特的历史原因且错综复杂，需要调动国家、地方政府、企业、居民等多方面的积极性，通过制定相关的法律法规和有利于环境保护的财税、价格等激励和约束政策，从根本上解决资源型城市生态环境恢复与治理问题。具体包括以下几点。一是对于资源型城市和资源枯竭企业的历史问题，利用发展基金或转移支付手段，获取国家必要的资金和政策支持，做好治理的统筹规划，解决这些城市在生态环境方面的历史欠账。二是对于符合循环经济要求的企业和项目，各级人民政府可给予一定的投资补贴和优惠政策支持；通过健全公共财政体系，对企业治理不足但具备公共产品特性的部分给予必要的资金支持。三是结合资源开采地区的环境特点，建立符合国情的资源型城市环境保护政策和技术标准体系，这一体系应覆盖矿区发展的全过程。地方政府要对企业治理资金的落实情况进行监督，做好资源开采的环境影响评价工作，预防和减少环境污染和生态破坏。四是科学划分生态功能区，因区进行生态保护与管制，按照矿产资源规划，做好新建矿区的统筹规划和合理布局。严格界定生产生活区，禁止在已勘察确定的资源开采区建设生活区，或在生活区进行开采。五是在政策性银行设立专项优惠贷款，实施财政贴息贷款，扩大贷款规模，延长贷款期限，降低贷款利率，形成城市生态建设项目的配套资金支持；允许经营生态建设项目的企业以特许经营权、林地和矿山使用权等作抵押进行贷款。六是进一步明确并实施所得税和增值税优惠政策，包括：企业环保设备投资达到一定比例的可享受所得税优惠，增加投资抵免；允许环保设备以及清洁能源企业、污染治理企业加速计提折旧；对利用"三废"生产的产品减免征收所得税；对企业用于改造生产工艺、进行清洁生产的设备投资，可在所得税前抵免；对企业利用清洁能源如太阳能、风能等进行生产的项目减免企业所得税等；列入国家节能减排产品目录的产品给予免征增值税的优惠政策，实行即征即退，对资源综合利用产品的增值税同样实行即征即退政策等；对参与废弃物综合利用的企业，可允许其在取得废弃物时按10%的比例抵扣进项税；对废弃物综合利用的企业，加大增值税进项税抵扣额度。七是针对不同企业实施不同的生态治理措施：对老企业实施末端治理的环保改造；对新成立的企业实施全过程控制的清洁生产，不能任其再走老企业"先污染再治理"的老路。

（三）探讨建立资源输入地与输出地之间的利益合作补偿机制

从资源输入地与输出地关系来看，东北矿业城市作为全国性矿业生产基地的地位不断下降，目前东北矿业城市生产的煤炭、石油、金属以及非金属资源主要在东北地区或省区内部消化。在实施东北地区振兴战略与建立相关机构的背景下，在东北地区内部建立资源输入地对输出地的生态补偿已具备了资源、经济条件和一定的制度基础，这可以有效降低跨行政区的资源开发横向生态补偿的交易成本，并为我国一般的资源开发横向生态补偿提供经验。可以利用老工业基地振兴过程中产生的就业机会，通过上级政府或机构协调、地区政府间协议的方式，实现部分废弃矿区的生态移民。借鉴排污权交易的思路，鼓励资源输入地与资源输出地区展开"清洁发展方式"方面的合作，在资源输出地投资环境治理、防沙治沙、造林再造林（碳汇项目）、草场或林地修复等项目，增加这些省市在节能减排方面的贡献，共同降低生态资源的使用压力；促进资源输入地对资源输出地区的生态经济援助，在环境保护规划管理、矸石尾矿资源利用、采空塌陷区农业生产、工程地质遗迹旅游资源开发等方面开展技术经济合作，等等。

（四）探索运用市场化手段解决资源型城市生态环境治理问题

积极探索尝试经济手段或市场化办法是解决东北资源型城市生态环境治理与恢复的有效途径。可实行污染权出售（或拍卖）制度，有助于实现全社会环保治理资金的筹集。污染权出售（或拍卖）制度的优势在于，它不仅承认了资源型城市转型过程中造成环境污染的必然性，而且利用政府的公共权力筹集环境治理资金更具合理性，体现了奖优惩劣的功能，促使企业能自觉降低污染物排放，使排放权这种市场有限资源具有了流通的价值。在排污许可证管理及排放总量控制的前提下，利用经济杠杆，提高矿业企业加强污染治理和生态修复的主观能动性。同时，尝试建立排污权交易制度。借鉴国际经验，在试点资源型城市开展"排放权"交易，鼓励企业通过技术进步和污染治理节约污染排放指标。这种排放权指标作为"有价资源"，可以"储存"起来以备自身扩大发展之需，也可以在企业之间进行商业交换。那些无力或忽视使用清洁手段、导致手中没有排放指标的企业，可以按照商业价格，向市场或其他企业购买指标。

三 建立并完善东北矿山资源开发生态环境治理体系

（一）东北矿业城市的生态环境治理补偿重点和范围

1. 对一般矿业城市或地区的生态补偿

许多东北矿业地区仍有丰富的可采储量，处于资源开发的壮年时期，如黑龙江"四大煤城"鹤岗市、鸡西市、双鸭山市、七台河市，辽宁本溪铁矿、辽河油田，蒙东地区的煤炭与有色金属资源都处于资源开发的壮年时期。在这些地区，既有传统开发模式遗留的生态环境问题，也有新的开发、正在或将要进行的开发对生态环境的破坏问题。这样，生态补偿就要区分对待，不能完全按照"谁破坏、谁治理"、"谁受益、谁补偿"的原则进行。对历史遗留问题，要采取国家承担全部治理责任的办法来解决；对资源开发开采出现的新问题，主要由资源开采开发企业来承担，也可以采用引导市场参与、地方管理为主的补偿模式。

2. 对资源已衰竭或枯竭城市的生态补偿

如阜新、抚顺、北票、辽源、白山等城市，由于长期忽视生态建设与环境保护，资源开发带来大气污染、水体污染、固体废弃物堆积以及对生态环境形成了系统性破坏，其生态补偿的主体是国家，补偿的主要途径是通过中央财政转移支付来解决。应充分利用"两个机制"建设的契机，建立"资源枯竭城市生态恢复治理基金"，基金使用由国家和地方发展和改革委员会协调财政、环保、建设、土地等部门，在财政部门建立专门账户，由地方实施管理。在基金支持下，研究制定"资源枯竭城市生态环境治理总体规划"，市县级政府国土资源部门或环境保护部门依据国家总体规划向省级相关管理部门递交具体废弃矿山修复可行性报告，省级政府优选出经过初审的修复报告再向中央申报，经审核通过的，直接拨发修复资金给市县级治理管理机构，或由国家授权的政府机构对治理资金实施招标，以此委托给个人或建设单位进行恢复治理，由省级政府进行监督、验收。项目招标严格按照总体规划与国家有关规定，严格审查修复治理规划、设计和经费预算的合理性和达标性。治理基金主要来源于财政转移支付、矿业税费、环保投入、国债资金等。鉴于东北资源枯竭城市的历史贡献，国家应在迅速扩大的财政收入中单独设立经常性支出项目，补偿资源型城市及其他历史时期贡献较大、目前存在各种历史遗留问题的地区。

3. 对新兴矿业城市的生态补偿

对于内蒙古生态脆弱的蒙东地区和黑龙江等地的一些新兴矿业城市，这类新兴资源型城市的生态环境治理的重点，要放在矿业开发与生态系统能力建设的相互适应方面，通过限制开发规模、开发模式及建设补偿机制来限制生态环境破坏。

生态系统能力建设的关键则是通过生态经济援助,改善地区生态系统。浑善达克、科尔沁、呼伦贝尔沙地和大兴安岭林地都已列入国家限制开发区域,但是蒙东地区资源开发的经济效益巨大,如果实施严格的限制,将使地区矿业资源开发的发展机遇和权益受到严重损害;如果按照一般的财政转移支付、生态移民等生态补偿思路,又难以实现经济效益与生态环境效益的均衡。因此,应采取规划先行、工程引导、政策配套、科学开发,通过生态补偿形成生态经济的模式,实现资源型城市开发的又好又快发展。应以资源开发开采企业为主体,采用综合配套政策,包括财政、环境保护、产业投资、技术等,实行更加严格的生态环境政策,强化对资源开采活动的环境监理,提高建设项目核准的环境门槛。重点建立针对企业的资源开发补偿和生态环境修复机制,包括资源开发企业缴纳资源(矿山、土地和水)使用费、生态环境修复保障金和经济转型准备金等。

(二)东北老矿业城市生态环境治理与恢复的建设重点

一是抓紧组织治理深部采空区、特大型矿坑、塌陷区等带来的重大地质灾害隐患,综合治理地表沉降区和采空塌陷区,对大型矿坑进行地质结构详查,预防和治理塌陷区的扩大和蔓延。二是开展矿区的土地复垦和绿化工程,开展土地荒漠化、盐碱化、沙化的综合治理工程,提高地表植被覆盖率,防止荒漠化面积继续扩大,遏制水土流失。三是加强煤矸石、矿砂、粉煤灰等矿业伴生废弃物的综合治理。利用成熟技术和方法,减少污染和对土地资源的浪费;投入资金进行废弃物处理技术的研发,支持以废弃物为原材料的相关产业发展,给予适当的政策和资金优惠,最大限度地消化矿业伴生废弃物。四是对矿区水环境进行综合治理,解决当地居民的生活用水问题,提升生存环境质量。建设污水处理厂,在排污渠建污水处理站,实施污水回用和污水截流工程,实现雨污分流、污水资源化。改造水系,引入清洁水。加大对地下水资源的保护和污染治理,建立地下水监测系统,采取回灌再注水等防治措施控制地下水超采,使地下水位下降得到有效控制。五是实施调水工程,在一定程度上解决矿业地区湿地退化、草场沙化等生态环境问题。

(三)制定并出台资源型城市生态环境治理与修复的政策措施

1. 全面开展区域性矿业开发的战略环评和规划环评

开展区域性矿业开发的战略环评和规划环评是建立地区性矿业生态补偿机制的重要基础。目前,东北矿业城市普遍开展了矿业开发项目环境影响评价,但开展地区性战略环评和规划环评的还不多。实施战略环评与规划环评的最大好处就是能在决策中更充分地考虑矿山群之间、区域之间、流域之间的生态环境影响，在对累计的、间接的、协同的、次生的、长期的和滞后的生态环境影响进行全面评价基础上，能在决策前期、在更广的范围内提出更好的替代方案及减缓措施。战略环评、规划环评应与资源型城市经济转型战略和东北老工业基地振兴、"十二五"规划以及资源型城市土地和环保规划相协调，这样既可以推进地区生态环境补偿机制建设，又可以协同优化地区生态环境的发展条件。矿业开发的环境补偿方面，必须要求企业提供严格的生态与环境评估报告、水土流失治理方案、矿山地质灾害防治方案、土地复垦方案和相应的矿山生态环境恢复治理保证金。

2. 加强对矿业城市生态环境治理与修复的科学研究工作

加强对资源型城市生态环境治理与修复的科学研究，可以使东北资源型城市的生态环境治理走向科学化、规范化的轨道，做到有的放矢，少走弯路，使有限的治理资金发挥更大作用，达到事半功倍的效果。要看到，我国在资源型城市生态治理理论与实践经验同发达国家相比还有很大差距，矿区环境治理迫切需要进行大量的科学技术研究，例如，预测地下采空区和特大型坑矿可能出现的重大地质灾害的技术；改善矿山开采遗迹的治理技术；矿山开采造成的生态退化机理与修复技术研究，与山上景观相关的物种选择、配置和种植等方面的技术等。因此，必须加强对资源型城市生态环境治理与修复方面的研究，加大对基础研究和应用研究的投入，逐步形成一套科学合理、经济高效的治理模式。为加强基础性研究工作，第一，要做好地区性的战略环评基础工作，通过组织多学科专家联合会诊，对资源富集地区、具有重要生态系统功能地区和脆弱生态系统地区着重进行水资源承载力和生态脆弱性的评价，进行跨流域调水的经济和生态可行性评价，进行矿山固体废弃物、大气污染、水污染等的生态环境承载力的区域性评价，在此基础上制定资源开发及与生态环境相适应的综合性区域规划，通过生态建设工程实现经济效益与生态效益的统一。第二，按照"谁治理、谁受益"的原则，积极引导社会各方力量参与矿山环境治理，加强资源型城市地方政府与高校和研究机构、企业的横向联系，研究组建专业化矿区治理公司，依托其研究成果，制定矿山治理规划并组织实施。第三，制定一套科学合理、经济高效、符合实际的治理方案。在资源型城市生态治理修复中，推广先进适用的开采技术、工艺和设备，提高矿山回采率、选矿和冶炼回收率及劳动生产率，减少物质能源消耗和污染物排放，提高产品附加值。第四，积极发展循环经济，推进共伴生资源和尾矿、废弃物综合利用。在油气开采与加工、煤炭采掘与转化及其他矿业开采与加工企业中，大力推广清洁生产技术。资源型城市要继续做好采煤沉陷区治理，抓紧组织治理废弃的露天矿坑、矸石山等重大地质灾害隐患，有效预防矸石山自燃和坍塌等事件发生。第五，加大石油开采造成的水位沉降漏斗、土地盐碱化等问题的治理力度。

3. 建立并完善矿山生态环境恢复治理保证金制度

建立生态环境治理恢复保障金制度，就是要求开采矿产资源的单位和个人，在采矿前都要缴纳一定数额的矿山复垦恢复保证金，矿山企业缴纳的保证金应不低于矿山土地复垦和坏境恢复的实际费用。保证金征收后要专款专用，采矿权人完成矿山复垦任务后，经验收合格，可得到退还的保证金及利息。矿产资源开采前必须进行生态破坏和经济损失专项评估，对可能造成严重生态破坏和重大经济损失的，应禁止开采；经评估可以开采的，矿产资源开发者应根据矿区发展环境规划、矿产资源开发项目所处环境区域的状况、环境影响评价对生态环境保护的要求，筹集矿山环境治理恢复保证金，用于矿产资源开发过程中对环境污染和破坏的治理。生态恢复治理保证金应依据资源开采企业储量设计服务年限或剩余服务年限，按一定数量标准，分年按月提取，列入企业生产成本，税前支取，按"企业所有、专款专用、专户储存、政府监督"的原则管理。资源开采企业应制定矿山生态环境保护与综合治理方案，并根据方案对矿业开发可能引起的生态环境问题进行防范和恢复治理。

4. 建立矿山城市生态补偿的激励与约束机制

建立生态补偿机制的关键在于责任、权力与利益的界定及其实现机制。对矿业开发环境责任的刚性要求，必须成为政府对矿业准入，以及进行审查、监督、处罚、中止的法律依据，这样才能增强生态补偿机制的制度约束力。对建立实施生态补偿机制成效突出的企业，给予提前返还或支取保证金的奖励。同时，大力支持矿业城市发展环保产业，对污染治理企业环保技术的研发与产业化项目给予融资、税收、土地等优惠政策。对于不具备生态环境治理恢复能力的矿业企业，特别是中小型矿业企业，可以在政府或企业自发组织下，使用生态恢复治理保证金，将恢复治理工程项目外包给专业环保企业，发挥专业环保企业的专业技能和规模经济效应，拓展生态补偿的供给主体范围。促使开采企业在开采过程中提高回采率和使用先进设备，从而在源头上遏制对环境的污染与破坏。鼓励民间资本积极参与矿区生态重建，让环境恢复治理变得"有利可图"，可以采用给予矿区生态恢复治理的企业以优先使用恢复治理后土地的权利或是废弃矿山剩余开采权的形式，鼓励企业或民间个体积极参与废弃矿山的恢复治理。

第七节　建立东北国有林区资源型城市转型的政策扶持体系

一　东北国有林区资源枯竭型城市形成的制度分析

森林资源与其他矿产资源不同，它是一种可再生资源。东北国有林区资源型城市之所以陷入发展的困境，概括地说是传统发展模式在国有林区的具体体现，也是粗放式发展模式的必然结果。反思国有林区林业这种粗放式的发展模式所导致的林业资源枯竭和生态环境恶化，其根本原因就是我们长期奉行的计划经济体制，以及整个国有林业产权主体残缺、干部考核在追求政绩的导向下追求短期行为等诸多因素相互交织、共同作用的结果。

尽管改革开放以来，国有林区的市场化取得了一定成效，但始终没有触及国有林区的产权制度问题。就体制来讲，主要表现在国有林经营主体产权缺失和国有林权制度改革滞后。虽然《森林法》中明确规定："森林资源属于国家所有，由法律规定属于集体所有的除外。"名义上产权是清晰的，所有人是存在的，但实际上国有林区林地及森林资源的剩余控制权与剩余索取权发生分离，不存在具体的所有人，没有人真正关心所有权人的利益，而产权不清造成责任、权力与利益的不统一。

国家森林资源行政管理机构与森林资源国有经营单位之间政企不分，经济利益高度关联，国家代理人很难对森林资源实施有效的监督和管理。地方行政部门与林业管理部门各自为政，林业资产的"管人"和"管事"相脱节，产权单一，管理者绩效较低等，加之缺乏收益激励的地方和部门或怠于保护，或变管理为占有，导致森林资源的流失与滥用。国有林经营单位缺乏来自所有权人的硬性约束，专注于本部门、本单位和本行业的经济利益，对所有人的利益关心不够，甚至常常做出损害所有人利益的行为。森林资源的实际控制权被各地方和部门条块分割，国家的整体权益得不到维护，产权主体不明确，结果导致森林资源的超采、盗采、毁林现象屡禁不止，森林资源过度消耗的势头难以遏制。林业职工名为大山的主人，但只有责任没有权利，只有义务没有利益，导致造林不负责任，护林积极性不高，工作要求与工作落实长期不一致，"公地悲剧"一再上演。国有林产权主体不明确、产权界限不清，不仅造成产权交易动力不足，而且难以塑造产权交易市场的交易主体，更难以建立起有效的国有林产权交易市场。

就国有林区运行机制来讲，单一的国有经营模式，以及"大锅饭"分配体制，直接导致资源配置效率低下。尤其在林业发展投入方面表现尤为突出，目前国有林区的林业发展投入只能依赖于国家投资和国有林业企业的经营利润，而事实上这两个投入渠道都非常有限。特别是随着"天保工程"的实施，木材采伐量逐年减少，育林基金年提取总量也相应减少，导致国家投入逐年减少。加之国有森工企业全行业处于亏损状态，自身维持正常经营运转都十分困难，根本拿不出资金搞林业建设，使国有林区发展陷入了等米下炊的困难局面。由此可见，权能配置不当与利益冲突，严重影响着国家对森林资源所有权的行使效率，造成对森林资源的破坏。如果不打破现有体制，不进行产权制度改革，不把森林资源管护、培育的责任与职工的切身利益直接挂钩，仅靠国家的支持，国有林区难以走出困境。

因此，必须加快国有林区制度改革。

二 加快推进东北国有林区的林权制度改革

从我国林业发展现状看，我国林业已由木材生产为主的传统林业向以生态建设为主的现代林业进行转变，这种转变强烈冲击着国有林区传统的经营体制、经营方式，林权改革作为实现以生态建设为主体的林业建设战略目标的实现手段，成为当前解决上述矛盾的突破口。结合当前东北国有林区经济与社会发展的现状，推进以国有林区产权制度改革为突破口，以构建市场调节为主、多元产权主体并存的国有林新型产权制度为主要目标，推动国有林生态价值、经济价值和社会价值的有效结合，实现国有林的科学发展已势在必行。在不改变林地用途和所有权，不削弱森林、林地现有生态功能，总体上保持森林国有主体不变的基础上，引入民营机制和民间资本，对国家无力造林和不好管、管不好的林地的使用权及森林和林木的所有权、经营权实行有偿流转，通过林地、林木资源经营的民营化，激活民间资本，激发群众育林护林的积极性，促进林业建设投入多元化、社会化，推动森林资源与生态环境的快速恢复和林区经济的发展，已成为东北森林资源枯竭型城市转型与发展的必由之路。

加快东北国有林权制度改革，不仅是破解东北国有林区资源型城市资源性、结构性、体制性和社会性矛盾的最有效途径，也是东北森林资源型城市走出困境、实现转型的现实选择。实施国有林权制度改革，一是有利于构建新型的国有林产权制度模式，探索在林业产权制度改革的框架下实现林业生态安全、经济发展和林区职工致富有效结合的新模式，积极探索国有林业资源如何实现保值与增值、培育与发展，使国有林的经济价值、生态价值、社会价值得到均衡的、共同的和可持续的发展，从制度层面推动国有林区实现资源型地区的经济转型。二是有利于实现对森林资源的有效保护，通过建立有效的激励与约束机制，增强经营者对森林资源的自觉保护意识和责任意识，从根本上杜绝盗伐、破坏森林资源的现象发生。三是有利于建立多元投入机制，激活民间资本，动员和吸引社会力量投入林业建设，解决了国家对林业投入乏力问题，促进了林业的快速发展。

加快国有林权制度改革，就是要打破国有林区一统天下的经营管理体制，解放和发展林区生产力，调动广大林业职工的经营积极性，把林地的经营权、林木的所有权和处置权都交给职工，确保不同产权主体的权利、责任边界清晰化，使得权利与责任对称，把职工的利益、职工的积极性和国有林区的造林、营林事业完全融为一体，解决国有林区长期存在的养林与养人、生存与发展、生态与经济的矛盾。伊春市国有林权制度改革试点取得的成绩充分说明了这一点，通过划分产权，将林地、林木等资源通过流转的方式抵工资和欠款，将林业工人转变成投资者，使广大林业职工"家家有其山，户户有其林"，既扩大了就业渠道，缓解了社会就业和职工下岗再就业的压力，又大幅度增加了林业职工收入，从根本上解决了林业职工脱贫致富奔小康的问题，走出了一条经济繁荣、社会进步、生态良好的可持续发展之路。职工群众花自己的钱办自己的事，用自己的钱造自己的林，不仅造林质量大大提高，而且使森林安全系数大大提升，多年造林不见林现象得到彻底扭转，森林的恢复发展速度加快，生态系统的整体功能日益增强，对于恢复和改善小兴安岭的生态环境、保障松嫩平原和三江平原两大"粮仓"的安全、保障国家生态安全发挥了重要作用。

三 加快推进东北国有林区的行政管理体制改革

建议国家将大兴安岭林业集团公司转变为森林经营管理局，作为国家林业局直属事业单位，所属林业局、林场全部纳入事业单位管理，重点负责生态公益林建设、营造林生产和资源管护等工作，相应经费全部纳入国家财政预算。在此基础上，实行森林资源管理与开发利用分开、事企分开，将从事森林资源开发利用的林业企业全部推向市场，对国有资产实行分类经营，从根本上转换林业企业经营机制。将林业企业所承担的政府及社会职能移交地方政府，将国家对大兴安岭的政策性补助资金基数划转到地方财政，并按现行国家机关及事业单位开支标准执行，资金纳入国家财政预算。建议国家对林区接续产业项目加大专项资金扶持力度，加大对俄境外采伐支持力度。帮助森林资源枯竭型城市化解历史债务。继续巩固"天保工程"成果，调减木材产量，加大转移支付力度，加快公益林和商品林建设，保护生态环境。

四 继续巩固和加强东北林业资源的木材生产加工战略地位

在充分发挥自身优势的基础上，促进森林资源的重新定位和综合开发，利用森林资源的多种功能来引导和带动地区发展。从未来发展趋势看，林木资源在国内外市场上将呈现长期短缺状态。尽管随着科技进步和木材替代产品不断涌现，以及进口木材的增加，国内市场对木材的需求紧张状况在一定程度上会有所缓解。但随着居民生活水平的不断提高和生产消费的日益生态化，木材可再生循环利用，自然、绿色、环保的优点更加凸显。国内的木材需求从长期看属于刚性增加，近几年国内每年木材供需缺口折合成原木超过 1 亿 m^3，而国际商品材市场每年流通量只有 1.1 亿～1.2 亿 m^3。国内木材产品的稀缺与木材的刚性增长之间的矛盾日益突出，这对国内林业生产提出了更高的要求。如何在加强生态经济援助及生态补偿、维持和增强林区生态功能的前提下，在资源更新的过渡期进行合理采伐利用，确保林区作为林木产品供应和战略基地的地位，是东北林区面临的突出问题。就林木生长环境看，东北林区林木生长更新周期长，只要度过当前的周期性困难时期，未来的发展前景仍然看好。

为此，国家应考虑允许和支持在条件适宜的地区，适当保持经营性采伐和抚育性间伐，巩固其林木生产和加工业的地位。长白山林区自然生产力相对较高，年活动积温比大兴安岭地区高 5000℃ 以上，森林资源的恢复周期较短，特别是落叶松和阔叶林木可实现较快更新，所以保持一定规模的采伐量用于供给林木加工业是可行的。目前，东北进口俄罗斯木材的口岸城市已经依靠进口木材优势，形成了较大规模的木材初加工产业，如绥芬河加工规模达到了 600 万 m³。近些年，国内其他地区的林木加工业发展也比较快，如果东北林区放弃本地木材生产和加工，未来再发展将十分艰难。同时，支持利用俄方森林资源弥补我国林木产量调减的经济损失，这也是重要的生态补偿形式。此外，要充分利用森林地表水和地下水资源，因为水资源是森林生态系统的重要组成部分。大兴安岭地区蕴藏着丰富的水利资源，年径流量 150 亿 m³ 左右，现利用率还不到 2%，仅属于黑龙江（界河）流域部分，年均径流量就有近 120 亿 m³ 基本没有利用。开发大兴安岭地区的水利资源，实施"北水南调"，增加对整个东北西部地区生产、生活和生态用水的补给，可成为地区未来的重要生态补偿途径。

五　制定发展林业生态旅游和开发林下经济的相关政策

东北林业资源型城市发展生态旅游的潜力非常大，如伊春、白山和大兴安岭地区植被茂密，天然次生林发育良好，沟谷林、地质遗迹、湿地和草甸等旅游资源丰富，冬季用于滑雪的山地草场点多面广，发展生态旅游业的自然条件非常优越。因此，应制定林业生态旅游业发展相关优惠政策，大力发展现代旅游业，建设具有国际影响力的大小兴安岭和长白山森林生态旅游度假区。针对这些地方基础设施条件较差这一问题，制定优惠政策，积极吸引国内外资金，加强基础设施建设，包括交通运输（铁路、公路、机场）、通信及餐饮、酒店、金融等服务业建设，开辟国际旅游通道，特别是黑龙江、吉林相关林业地区可与俄罗斯合作建设国际旅游通道。同时，针对东北所有林区都具有开发种植养殖业的土地、耕地和草地资源的条件，特别是在林区开发林下采集、药材培育、山野菜和野果、其他栽培业和利用林间草地发展养殖业等方面大有潜力可为的特点，制定发展林下经济的相关政策措施，利用林下资源大力发展种植养殖产业、林下采集业和矿泉水资源开发。建设以蓝莓、红松子、木耳、蘑菇等林产品为优势的具有国际竞争力的"小兴安岭和长白山生态标记"森林食品产业基地。通过实施优惠政策，加快林下经济资源的开发利用，特别是在企业融资授信、税收优惠、招商引资、区域品牌营销、物流体系的建立和完善、产品包装和后期加工等环节予以支持，以尽快形成一定的产业规模。

六 东北国有林区生态环境恢复与治理的思路和政策措施

（一）对国家实施天然林保护工程的反思

1998 年天然林保护工程（以下简称"天保工程"）的实施标志着我国林业建设从森林采伐利用为主，向保护、培育和利用森林并重的历史性转变。"天保工程"的实施不仅是国家对长期森林资源过量采伐的资源再生补偿，而且具有鲜明的生态建设与生态补偿内涵。在"天保工程"实施的 1998～2008 年，大兴安岭林区累计减少木材产量 608.6 万 m^3，减少森林资源经营性消耗 1035 万 m^3，森林覆盖率由 1997 年的 75%提高到 2007 年的 78.2%，增长了 3.2 个百分点。森林资源得到了有效恢复，增长速度大大加快，生态环境明显改善，生物多样性明显增加。"天保工程"严格限制天然林采伐量，显著改善了林区生态系统，对东北的森林资源增加与生态恢复发挥了显著作用。但"天保工程"时间跨度较大，与稳定的制度化的生态补偿机制还有较大的差距。目前，"天保工程"的投入只能兼顾林区最基本的职工生活和森林管护，天然林国家管护标准仅为每年 26.3 元/hm^2，要求每人管护的面积则达到 380hm^2，而正常情况下每年的管护费至少在 150 元/hm^2 左右，管护费标准过低、人均任务过重导致管护质量降低。同时，"天保工程"用于森林资源的直接投入只补偿管护费用，未包括造林、抚育费用，补偿项目不全。尽管"天保工程"具有一定的生态补偿功能，但其主要仍是政府对特定领域的扶助政策，不是真正意义上的生态补偿制度，对于森林资源保护与抚育的支持是以实现阶段性工程目标为目的，而不是要建立和完善体现森林生态服务价值的市场价格形成机制。

"天保工程"实施的宗旨和目的是要增加林木蓄积量，而不是改善森林生态系统，它对增加林木蓄积量指标的要求多，推进科学经营利用得少，许多过熟林和自然死亡树木也不允许采伐，反而增加了森林火灾隐患。森林资源保护并非要求杜绝一切采伐行为，一定程度的合理抚育性间伐会使其提供生态产品和生态服务的能力明显增强。实验证明，对 14 年生人工落叶松林按胸径 1cm 差距将林分分为五级，分别按 19%、29%、49%的三种采伐强度进行抚育性间伐，9 年后进行复查，每公顷总材积分别比对照区（未间伐区）高出 5.8%、7.6%和 4.3%。科学实验证明，合理间伐对森林内的其他植物、动物和微生物也有积极的显著影响。"天保工程"的缺陷在于，既没有包括整体森林生态系统，也没有涵盖林业地区的其他生态系统，如水体、生物群落等，而地区生态系统的保护与发展对各个时期、各个生态子系统的要求又是在不断变化的。因此，通过一个项目不可能一劳永逸地解决所有问题，应整体、持续地保护林业地区生态功能，通过体制机制建设形成一套完整的制度，这才是根本的保障。

从具体实施情况看，由于林区政企分开不彻底，"天保工程"的实施主体仍是各类森工企业，如大兴安岭地区针对的就是大兴安岭森工集团，而这既不是政府间的财政转移支付，也不是国家对地方生态服务的购买。企业的职能是获取最大化的经济利益，保护与改善森林生态系统则是典型的公共服务，主体应是政府。"天保工程"支持主体的混淆使企业在经济利益与生态效益之间摇摆不定，且背上了沉重的社会负担，使政府没有能力促进社会发展和承担应尽的生态保护责任，最终阻碍了地方经济、社会、生态效益的整体提高。"天保工程"不是长效机制，只是工程性项目，它有实施和中止的期限，阶段性的延长只能暂时缓解问题。此外，"天保工程"的实施机制阻碍了林业建设投资者的进入，而森林生态建设投入成本的易沉淀性和效益的滞后性也导致有效供给不足。从森林生态建设项目看，从投产到获得回报一般来说周期都较长，从建设完成期到效益显现期有时长达几十年，这种效益期明显滞后于投资期的特性表明这些项目的投资回收期较长，而短期投资效益低。这就为普通投资者设置了较高的进入门槛，也不利于林业生产和林区生态的恢复。

（二）东北国有林区生态环境恢复与治理的思路

面对东北林区的森林资源和生态环境的现状，东北林区发展必须要有新思路。确立森林生态有偿服务的价值观念，以建立长效、稳定、市场化的生态补偿机制为目标，彻底转变林区发展模式，是实现地区生态、社会、经济协调发展的基本途径。要看到森林资源与矿山资源的最大不同之处：林业资源具有可再生性，而矿山资源具有不可再生性。根据林业资源生长具有周期性这一特点，只要在一定时期内控制采伐量，使自然和人工恢复量大于采伐量，林业地区的森林资源枯竭问题就可以解决。因此，对于林区生态环境治理与补偿问题，除了解决林区枯竭这类紧迫问题外，重点是在体制机制创新和改革方面建立补偿与援助机制。具体来说，综合考虑东北林业城市森林生态系统的重要性和脆弱性，生态、经济和社会效益的协调问题，以及林区发展中存在的社会和经济问题，以"生态补偿"思路为基础，基于重点核心地区基本放弃采伐的考虑，重视森林生态系统的生态效益和社会效益，并以此为契机，转变林业企业"政企不分"的局面，逐步实现"天保工程"向建立健全生态保护和生态补偿机制的方向转化，使林业城市面临的主要问题得到根本解决。

（三）东北国有林区生态环境恢复与治理的政策措施

一是尽快调整完善天然林保护工程政策，提高补助标准。针对林区处于经济转型关键时期的现状，以严格实施"在保护中发展，在发展中保护"为前提，对由于林木资源枯竭带来的下岗就业等一系列问题，包括建立并完善社会保障体系、提高就业和再就业率等，国家要给予相关的政策和资金扶持。同时，改变东北林业城市生态建设主要由林业部门独立承担的状况，整合地方林业、水利、环保等部门，统筹各类生态要素补偿机制，在东北"森林生态功能区"构架下，形成一体化的补偿管理体制。森林生态功能区管理机构可由目前的各个经营性森工集团调整、合并、改革而成，森工集团应由企业转变为公共事业单位，不以盈利为目的，但要实现企业化管理，严格成本预算约束，避免形成生态建设目标下的预算软约束问题。森林生态功能区管理结构实行垂直管理，由国家林业局管理。林区地方政府不再承担林业生态建设职能，但对辖区内的森林生态建设拥有监督权和依据相关规定的处分权，并仍有义务支持森林生态建设和协助解决重大生态安全事件。同时，把"天保工程"作为东北林区森林生态环境建设的长效制度安排。逐步实现"天保工程"向建立健全生态保护和生态补偿机制的方向转化，将"天保工程"纳入森林生态功能区管理框架，在投入上由林业间接筹资转向中央财政直接保障，在机制上则将营林、育林、管护与合理采伐、更新相结合，将天然林资源保护与其他林业类型及生态保护相结合。

二是建立有利于东北森林生态功能区建设的管理体制。针对东北林业城市生态保护与建设中存在的行政区分割自然生态区、缺乏区域发展战略与区域政策支持、各类功能区保护与补偿政策趋同等问题，应统筹建设东北地区森林生态功能区。东北森林生态功能区的建设就是以自然生态区为基本单元，打破行政区划，改革目前依附于行政区划的地方森林生态保护管理体制，建立以大、小兴安岭和长白山脉为主体的相对完整的自然生态区，建立类似流域水利管理体制的跨地区森林生态功能区管理机构。把森林生态功能区与主体功能区建设有机结合起来，依据各生态功能区以及功能区各子单元的生态承载能力，以县级行政区为基本单元，划分禁止开发区与限制开发区，统筹考虑各类生态建设和补偿政策、主体功能区政策的制定与执行，在主体功能区框架下推进生态功能区建设。

三是建立并完善东北森林生态功能区的政策扶持体系。依据森林生态功能区当地森林生态系统和社会经济状况，科学区划各种自然保护区、公益林区和经济林区。对于不同的区域类型，应采取不同的政策措施：对于自然保护区和重点公益林区，要实施严格的保护制度，以恢复森林系统的生态效益为目标，所需费用由国家和"生态受益"区域承担，并建立国家和区域的"生态补偿"资金投入长效机制；对于一般生态公益林和经济林区，应在生态保护的基础上进行有限制的开发利用，利用程度不能超过当地森林生态系统的最大承载力，同时重视体制和机制创新，做好"林权"的合理分配，实现生态效益和经济效益的同步增长。

四是以林权制度改革为突破口，推进国有林区的整体转型。"十二五"期间，要全面停止黑龙江大小兴安岭林区主伐，加快实施《大小兴安岭林区生态保护与经济转型规划》，以尽快恢复大小兴安岭林区的国家重要生态屏障作用。特别是针对东北地区国有林业企业多、面积大的特点，现阶段国有林区仍存在的资源性、体制性、结构性、社会性四大矛盾，以及林区产权不明、产权主体和责任主体缺位、责权严重不统一、职工劳动积极性受挫，束缚了生产力的发展，使森林资源保护责任难以落实等诸多问题，要以国有林权制度改革为突破口，以改革促发展，以发展促生态建设与保护，继续加快国有林业管理体制改革和国有森工企业改革，通过实现政企分开，使国有林区真正实现转型升级。

参 考 文 献

A·阿尔钦 R 科斯，D·诺斯. 1991. 财产权利与制度变迁. 刘守英译. 上海：上海三联出版社

保罗·格雷戈里. 1988. 比较经济体制学. 上海：上海三联出版社

保罗·萨缪尔森，威廉·诺德豪斯. 1992. 经济学. 北京：中国发展出版社

鲍振东. 2008. 2008 年：中国东北地区发展报告. 北京：社会科学文献出版社

布坎南. 1989. 自由市场与国家. 平新乔，莫扶民译. 上海：上海三联出版社

曹斐，刘学敏. 2012. 资源型城市转型中禀赋条件约束与突破机制探析. 城市发展研究，2：32～
    35，41

程志强. 2010. 资源繁荣与发展困境：以鄂尔多斯市为例. 北京：商务印书馆

崔婷. 2010. 资源型城市转型刻不容缓. 今日国土，11：1

道格拉斯·诺斯. 1994. 经济史中的结构与变迁. 上海：上海人民出版社

道格拉斯·诺斯. 1994. 制度、制度变迁与经济绩效. 上海：上海三联出版社

道格拉斯·诺斯. 2012. 制度、制度变迁与经济绩效. 上海：上海三联出版社

道格拉斯·诺斯，罗伯斯·托马斯. 1991. 西方世界的兴起. 北京：华夏出版社

德姆塞茨. 1976. 关于产权的理论. 美国经济评论，57：347

丁任重. 2009. 西部资源开发与生态补偿机制研究. 成都：西南财经大学出版社

东北师范大学资源型城市研究中心. 2010. 伊春市产业转型与经济发展的报告

杜莉. 2007. 中国-欧盟：老工业基地资源型城市复兴. 长春：吉林大学出版社

凡勃伦. 1983. 有闲阶级论——关于制度的经济研究. 北京：商务印书馆

傅伟明. 2007. 企业管理有效工具——生命周期理论. 科技创新导报，36：129～130

郭其有. 2003. 经济主体行为变迁与宏观经济调整. 厦门：厦门大学出版社

国家统计局. 2002～2012. 中国统计年鉴 2002～2012. 北京：中国统计出版社

国家统计局城市社会经济调查司. 2009～2011. 中国城市统计年鉴 2009～2011. 北京：国家统
    计出版社

黑龙江省统计局. 2002～2012. 黑龙江统计年鉴 2002～2012. 北京：中国统计出版社

胡礼梅. 2011. 国内资源型城市转型研究综述. 资源与产业，6：6～10

黄溶冰. 2010. 资源枯竭地区经济转型研究——基于复杂性科学的视角. 北京：经济科学出
    版社

黄贤金. 2010. 资源经济学. 南京：南京大学出版社

黄新华. 2005. 中国经济体制改革的制度分析. 北京：中国文史出版社

黄新华. 2006. 中国经济体制改革的制度分析. 北京：中国文史出版社

惠树鹏. 2009. 资源型城市转型投资的政企博弈分析. 商业时代，16：8～9

吉林省统计局. 2002～2012. 吉林统计年鉴 2002～2012. 北京：中国统计出版社

康芒斯. 1983. 制度经济学（上册）. 北京：商务印书馆

柯武刚，史漫飞. 2000. 制度经济学——社会秩序与公共政策. 北京：商务印书馆

柯武刚，史漫飞. 2002. 制度经济学. 北京：商务印书馆

李建华. 2007. 资源型城市可持续发展研究. 北京：社会科学文献出版社

李平，陈耀. 2012. 资源型城市转型与区域协调发展. 北京：经济管理出版社

李新，刘军梅. 2009. 经济转型比较制度分析. 上海：复旦大学出版社

辽宁省统计局. 2002～2012. 辽宁统计年鉴. 北京：中国统计出版社

刘冰等. 2010. 中国煤、电产业纵向关系：决定因素与模式选择. 北京：经济管理出版社

刘海滨，刘振灵，黄辉. 2011. 资源基础型城市群时空演变规律及动力机制. 北京：中国经济出版社

刘力钢，罗元文. 2006. 资源型城市可持续发展战略. 北京：经济管理出版社

刘世锦. 1994. 经济体制效率分析导论. 上海：上海三联出版社

刘晓萍. 2011. 资源型城市转型发展的路径探索. 商业时代，32：132～133

刘学敏，王玉海，李强，等. 2011. 资源开发地区转型与可持续发展. 北京：社会科学文献出版社

刘耀彬. 2009. 中国中部地区煤炭城市产业接续及援助机制. 北京：科学出版社

刘语轩. 2009. 资源型城市转型的资源约束与转型路径分析. 生产力研究，24：27～28+56

罗伯特·考特，托马斯·尤伦. 1996. 法和经济学. 史晋川，董雪兵等译. 上海：上海人民出版社

毛艾琳. 2011. 资源型城市转型与人力资源安置与开发. 石家庄经济学院学报，4：49～53

梅琳，薛德升. 2011. 从"废都"到国际城市——波恩的城市转型与启示. 世界地理研究，4：57～66

平乔维奇. 1999. 产权经济学. 北京：经济科学出版社

任保平. 2007. 衰退工业区的产业重建与政策选择：德国鲁尔区的案例. 北京：中国经济出版社

任光明，王慧. 2010. 资源型城市转型的"后发劣势"思考. 商业经济，17：1～2+119

商允忠，王华清. 2012. 资源型城市转型效率评价研究——以山西省为例. 资源与产业，1：12～17

斯蒂格利茨. 2005. 公共部门经济学. 北京：中国人民大学出版社

宋冬林. 2009. 东北老工业基地资源型城市发展接续产业问题研究. 北京：经济科学出版社

宋凤轩. 2003. 财政与税收. 北京：人民邮电出版社

苏晓红. 2007. 社会主义市场经济概论. 上海：上海财经大学出版社

孙雅静，张庆君. 2009. 积极的财政政策给资源型城市转型带来的机遇研究. 中国矿业，6：24～26

孙艳峰，龚昕. 2010. 基于生命周期理论的资源型城市转型研究. 黑龙江对外经贸，1：109～110

田志俊，王松林. 2011. 一座城市的华丽转身——淮北市推进资源型城市转型发展纪实. 江淮，10：42～43

王建鸣. 2010. 以资源型城市转型为主线加快推进"两型"社会建设. 政策，9：33～35

王青云. 2003. 资源型城市经济转型研究. 北京：中国经济出版社

王小明. 2011. 西部资源型城市转型与可持续发展的战略途径. 西部论坛，5：8～12

王兆君，尚瑞，关宏图. 2010. 林业资源型城市转型中人力资源的作用分析. 经济问题探索，6：104～107

吴靖平. 2010. 科学的资源开发模式走出资源诅咒怪圈. 北京：中央党校出版社

吴奇修. 2008. 资源型城市竞争力的重塑与提升. 北京：北京大学出版社

吴雨霏. 2010. 浅谈我国资源型城市转型以及三种转型模式. 中国矿业，21：24～27，32

肖艳. 2007. 中国非公有制林业制度体系构建. 长春：吉林人民出版社出版

许兆君. 2008. 中国国有林权制度改革研究. 北京：中国林业出版社

亚里士多德. 1983. 政治学. 北京：商务印书馆

袁占亭. 2010. 资源型城市转型基本问题与中外模式比较. 北京：中国社会科学出版社，1

张复明. 2007. 资源型经济：理论解释、内在机制与应用研究. 北京：中国社会科学出版社

张庚全，汤杰. 2011. 循环经济视角下的黑龙江省资源型城市转型研究. 对外经贸，1：89～90

张国有. 2010. 资源型城市经济社会发展战略研究——以陕西榆林可持续发展为例. 北京：经济
　　科学出版社

张会恒. 2006. 论产业生命周期理论. 财贸研究，6：7～11

张少华，侯瑞瑞. 2012. 从单一到多元从制造到服务——鲁尔转型之路. 城市发展研究，2：42～
　　47，53

张石磊，冯章献，王士君. 2011. 传统资源型城市转型的城市规划响应研究——以白山市为例.
　　经济地理，11：1834～1839

赵天石. 2007. 中国资源型城市经济转型研究. 北京：中国书籍出版社

朱德元. 2005. 资源型城市经济转型概论. 北京：中国经济出版社

朱迪·丽丝. 2005. 自然资源分配、经济学与政策. 北京：商务印书馆

Gordan H C. 1954. The economic theory of a common property rescorce: the fishery. Journal of
　　Political Economy，4：124～142

后　记

　　本书是在 2007 年国家社科基金一般项目《东北老工业基地资源型城市经济转型扶持政策研究》成果的基础上，历时 5 年，在相关全国哲学社会科学规划办公室的大力协助支持下修改而完成的。在书稿付梓之际，感谢国家社科基金规划办、吉林省哲学社会科学规划基金办公室的大力支持。感谢黑龙江省、辽宁省、吉林省委宣传部，黑龙江省、辽宁省、吉林省发展和改革委员会东北振兴发展处，大庆市委、市政府，鹤岗市委、市政府，伊春市委、市政府，阜新市委、市政府，盘锦市委、市政府，白山市委、市政府，辽源市委、市政府，和上述资源型城市相关职能部门相关领导，以及国有矿山、森林、石油企业负责人给予的大力支持和帮助。感谢课题组成员省委宣传部理论处朱孟才副处长、长春大学光华学院姜鸥老师在实地调研和资料收集整理、数据处理方面的辛勤付出，感谢吉林省社会科学院城市发展研究所赵光远副所长、《经济纵横》杂志社杜磊编辑在本书校对、联系出版等方面所做的贡献，感谢科学出版社杨婵娟编辑的细致工作，正是他们的辛勤与奉献，使得这项成果能够顺利完成。同时也感谢国内一些专家学者在这方面的前期研究成果，最后感谢科学技术部对本书出版给予的大力支持。

著　者
2014 年 12 月